모세오경 강의

모세오경 강의

지은이 ｜ 양진일
초판 1쇄 ｜ 2023년 4월 6일
재판 1쇄 ｜ 2025년 4월 15일 (미션앤컬처)

등록번호 ｜ 제 2022-000023호
펴낸이 ｜ 이현걸
펴낸곳 ｜ 미션앤컬처

주소 ｜ 서울시 동작구 여의대방로 22길 121
전화 ｜ 02-877-5613/010-3539-3613
팩스 ｜ 02-877-5613
E-mail ｜ missionlhg@naver.com

표지 디자인 ｜ 이시우
내지 디자인 ｜ 최주호
인쇄 ｜ (주)한솔에이팩스

책 값은 뒤표지에 있습니다.
ISBN 979-11-988636-5-2

모세오경 강의

| 창세기, 출애굽기, 레위기, 민수기, 신명기 |

프롤로그

그리스도의 피 값으로 이 땅 위에 세워진 교회가 큰 위기 가운데 놓여 있습니다. 교회 밖 세상이 교회를 향해 보내는 시선이 차가워진지 오래고 교회 안에서도 하나님 앞에 자기 존재를 걸고 신앙의 걸음을 내딛는 이들은 잘 보이지 않습니다. 하나님의 말씀이 중심이 되어야 할 교회에서 오늘날 말씀은 너무나 다양한 프로그램과 훈련 등으로 인해 점점 구석으로 밀려나고 있는 실정입니다.

「구약성경, 책별로 만나다」가 출간된 이후에 많은 분들께서 과분한 격려와 응원을 보내주셨습니다. 구약 전체를 관통하는 주요한 맥을 잡게 되어서 너무 기쁘다는 분도 계셨고, 그동안 주목하지 못했던 구약에 대한 깊은 관심이 생기게 되었다고 고백하는 분도 계셨습니다. 더욱 감사한 것은 「구약성경, 책별로 만나다」로 성경 공부를 진행하는 교회가 있다는 것입니다.

「구약성경, 책별로 만나다」는 구약 전체를 관통하는 주요 내용을 다루고 있습니다. 짧은 지면 안에 구약 전체의 주요 내용을 다루고자 하다 보니 상세하고 친절한 설명 없이 핵심적인 내용만 다루게 된 아쉬움이 있었습니다. 그 책을 통해서는 구약 전체를 이해하는 뼈대를 잡고 이후에 심화 과정의 책들을 통해 살을 붙이는 작업을 하셨으면 좋겠다고 말했는데 이번에 나오게 된 「모세오경 강의」가 뼈대에 살을 붙이는 첫 열매입니다. 이후에 역사서, 시가서, 예언서 강의도 계속해서 출간할 예정입니다.

이 책은 1년 과정의 '말씀과함께' 성경 공부 가운데 모세 오경 강의 내용을 그대로 풀어 정리한 것입니다. 강의의 현장성을 살리고자 구어체 그대로 기술하였습니다. 이 책을 통해 모세 오경의 주요 내용들과 친숙해 지시면서 하나님이 원하시는 하나님 나라 백성의 삶을 힘 있게 걸어갈 수 있는 영양분을 섭취하실 수 있기를 소망합니다.

이 책이 나오기까지 고마운 분들이 참 많습니다. 하나님의 사람으로 저를 낳아주시고 신앙 안에서 양육해주신 사랑하는 어머니와 말씀 앞에서 자기 존재를 꺾어 나가며 날마다 새로워지고자 하는 공동체 식구들에게 고마움을 전합니다. 무엇보다 '말씀과함께' 강의에 함께 해주셨던 모든 분들에게 감사를 드립니다. 온 맘 다해 경청해주신 여러분이 계셨기에 제가 더욱 힘내어 '말씀과함께' 사역을 계속할 수 있었습니다. 저를 초대해주시고 말씀 안에서 아름다운 동역을 할 수 있도록 해주신 전국에 있는 여러 교회들에게도 감사를 드립니다. 2025년 '말씀과함께' 길벗으로 함께하고 계신 모든 분들에게도 평화의 인사를 드립니다. 하나님의 임재와 부재가 혼재된 삶의 여정 속에서 말씀과 함께 걸어가는 기쁨이 가득하기를 바라며 모든 영광을 주님께 돌립니다.

2025년 4월 15일 양진일 목사

목차

모세오경 강의안

[모세오경 핵심사상]

1. 히브리 성경 타낙(토라 + 느비임 + 케투빔)과 한글 성경의 구분 차이

① 장르(성막에 비유) / 권수 / 배치
② 70인경 번역 시 수정사항 두 가지
  - 책의 제목과 배치
  - 잠 31:10 ; 룻 3:11.
③ 히브리 성경은 족보에서 시작하여 족보로 마무리
④ 신약 27권 중 마태복음이 제일 앞에 배치된 이유

2. 성경이 하나님의 말씀이라는 것의 의미

① 하나님께서 직접, 간접적으로 선포하신 말씀 - 토라, 예언서
② 하나님께서 경청하시고 열납하시는 말씀 - 시편 / 대표기도
③ 하나님의 뜻이 그 안에 담겨 있는 말씀 - 서신서 / 목회자의 설교.

3. 이스라엘이 믿은 하나님의 특징

① 노동 중시

② 헌제자를 제물보다 중시(창 4:4~5)

③ 소자와 동일시(안식일, 안식년, 희년 - 강자의 순종을 통해 약자가
유익을 누림)

④ 아내 신 부재

⑤ 유일신앙 요청

- 바벨론 포로기를 거치면서 유대교 신앙의 세계선교가 이루어짐

4. 구약성경(제1성경)은 '출애굽에 실패한 이스라엘의 이야기'-
출애굽 3단계

① 몸과 정신, 가치의 탈출

- 출애굽한 사람들은 야곱의 후손+중다한 잡족(출 12:37~38)

- 이들을 하나 되게 한 공통분모는 반바로, 반애굽

- 하나님의 백성이라는 새로운 정체성을 갖게 된 것이 시내산 언약사건

② 가나안 정복

- 믿음에 근거한 능동적 순종 요청

- 땅 신학(레 25:23; 창 15:13~16)

- 이스라엘은 임차인

- 이스라엘이 지불해야 할 임대료는 공평과 정의가 넘치는 사회(사 5:7)

③ 하나님나라 건설

　– 하나님이 원하시는 바를 현실로 살아내는 공동체

　– 애굽적 질서가 지배하지 못하는 새로운 사회

5. 구원의 목적 – 창 18:19, 출 19:5~6, 사 5:7

① 이스라엘은 만민을 위한 선민으로 부름 받음

② 그것을 망각하고 배타적 선민사상에 빠짐

③ 이것을 문제 제기하는 본문이 요나서

6. 돕는 배필의 창조(창 2:18)

① 선악과 사건에서의 아담의 침묵(창 3장 해석 돌아보기)

② 죄의 4중 파괴성

③ 죄의 확장성과 책임 전가성

④ 침묵이 죄, 선을 행하지 않음이 죄(약 4:17)

⑤ 돕는 배필의 전형적 모습이 파수꾼(겔 3:16~21)

⑥ 이 돕는 배필과 파수꾼의 역할을 신실하게 감당했던 이가 예언자들

⑦ 흙으로 지음 받은 인간의 취약성

⑧ 죄로 인해 심판이 집행되는 것이 아니라, 회개의 거부가 심판을 불러일으킴

1. 창세기

창세기의 기술은 고대 근동의 신화론적 세계관 안에서 이해해야 함
- 신화는 고대인들이 인생과 존재의 근본문제와 의미를 설명해내는 가
  장 합법적인 방식
- 당시 존재하던 다른 나라의 신화들과 비교하며 읽으면서 차이점과 특
  이성을 주목해야 함(예, 인간을 창조한 목적)
- 창세기 1장의 창조 이야기는 물이 땅을 뒤덮고 있던 상태에서 땅을 건
  져 올려주신 사건(구원사건)
- 여기의 원시바다는 하나님을 대적하는 세력을 상징(계 21:1)

천지를 창조하신 하나님(1:1)
- 이원론적 사고를 거부하는 선언

문화명령(1:28)
- 세계에 대한 무한책임적인 종교로서의 기독교(마 5:13~16; 요
  17:18)
- 뜻이 하늘에서 이룬 것 같이 땅에서도 이루어지기를 소망하는 것이
  기독교 신앙

흙으로 지어진 인간(2:7)

- 인간 존재의 취약성
- 2:7절의 '생령'과 2:19절의 '생물'은 원어로는 동일함(네페쉬 하야)

선악과는 먹을 수 있지만 먹지 말아야 할 것(2:17)

- 3:1절의 '아룸'에 대한 해석(지혜롭다, 간교하다)
- 인간에게 건네신 하나님의 두 물음(3:9; 4:9)

9:25-27절의 노아의 말은 하나님의 말씀을 대언한 것인가?

- 성경 안에 기록된 모든 말씀은 다 하나님의 말씀인가, 믿음의 사람들
  의 말과 행동은 모두 하나님의 뜻을 대변하고 대행한 것인가, 한번
  주어진 하나님의 말씀은 영구적 효력을 가지는가(창 49:5-7절의 레
  위에 대한 저주와 신 33:8-11절의 레위지파에 대한 축복)

믿음의 족장들

- 믿음은 인지적 수용이 아님(약 2:19, 막 5:6~7)
- 헤브라이즘이 말하는 믿음과 헬레니즘이 말하는 믿음
- 믿음은 하나님의 말씀을 받아들이고, 하나님께 자신의 인생을 거는 것

아브라함

- 만민의 구원을 위한 선민의 선택(12:2-3)
- 성경이 말하는 의는 관계적 용어(창 15:6; 38:26)
- 할례(세례)는 하나님의 백성 됨의 출발점
- 하나님이냐, 하나님의 선물이냐 에서 하나님을 선택한 사람

이삭

- 분별력 상실(25:23; 27:1), 하나님을 제로섬(zero-sum)의 하나
님으로 오해

야곱

- 벧엘 (창 28:16; 반 신전신학), 얍복강 씨름(창 32:27-28), 원하는
모든 것을 이루었지만 험난한 인생을 삶(창 47:9 - 현대인의 표상)

요셉

- 말씀과 함께는 현실적 고난을 동반함 (주기철 목사의 면직)
- 인생의 추락 속에서도 믿음을 지킴
- 하나님의 뜻을 알 수 없는 그 순간에도 하나님에 대한 신뢰를 포기
하지 않음

2. 출애굽기

바로로 대표되는 세상의 지혜(1:10, 자기 유익추구적)

- 성경이 말하는 참 지혜는 하나님을 경외하는 것(잠 9:10)
- 약자의 부르짖는 소리에 귀 기울이시는 하나님
- 바로에서 모세로 바뀌는 것이 회개, 중생, 거듭남

모세를 출애굽의 지도자로 부르심(양을 40년간 침, 출애굽을 해본 경
험, 광야 길 해박함)

- 하나님의 구원방식에 순종한 자들이 출애굽 함(유월절 사건)

- 온전한 믿음은 순종으로 드러남
- 출애굽의 수(출 12:37~38, 600 엘레프)

홍해 도하의 신학적 의미(고전 10:2)

- 시내산 언약(하나님의 선은총과 구원받은 자들의 후응답)과 십계
  명, 율법 하사
- 하나님만을 섬길 것을 다짐
- 겸하여 섬김이 우상숭배
- 하나님 외에 그 어떤 것도 절대화하지 않음
- 하나님의 자리에 무엇인가를 올려놓고 그것을 하나님과 동일시하
  는 것이 우상

성전신학, 왕정신학, 시온신학이라는 우상

- 하나님의 현존을 상징하는 이동식 성소인 성막 건설(25-40장)
- 솔로몬 시대 때 고정화된 성전건축을 통해 이스라엘 안에 이원론 신
  앙이 강화

신전신학과 반신전신학(왕상 8:27; 창 28:16)

- 이스라엘 백성들의 신학적 인식(룻 1:15; 삼상 26:19; 요나)
- 바벨론 포로기를 통해 신학적 지평이 새로워짐(에스겔 1장)

3. 레위기

대부분 제사와 제사장에 대한 내용
 - 거룩의 위계질서 사회인 이스라엘
 - 내가 거룩하니 너희도 거룩하라는 말씀이 레위기의 주제(11:45;
   19:2)
 - 거룩한 삶에 대한 지침
 - 거룩은 하나님께 속함, 주류문화와의 분리, 말씀에 순종하는 다른 삶
   을 창조하는 것
 - 레 19장이 말하는 거룩의 삶
 - 초기 신분제, 가부장제에 저항하였던 삶의 실천들

5대 제사(번제, 소제, 화목제, 속죄제, 속건제)
 - 제사 드리는 자의 능동적 적극성과 제사장의 수동적 소극성
 - 구약시대가 자기 존재 바깥에서 제물을 찾았다면 신약시대는 자신의
   몸을 거룩한 산 제물로 바치는 것(롬 12:1)
 - 거룩한 삶이 뒷받침되지 않는 제사 행위는 무효

안식일, 안식년, 희년을 명하신 혁명적 하나님(25장)
 - 자기 삶을 뒤흔드는 말씀에 대한 거부와 저항
 - 구약이 말하는 정결은 단절과 분리
 - 예수님의 역 접촉신학(막 5장)
 -땅을 더럽히는 죄악은 땅으로부터 토해냄을 당한다는 땅 토해냄의 신
   학(18:24-25; 20:22-24; 26:34-35)

- 우리가 사회가 관심을 가져야 하는 이유

4. 민수기

1, 26장의 인구 조사
- 베미드바르(광야에서, 말씀과함께)

출애굽 1세대가 구원의 과정에서 어떻게 실패했는지를 보여줌
- 하나님의 은혜로 하나님의 백성이 되었지만, 하나님의 백성됨을 거부하여 실패함

출애굽 여정의 3구분
① 출애굽(출 1~18장)
② 시내산에서의 1년(출 19:1~민 10:10)
③ 광야여정(민 10:11~신 34장)

가데스바네아에서 파송된 열 명의 정탐꾼의 보고를 수용한 이스라엘
① 자신들이 듣고 싶어 하는 내용이었기에 수용함
② 열 하룻길을 38년 동안 헤매게 됨
③ 진보와 성장 없는 쳇바퀴 도는 신앙의 삶

광야여정에 대한 상세한 기술
① 광야는 전적으로 하나님을 의지하는 공간
② 광야는 하나님의 임재와 부재가 혼재된 현장

③ 하나님에 대한 전적 신뢰와 하나님의 은혜를 기억함을 통해 하나님 부재의 상황을 돌파해야 함

가나안을 향해 걸어가야 할 이스라엘이 환애굽운동으로 인해 발목이 잡힘
① 이스라엘은 출애굽의 소망은 있었지만 향가나안의 의지는 부재
② 창조적 분투를 부담스러워함
③ 불평과 불만은 전염성이 강한 영적 만성질환

출애굽 백성의 두 가지 문제
① 환애굽(애굽으로 돌아가고자 하는 영적 퇴행 행위로서 출애굽에 대한 저항)
② 준비됨 없이 가나안 족속과 싸우고자 하는 조급함

시대와의 영적 전쟁에서 이기기 위해서는 전략과 전술 필요
① 시대의 중심죄악 파악하기
② 자본주의 사회의 원룸, 혼밥, 혼술 문화
③ 보다 적은 자본을 가지고도 더욱 행복한 삶 살아가기

온유한 자의 대표 모세(민 12:3)
- 미디안에서 40년간 양을 친 후, 이스라엘의 출애굽 지도자로 부름 받음

슬로브핫의 딸들의 정당한 문제제기

　- 새로운 상황 속에서 하나님의 뜻이 새롭게 주어짐(민 27, 36장)

5. 신명기

오경의 마지막 책이자 신명기 역사서의 시작 본문(사경, 오경, 육경, 구경)

　- 되풀이하여 가르쳐준 율법(신 17:18)

　- 출애굽 2세대에게 주어진 비장한 유언적 설교

　- 주제는 실패한 선조를 본받지 말라는 것

　- 성공한 순종의 모델 창조하기

순종하면 복을 받고 불순종하면 저주를 받는다는 사상이 강조(신명기 신학)

　- 삶의 모든 부분에 신명기 신학을 적용하는 것에 대한 저항 본문이 욥기

가나안 땅은 하나님의 선물임과 동시에 능동적 순종을 통해 차지해야 할 땅(1:8)

　- 그 땅에 계속 거주하기 위해서는 부단한 순종이 필요

퇴장의 미학을 보여준 모세

　- 그만해도 족하니(3:25~26)

　- 하나님의 뜻 앞에서 나의 뜻을 내려놓는 것이 참된 기도

이스라엘 신앙의 순수성을 방해하는 4가지 유혹자

　① 이방종교　② 거짓 선지자　③ 가족과 친구　④ 성읍

왕에 대한 이스라엘의 이해(신 17:15 ; 시 2:7)

　왕을 비신성화시킴

예수를 십자가형으로 죽인 이유(신 21:23)

약자의 생존권이 개인의 사적소유권보다 더 중시됨(23:24-25)

이스라엘의 전통은 지도자의 비신화화

　- 모세의 무덤을 알지 못함(34:6)

말씀과 함께 모세오경 1-1

모세오경 핵심사상에 대해 말씀드리겠습니다. 강의안에 나와 있는 내용들을 설명하면서 진행하겠습니다. 먼저 1번을 보세요. 구약의 원어는 히브리어이고 신약의 원어는 헬라어입니다. 그런데 오늘날 우리가 히브리어나 헬라어로 성경을 보는 것이 아니라 한글 번역 성경을 보고 있잖아요. 그래서 원래 히브리어 성경과 우리 한글 번역 성경에 무슨 차이가 있는가에 대해 말씀드리겠습니다.

우리가 성경이라고 부르는 것을 히브리인들은 '타낙'이라고 불러요. 유대인들이 성경을 '타낙'이라고 부르는 이유가 있습니다. 유대인들은 성경이 3개의 장르로 구성되어 있다고 봅니다. 하나가 율법서, 또 하나가 예언서, 또 하나가 성문서입니다. '성문'이라는 말은 '거룩한 글'이라는 말입니다. 율법서를 '토라'라고 하고 예언서를 '느비임'이라고 하고 성문서를 '케투빔'이라고 합니다. 여기서 첫 번째 자음을 떼어 거기에 모음 아를 붙이게 되면 '타낙'이 되는 거예요. 토라의 'ㅌ', 느비임의 'ㄴ', 케투빔의 'ㅋ' 이 첫 자음들을 떼어서 거기에 모음 'ㅏ'를 붙이면 '타낙'이 되는 거죠. '타낙'이란 말 속에는 성경이 3개의 장르로 구성되어 있다는 사실을 함축하고 있는 겁니다.

오늘날 한글 번역 성경은 창세기부터 말라기까지의 구약 성경을 4개의 장르로 나눕니다. 창세기부터 신명기까지는 '율법서'로 봅니다. 이것은 유대인의 관점과 같습니다. 여호수아부터 에스더까지를 '역사서'라고 보고, 욥기부터 아가까지는 '시가서'라고 봐요. 시가서는 운문이라는 의미입니다. 그다음에 이사야부터 말라기까지를 '예언서'라고 봅니다. 그런데 재밌는 사실이 있습니다. 히브리어 성경에서는 제일 먼저 나오는 본문이 창세기이고 제일 마지막에 나오는 본문이 역대기입니다. 우리 성경과 다르죠. 우리 성경은 창세기가 제일 먼저 나오고 말라기가 제일 마지막에 나옵니다. 즉, 히브리어 성경과 한글 성경의 배치가 동일하지 않습니다.

한글 번역 성경은 두 가지의 특징을 가지고 있는데요. 구약 성경의 내용을 번역할 때는 히브리어 성경을 참고했습니다. 예를 들어, 히브리어 성경인 창세기를 그대로 번역한 것이 한글 성경의 창세기입니다. 히브리어 성경인 출애굽기를 그대로 번역한 것이 한글 성경의 출애굽기입니다. 그런데 성경의 배치는 히브리어 성경을 따른 것이 아니라 70인경 성경을 따랐습니다. 잠시 후에 70인경에 대해 설명을 드릴 텐데, 70인경이라는 것은 히브리어 성경을 헬라어로 번역한 최초의 번역 성경입니다. 한글 번역 성경은, 내용은 히브리어 성경을 번역했지만 책의 배치는 70인경을 따랐다는 이 중요한 특징을 기억하시면 좋겠습니다.

이제 히브리어 성경 타낙과 한글 번역 성경의 차이를 몇 가지 살펴보겠습니다. 먼저 유대인들은 성경을 3개의 장르로 본다고 말씀드렸습니다. 율법서인 토라, 예언서인 느비임, 성문서인 케투빔 이렇게 3개의 장르로 구분되어 있다고 보는데, 이것을 유대인들은 성막과 연관지어 설명을 합니다. 하나님의 임재를 상징하는 거룩한 공간이 성막입니다. 이스라엘이 출애굽 한 다음에 하나님과 시내산에서 언약을 체결하고 하나님이 성막을 지으라고 명하십니다. 성막은 그의 백성들과 함께하시는 하나님의 임재를 상징합니다. 성막은 이후에 솔로몬이 건축하는 성전과는 좀 다릅니다. 성막은 이동식 성소이고 성전은 고정식 건물입니다. 성막은 이동식 성소이기 때문에 백성이 움직이면 성막도 움직입니다. 반대도 가능합니다. 성막이 움직이면 백성도 움직이는 거죠. 하나님은 어디 계십니까? 그의 백성이 있는 곳에 함께 하시는 것입니다. 하나님의 거룩한 임재를 상징하는 것이 성막입니다. 성막 전체가 다 거룩한 장소입니다.

그런데 성막은 크게 3부분으로 구분되어 있습니다. 첫 번째가 뜰이고, 두 번째가 성소이고 세 번째가 지성소입니다. 구약 성경에서 가장 중요한 방향은 동서남북 가운데 동쪽입니다. 그래서 성경에 보면 하나님이 출입하시는 곳은 항상 동쪽입니다. 성막도 문이 어디에 있습니까? 동쪽에 있습니다. 이 점에 있어서는 고대 근동 사람들의 생각도 똑같았습니다. 고대인들도 해가 동쪽에서 뜬다고 생각했습니다. 동서남북 가운데 가장 중요한 곳으로 생각했던 곳은 다 동쪽입니다. 성막을 보면, 사람이 동쪽으로 들어온 다음에 제일 먼저 접하게 되는 곳이 뜰입니다. 마당이죠. 그 뜰에 번제단이 있습니다. 물두 명도 거기 있습니다. 좀 더 들어가면 성소가 있습니다. 거기서 좀 더 들어가면 지성소가 있고요. 성막이 뜰과 성소와 지성소라는 3개의 장소로 구분되어 있는데 성막 전체가 하나님의 임재를 상징하는 거룩한 공간이지만 이 3곳 가운데 가장 거룩한 곳이 어디죠? 지성소입니다. 다음으로 거룩한 곳이 어디죠? 성소입니다. 다음으로 거룩한 곳이 뜰입니다. 이것을 유대인들은 성경과 비교한 겁니다.

토라나 느비임이나 케투빔 모두가 다 거룩한 하나님의 말씀이지만 가장 거룩한 말씀은 토라입니다. 다음으로 거룩한 말씀은 느비임 즉 예언서입니다. 다음으로 거룩한 말씀이 성문서인 케투빔인 것입니다. 유대인들은 토라를 지성소에, 예언서를 성소에, 성문서를 뜰에 비유했습니다. 그리고 성경을 배치할 때, 가장 거룩한 말씀을 앞부분에 배치한 것입니다.

유대인들의 성경 배치에서는 창세기가 제일 첫 본문이고 제일 마지막 본문이 역대기라고 말씀드렸었죠? 그러면 역대기가 제일 마지막에 있다는 것은 역대기의 장르가 무엇이라는 말입니까? 성문서라는 것을 알 수 있죠. 그런데 우리 한글 번역 성경은 창세기부터 말라기까지 시간적 순서에 따라 배치되어 있습니다. 태초의 창조부터 주전 400년경의 말라기까지 시간적 순서에 따라 성경이 배치되어 있는 겁니다. 언제부터 이렇게 성경이 배치되었을까요? 70인경 부터입니다.

히브리어 성경과 한글 성경의 중요한 차이는 배치가 다르다는 겁니다. 두 번째 차이는 히브리어 성경은 총 24권인데 한글 구약 성경은 총 39권이라는 점입니다. 그러면 히브리어 성경에 없는 15권이 우리에게 있는 것일까요? 그렇지 않습니다. 권수는 다르지만 내용은 똑같습니다. 유대인들은 사무엘을 한 권으로 봅니다. 열왕기도 한 권으로 봅니다. 역대기도 한 권으로 봅니다. 이것을 우리는 다 상하로 나눈 거죠. 그리고 유대인들은 에스라, 느헤미야를 한 권으로 봅니다. 그런데 우리는 에스라, 느헤미야를 나눴습니다. 그리고 호세아부터 말라기까지를 유대인들은 한 권으로 봐요. 이것을 우리는 또 12권으로 나눈 겁니다. 그래서 유대인의 성경은 24권이고 우리는 39권이지만 내용은 똑같습니다. 권수만 다른 겁니다. 책의 배치 순서도 다릅니다. 유대인들은 거룩한 말씀일수록 앞부분에 배치했습니다. 그래서 토라가 제일 먼저 나오고 예언서가 그다음에 나오고 성문서를 제일 마지막에 배치했습니다. 그런데 한글 번역 성경은 70인경의 순서를 따라서 창세기부터 말라기까지를 시간적 순서에 따라 배치했습니다.

강의안 2번으로 넘어가서 70인경에 대한 이야기를 하겠습니다. 세계 기독교 역사를 보면 예수님을 계승한 사람들을 12사도라고 합니다. 12사도의 계승자들을 속사도라고 하고 속사도의 계승자들을 교부라고 얘기합니다. 교부 시대가 끝나고 AD 590년부터 본격적으로 교황 시대가 열렸다고 봅니다. 그런데 예수님으로부터 시작한 기독교라는 종교 안에는 크게 3개의 그룹이 있습니다. 하나가 로마 가톨릭이고요. 또 하나가 동방 정교회이고 또 하나가 로마 가톨릭을 개혁하기 위해 나온 프로테스탄트 즉 개신교입니다.

로마 가톨릭을 서방 교회라고 하고 정교회를 동방 교회라고 얘기합니다. '러시아 정교회, 그리스 정교회, 터키 정교회' 등의 말을 들어보셨죠? 정교회가 바로 동방 교회에요. 서방 교회는 구약의 정경을 히브리어 성경으로 봅니다. 그런데 동방 교회는 구약의 정경을 70인경으로 봅니다. 지금도 정교회에서는 구약 성경을 읽을 때 70인경을 정경으로 봅니다. 70인경은 쉽게 얘기하자면 헬라어로 기록된 구약 성경입니다. 이방 지역에 있었던 초대 교회 대부분의 신앙인들은 구약을 히브리어로 읽지 않았습니다. 70인경으로 읽었습니다.

그래서 신약에 보면 구약의 어떤 말씀을 인용하는 경우가 있죠. '아모스 선지자가 이렇게 말했다', '이사야가 이렇게 말했다'라고 인용하는 경우가 많잖아요. 그런데 인용한 그 말씀을 찾아 구약 본문을 펼쳐 보시면 구약에 원래 나와 있는 말씀과 신약에서 인용한 말씀이 조금 어긋나는 경우가 있습니다. 왜 그런 일이 벌어질까요? 우리 구약 성경은 히브리어 성경을 번역한 것인데, 신약에서 구약을 인용할 때는 70인경을 인용한 겁니다. 그래서 차이가 생기는 것입니다. 원래 70인경은 유대인들이 번역한 성경인데, 이후에 초대 교인들이 70인경을 너무 선호하였기 때문에 정통 유대인들은 70인경을 점차 보지 않게 됩니다. 한 마디로 70인경은 이방 지역에 있었던 초대 교인들이 보았던 구약 성경이라고 이해하시면 좋겠습니다.

70인경은 주전 3세기에 이집트의 알렉산드리아에서 처음 등장한 성경이에요. 알렉산드리아에서 등장했다는 것이 중요합니다. 어떻게 70인경이 만들어지게 되었는지에 대한 두 가지 이야기가 있습니다. 하나는, 주전 3세기에 이집트를 다스렸던 왕조가 프톨레미 왕조거든요. 그 왕조의 왕 가운데 한 명이 알렉산드리아에 엄청나게 큰 도서관을 짓고 싶었던 거예요. 그 도서관에 전 세계의 모든 민족이 가장 사랑하는 책을 헬라어로 번역해서 비치하고 싶었습니다. 그런데 당시 알렉산드리아에 백만 명 정도의 인구가 있었는데, 그 가운데 30만 명이 유대인이었습니다.

그 당시 백만 명은 오늘날로 얘기하면 이천만 명 이상이라고 보면 됩니다. 엄청나게 거대한 도시가 바로 알렉산드리아였습니다. 여기에 세계 최대 도서관을 짓고 싶었는데 이 도서관에 각 민족들이 가장 사랑하는 책을 헬라어로 번역해서 비치하고 싶었던 것입니다. 그런데 알렉산드리아 인구 가운데 30%가 유대인이었어요. 유대인들이 가장 사랑하는 책이 뭡니까? 토라죠. 원래 유대인들이 보던 성경은 히브리어로 되어 있었는데, 이것을 헬라어로 번역하기 위해서 이스라엘 12지파에서 각 지파당 6명씩을 뽑았습니다. 그러면 72명이죠. 이 72명을 각각의 방에 모시고 토라를 번역하게 한 거예요. 지금 제가 드리는 이 모든 설명은 전설입니다. '아리스테아스의 편지'라는 책에 나오는 전설인데 72명의 사람들이 각 방에서 72일 동안 번역을 한 겁니다. 그리고 번역이 끝난 다음에 각자가 번역한 것을 비교해 보니까 토시 하나 틀리지 않고 똑같은 거예요. 모두 전설입니다. 그래서 사람들은 '이것은 번역자의 개인적 능력으로 번역한 것이 아니라 신적 영감이 함께 한 것이다, 하나님이 도우셨다'라고 생각하면서 이 번역 성경에 대한 신적 권위를 부여하기 시작했습니다.

이것을 처음에는 72명의 랍비들이 72일 동안 번역했다고 해서 72인경이라고 불렀습니다. 그런데 72라는 숫자는 사실 별 의미가 없잖아요. 고대 근동시대에는 다섯 개의 숫자가 완전수입니다. 3, 4 그리고 3과 4를 더하면 7, 3과 4를 곱하면 12, 그리고 역사의 한 주기를 가리키는 10. 이 다섯 개의 숫자가 완전수입니다. 3, 4, 7, 10, 12. 이 다섯 개의 숫자가 완전수인데 완전수와 완전수의 결합도 완전수입니다. 예를 들어, 4와 10을 곱하면 40이 되죠. 성경에 40이란 표현 많이 나오죠. 7과 10을 곱하면 70이죠. 10과 12를 곱하면 120이죠. 마가의 다락방에 모여 있던 초대 교인들이 몇 명입니까? 120명이죠. 누가복음에서 예수님이 몇 명의 제자를 전도 파송 보냈습니까? 70제자. 성경을 보시면 40, 70, 120 이런 식의 표현이 많이 나온다는 것을 알 수 있습니다.

이런 표현이 나오면 두 가지 가운데 하나입니다. 하나는 물리적인 숫자이고, 또 하나는 완전수입니다. '40일 동안 무엇을 했다'라고 했을 때 그 40일을 물리적으로 40일로 이해할 수도 있지만 '온전한, 완전한, 충만한' 이런 의미로도 해석할 수 있습니다. 처음에는 72인경이라고 부르다가 끝에 2를 빼고 70인경 이라고 하게 되면 7 곱하기 10이 됩니다. 완전수가 되죠. 그래서 '하나님의 영감을 통해서 가장 완전하게 번역된 성경' 이런 의미로 70인경이라고 부르게 된 것입니다. 이것이 70인경의 유래와 관련된 하나의 전설입니다.

70인경에 대한 두 번째 이야기를 말씀드리겠습니다. 알렉산드리아 인구 백만 명 중에 30만 명이 유대인이었습니다. 유대인이 30만

명이니까 알렉산드리아 안에 유대 회당들이 얼마나 많았겠습니까? 참고로 회당이라고 하는 것은 바벨론 포로기 때부터 만들어지기 시작한 겁니다. 바벨론에 포로로 끌려간 사람들이 성전이 없는 가운데에서 회당을 만들게 된 것입니다. 회당에서 한 일은 말씀을 배우는 것이었습니다. 회당의 가장 중요한 기능은 '학교'였습니다. 말씀을 배우는 학교인 셈이죠. 그런데 유대인들이 아무렇게나 회당을 세울 수 있었을까요? 그렇지 않았습니다. 회당을 세우려면 중요한 조건이 하나 있습니다. 20세 이상의 유대 남성 10명이 있어야 한다는 조건입니다.

유대인들은 한 사회, 한 도시를 건강하게 유지하기 위한 최소한의 수를 10명으로 봅니다. 그래서 창세기 18장에 보면 소돔과 고모라가 멸망하기 전에 아브라함이 하나님께 중보하는 내용이 나오죠. 의인 50명부터 시작해서 아브라함이 어디서 끝납니까? 의인 10명에서 끝나잖아요. 10명에서 끝나는 이유가 무엇일까요? 유대인의 사고 속에서는 10명이 한 사회를 건강하게 지킬 수 있는 마지막 마지노선이었습니다. 그래서 회당을 세울 때에도 20세 이상 유대 남성 10명이 있어야 회당을 세울 수 있었던 것입니다.

고대 근동 사회는 여성들을 사람의 수에 포함시키지 않았습니다. 20세 이상의 남성이 9명이고 여성이 2천명인 경우에는 회당을 지을 수 없었습니다. 남성 10명이 중요했습니다. 당시 30만 명의 유대인들이 알렉산드리아에 살았다고 하면 유대 회당들이 얼마나 많이 필요했겠습니까? 그런데 문제가 발생하기 시작합니다. 알렉산드리아에 처음 온 유대인들은 히브리어를 알았습니다. 그런데 2세대, 3세대, 4세대 이렇게 세대가 거듭될수록 안식일에 회당에 가서 예배는 드리는데 랍비가 읽어주는 히브리어 성경을 하나도 모르는 겁니다. 2, 3세대로 내려갈수록 히브리어를 아는 사람이 점점 없어지게 된 것입니다. 이들은 헬라어만 알았습니다. 그래서 히브리어를 모르는 후세대들을 위해서 알렉산드리아에 있는 유대 랍비들이 힘을 모아 구약 성경을 헬라어로 번역했는데 그것이 70인경의 유래라고 보기도 합니다.

이처럼 70인경이 탄생하게 된 기원은 두 가지 이야기가 있습니다. 하나는 알렉산드리아에 대도서관을 만들면서 세계 만민이 사랑하는 가장 중요한 책을 헬라어로 번역해서 거기에 비치하려고 하면서 유대인들이 가장 사랑하는 성경을 번역해서 거기에 비치한 것이라는 이야기이고, 또 하나는 알렉산드리아에 엄청나게 많은 유대인들이 있었는데, 히브리어를 모르는 유대 2세대, 3세대, 4세대 등을 위해 후세대들이 이해할 수 있는 헬라어로 구약 성경을 번역한 것이 70인경이라는 이야기입니다.

여기서 확실한 것은 무엇일까요? 원래 구약은 히브리어로 기록되었는데 이것을 다른 나라 말로 번역한 최초의 번역 성경이 70인경이라는 사실입니다. 성경을 첫 번째 번역한 언어가 헬라어였죠. 이것을 초대 교인들이 읽었습니다. 바울이 이방 지역에 전도를 많이 했습니다. 이방 지역에 살고 있던 사람들은 히브리어를 전혀 몰라요. 그런데 헬라어는 알거든요. 그러니까 헬라어를 알고 있는 초대 교인들이 읽을 수 있는 유일한 구약 성경이 무엇이겠습니까? 70인경이었죠. 시간이 지날수록 초대 교인들이 70인경을 너무 사랑하니까, 원래 유대인들이 번역했음에도 불구하고 유대인들은 나중에 70인경을 거들떠보지도 않게 된 것입니다.

그런데 70인경 성경을 번역하면서 원래 히브리어 성경에 없던 두 가지 수정이 일어나게 되었습니다. 첫째는, 원래 히브리어 성경에는 없었던 책의 제목을, 70인경으로 성경을 번역하면서 만든 겁니다. 첫 번째 두루마리를 쭉 읽어보니까 여기서 가장 중요한 키워드는 '모든 것의 시작이다'라고 해서 게네시스란 이름을 붙인 거예요. 두 번째 두루마리를 읽어보니까 이것은 '탈출에 대한 이야기다'라고 해서 엑소더스란 이름을 붙인 것입니다. 이렇게 오늘 우리가 얘기하는 것처럼 창세기, 출애굽기, 레위기란 책의 제목이 만들어지게 된 것이 70인경부터입니다.

두 번째, 유대인들은 성경을 어떻게 배치했다고 했습니까? 가장 중요한 말씀을 앞부분에 배치했다고 했죠. 토라가 제일 먼저 나오고 그다음 예언서가 나오고 마지막에 성문서가 나온다고 했잖아요. 그런데 70인경으로 번역하면서 태초의 창조부터 주전 400년경의 말라기까지 시간적 순서에 따라 구약을 재배치한 겁니다. 지금 우리가 갖고 있는 구약 성경을 쭉 읽어 보게 되면 창조부터 시작해서 원 역사, 아브라함, 이삭, 야곱, 요셉으로 이어지는 족장들 이야기, 출애굽 사건, 광야 여정, 가나안 정복 전쟁, 사사 시대, 통일 왕국, 남북 분열 왕국, 바벨론 포로, 포로 귀환 이후, 중간기 이런 식으로 시간적 순서에 따라 성경이 배치되어 있죠. 이것이 바로 70인경 때부터 이렇게 배치되기 시작한 거예요. 요약하면, 70인경에서 중요한 수정이 두 가지 가해졌는데, 첫 번째는 책의 제목이 만들어지게 된 것이고, 두 번째가 시간적 순서에 따라 성경을 재배치했다는 것입니다. 우리 한글 번역 성경은 내용은 히브리어 성경을 번역했고, 책의 배치는 70인경의 배치를 따라 했다는 것이 중요합니다.

또 하나 중요한 내용이 있습니다. 원래 성경에는 장과 절이 없었습니다. 그래서 신약 성경에 보시면 구약의 어떤 말씀을 인용할 때 '이사야 50장 3절에 이런 말씀이 있다'라는 언급이 없죠. 대부분 인용이 어떻게 되어 있습니까? '예언자 이사야가 말하기를' 이런 식이죠. 원래 구약 성경은 장, 절 개념이 없었기 때문에 그런 식으로 인용한 것입니다. 장과 절이 없으니 성경 찾기가 얼마나 어려웠겠습니까? 사람들마다 인위적으로 장을 막 끊었습니다. 심지어 어떤 성경에는 마가복음이 50장까지 있습니다. 사람들마다 인위적으로 성경을 끊어 읽기 시작했는데 사람들마다 다르니까 얼마나 불편했겠습니까?

우리가 지금 보는 것처럼 장이 확정된 것은 1220년경입니다. 영국의 스티브 랭턴이라는 주교에 의해서 장이 만들어진 거예요. 1220년경에요. 다음에 우리가 보는 것처럼 절까지 확정된 것은 1553년입니다. 프랑스의 인쇄업자였던 에스티엔이란 사람에 의해서 1553년에 절까지 확정된 거예요. 이것을 그대로 이어받아서 성경을 출간한 것이 바로 1611년에 킹제임스 번역 성경입니다. 이때부터 장과 절이라고 하는 것의 기준이 확립된 것입니다.

성경에 장, 절이 원래 없었다는 사실을 분명히 보여주는 성경 본문이 있습니다. 신약이 27권인데 그 27권 가운데 21권이 서신서죠. 그래서 신약의 별명이 편지의 책이거든요. 27권 가운데 21권이 편지입니다. 바울이 로마 교회에 보낸 편지가 로마서인데 바울이 로마 교회에 편지를 보내면서 이렇게 썼겠습니까? 1장 1절 '하나님으로부터 사도로 부름 받은 나 바울은' 2절 '로마에 있는' 이런 식으로 편지를 썼겠냐고요. 그렇게 안 썼겠죠. 그냥 쭉 썼을 것 아닙니까? 서신을 생각하면 원래 성경에는 장과 절과 같은 구분이 없었겠다는 것을 금방 이해하실 수 있는 겁니다.

장과 절이 없으니 옛날에 내가 분명히 이사야에서 고난 받는 어린 양에 대한 이야기를 읽었는데 그것을 다시 찾기 위해서 아침 8시에 두루마리를 폅니다. 그러면 오후 5시에 찾는 겁니다. 그런데 지금 우리는 '이사야 53장' 그러면 금방 찾잖아요. 장과 절이 있으니 찾는 것이 너무나 쉬워졌죠. 그런데 장과 절이 있어서 하나 안 좋은 것이 있어요. 성경을 자꾸 끊어 읽게 되는 거예요. 원래 성경은 끊어 읽으면 안 되거든요. 연결해서 읽어야 됩니다.

신실한 한국의 크리스천들은 송구영신 예배 때마다 성경 일독을 다짐하지 않습니까? 성경 일독 하려면 대부분 어떻게 합니까? 평일에는 3장, 주일에는 5장 이런 식으로 성경 읽고 나서 일수 도장 찍듯이 체크한단 말이에요. 그런데 성경의 서신서는 절대 끊어 읽으시면 안 됩니다. 누가 여러분에게 편지를 보냈는데 A4 10장입니다. '편지의 분량이 너무 길다, 하루에 한 장씩 10일 동안 읽어야지' 이렇게 하시는 분 계십니까? 없어요. 누가 편지를 끊어 읽습니까. 절대 그렇지 않거든요. 그런데 우리는 지금 로마서나 고린도전서나 고린도후서나 이런 것들을 끊어 읽는단 말이에요. 편지는 쭉 읽어야만 발신자의 의도를 알 수 있는 거죠. 성경에 장과 절이 있다 보니까 장점도 있고 단점도 있는 거예요.

정리해보면 구약은 원래 히브리어 성경인데 이것을 최초로 다른 나라 언어로 번역한 성경이 70인경입니다. 헬라어로 번역한 겁니다. 70인경으로 성경을 번역하면서 두 가지 수정이 가해졌습니다. 첫 번째가 책의 제목이 만들어지게 된 것이고 두 번째가 책의 배치를 새롭게 한 겁니다. 참고로 원래 성경에는 장과 절이 없다는 것을 꼭 기억하시면 좋겠습니다.

이 설명과 관련해서 두 군데 성경 본문을 찾아보도록 할게요. 잠언 31장 10절입니다. 원래 성경에는 잠언 31장 10절은 없는 거예요. 그리고 최초의 히브리어 성경을 보시면 모음이 없어요. 자음밖에 없어요. 그리고 띄어쓰기가 없습니다. 원래 유대 회당에서 처음 행해진 설교라고 하는 것은 띄어쓰기가 되어 있지 않고 자음만 있는 성경을 모음을 붙여서 띄어 읽어주는 거예요. 그것을 할 수 있는 사람이 누굽니까? 랍비입니다. 한글로 얘기하면 'ㄱㄷㄴ'과 같이 자음이 다 닥다닥 붙어 있는 겁니다. 여기에 모음을 붙여서 띄어 읽을 수 있는 사람을 랍비라고 했습니다.

랍비라는 말은 '나의 선생님'이라는 말입니다. 안식일에 회당을 가게 되면 랍비가 성경을 읽어주었습니다. 원래 성경은 보는 책이 아니라 듣는 책입니다. 왜냐면 구약 시대만 하더라도 전체 인구 가운데 5%에서 10% 정도만 글을 읽고 쓸 수 있었어요. 고대 사회에서는 '글을 안다'라는 것이 엄청난 권력이었습니다. 오늘날도 마찬가지 아닙니까. '내가 영어를 잘한다', '중국어를 잘한다' 이것 자체가 권력이죠. 그래서 당시의 대부분의 사람들은 성경을 줘도 읽을 수가 없었습니다. 그렇다면 대부분의 유대인들은 성경을 어떻게 접했을까요? 안식일에 회당에 갔을 때 랍비가 읽어주는 말씀이 그들이 접할 수 있는 유일한 말씀이었습니다. 그래서 유대인들에게 발달하게 된 것이 있습니다. 암송문화입니다. 암송을 용이하게 하기 위해서 구약의 많은 부분이 운문입니다. 구약이 이렇게 운문이 많은 이유가 바로 암송을 쉽게 할 수 있게 하기 위함이었습니다. 로마서 10장 17절에서 믿음은 어디에서 납니까? 믿음은 들음에서 나잖아요. 그 당시에는 성경은 보는 책이 아니었다는 것을 기억하셔야 합니다. 그 당시 성경은 누가 읽어주면 듣는 책이었던 것입니다.

또 한 가지를 생각해 봐야 합니다. 바울이 로마 교회에 보낸 편지가 로마서라고 했잖아요. 그 당시에 로마 교회나 고린도 교회나 대부분 다 30명에서 50명 정도의 가정 교회예요. 그러면 30명에서 50명이 모여 있다고 한다면 그 당시 일반적인 수치에 근거해보면 글을 읽을 수 있는 사람은 1~2명 정도 밖에 안 되는 거예요. 그러면 바울이 로마 교회에 편지를 보냈을 때 대다수 로마 교인들은 그 편지를 어떻게 접할 수 있는 겁니까? 글을 읽을 수 있는 사람이 회중 앞에서 읽어주는 거죠. 오늘날과 다릅니다. 오늘날에는 누가 편지를 보냈다고 하면 스캔해서 카톡방에 올리거나 카페에 올릴 수 있잖아요. 그것을 누구나 읽을 수 있습니다. AD 1세기는 그런 시대가 아니었습니다. 그 때 성경은 듣는 책이지 보는 책이 아니었습니다. 잠언 31장 10절을 보겠습니다.

"누가 현숙한 여인을 찾아 얻겠느냐 그의 값은 진주보다 더하니라"

자매님들은 이 말씀을 접하게 되면 '나도 현숙한 여인이 되어야 될 텐데, 어떻게 하면 현숙한 여인이 될 수 있을까? 생활 한복을 입어야 되나, 걸음걸이를 천천히 조신해야 되나, 말도 천천히 해야 되나?' 그런 생각을 하실 수 있을 겁니다. 그런데 여기서 '현숙한 여인'이라는 말은 조선식 번역입니다. 이것은 히브리어로 '에셰트 하일'이란 말인데 '능력이 있는 여인'이라는 말입니다. 일 처리를 잘하고 집안의 하인들을 잘 통솔하고 가정을 잘 이끄는 등의 능력이 있는 여인을 말하는 것이지, 우리가 '현숙한'이라는 단어를 들었을 때 고정적으로 사고하는 그런 것과는 거리가 멉니다. 잠언이 마지막에 이런 질문을 던지면서 끝납니다. '누가 그런 능력 있는 여인을 아내로 맞이할 수 있는가? 그런 여인을 아내로 맞이하게 되면 진주를 소유하는 것보다 귀한 일인데...'

그런데 이 질문에 대한 대답이 어디에 나올까요? 룻기 3장 11절에 나옵니다. 보아스라는 사람이 룻에게 이런 말을 합니다.

"그리고 이제 내 딸아 두려워하지 말라 내가 네 말대로 네게 다 행하리라 네가 현숙한 여자인 줄을 나의 성읍 백성이 다 아느니라"

이 구절에서 '현숙한 여인'이란 말도 '에셰트 하일'입니다. '능력 있는 여자'입니다. 누가 능력 있는 여자입니까? 룻과 같은 여인이 능력 있는 여자입니다. 누가 이 여인을 아내로 맞이할 수 있습니까? 보아스와 같은 남자가 이런 여인을 아내로 맞이할 수 있는 겁니다. 이처럼 히브리어 성경에 보면 잠언이 질문하고 룻기가 대답하는 구조이기 때문에 잠언 다음에 룻기가 나옵니다. 책의 배치가 그렇게 되어 있습니다.

한글 성경 내용 중에는 너무나 조선식으로 번역한 본문들이 몇 가지 있습니다. 그것 가운데 하나가 창세기 32장에 나옵니다. 야곱이 자기를 습격했던 천사와 밤새 무엇을 했다고 되어 있습니까? '씨름'한다고 되어 있죠. 어느 주일 학교 공과를 보니까 진짜 야곱과 날개 달린 천사가 샅바 붙잡고 씨름하고 있더라고요. 그 씨름이라고 하는 것도 너무나 조선식 번역입니다. 원래대로 하자면 격투기입니다. 밤새 치고받고 싸우는 것이지 씨름이 아닙니다.

그런데 잠언 다음에 룻기가 나와서 잠언의 질문에 대답을 하고 있는데, 한글 번역 성경은 룻기가 사사기 다음에 나오죠. 왜 사사기 다음에 나올까요? 룻기 1장 1절 보세요. 여기 보면 룻기의 시대적 배경이 언제냐면 '사사들이 치리하던 때'라고 합니다. 한글 번역 성경에서 룻기가 사사기 다음에 나오는 이유는, 사사기와 룻기가 시대적 배경이 똑같아서 그렇습니다. 이처럼 70인경으로 성경을 번역하면서 시간적 순서에 따라 성경을 재배치했다는 것을 기억해주시면 좋겠습니다.

3번으로 넘어가겠습니다. 히브리어 성경에서 제일 먼저 나오는 본문이 창세기이고 제일 마지막에 나오는 본문이 역대기라고 했습니다. 역대기는 성문서에 들어갑니다. 히브리어 성경은 24권이 있고 장르는 3개로 나누었는데, 토라, 느비임, 케투빔입니다. 토라가 5권입니다. 창세기부터 신명기까지죠. 그 다음에 나오는 예언서는 8권입니다. 예언서 8권 중에서 4권을 '전기 예언서'라고 합니다. 전기 예언서에 들어가는 4권은 여호수아, 사사기, 사무엘, 열왕기입니다. 전기 예언서는 신명기 신학에 근거해서 기술된 이스라엘 역사이기 때문에 '신명기 역사서'라고도 합니다.

그 다음에 후기 예언서가 4권이 있는데 크게 2개로 또 나눕니다. 이사야, 예레미야, 에스겔 이 3권을 대예언서라고 합니다. 호세아부터 말라기까지를 소예언서라고 합니다. 그러면 자동으로 이사야가 대예언서니까 이사야는 대예언자가 되고, 호세아는 소예언서니까 호세아는 소예언자가 되는 겁니다. 여기서 '대'와 '소'의 구분은 어떤 예언자의 능력이나 권위와는 아무 상관이 없습니다. 그 예언서의 분량 차이입니다. 예를 들어, 이사야는 책이 굉장히 두껍죠. 이사야가 나중에 장이 되었을 때 66장, 예레미야 52장, 에스겔 48장으로 분량이 많습니다. 그래서 대예언서라고 합니다. 그런데 소예언서는 아무리 길어봤자 14장입니다. 그리고 한 장짜리도 있습니다. 분량이 적기 때문에 이것을 소예언서라고 합니다.

그런데 원래 히브리어 성경에서는 호세아부터 말라기를 한 권으로 본다고 했잖아요. 그러니까 후기 예언서는 이사야, 예레미야, 에스겔 그리고 호세아부터 말라기까지의 1권하여 총 4권이 되겠죠. 그러니까 토라 5권, 예언서 8권, 총 13권이죠. 그리고 지금 제가 언급하지 않았던 모든 본문들은 다 성문서에 들어갑니다. 그 성문서가 11권입니다. 정리하자면, 유대인들의 히브리어 성경은 총 24권이고, 장르는 3개로 구분하고, 토라 5권, 예언서 8권, 성문서 11권입니다. 11권의 성문서 가운데 제일 먼저 나오는 것이 시편이고 제일 마지막에 나오는 것이 역대기입니다. 그래서 구약 히브리어 성경은 창세기로 시작해서 역대기로 마무리 하고 있습니다.

그렇다면 왜 유대인들은 이렇게 성경을 배치했을까가 중요합니다. 방금 전에 유대인들은 중요한 말씀을 앞부분에 배치한다고 했죠. 그래서 토라, 예언서, 성문서의 순서로 되어 있는 것 아닙니까? 그런데 이런 질문이 가능합니다. '성문서가 11권인데 왜 11권 가운데 역대기를 제일 마지막에 배치했을까?', '왜 성경을 창세기로 시작해서 역대기로 마무리하도록 했을까?'라는 질문이죠.

참고로 유대인들이 성경을 정경으로 확정할 때 동일한 시점에 율법서, 예언서, 성문서를 동시에 확정한 것이 아닙니다. 율법서가 제일 먼저 정경이 되었습니다. 예언서가 그다음에 정경이 되었고 성문서가 제일 마지막에 정경이 되었습니다. 율법서는 주전 400년경에 정경이 되었습니다. 예언서는 주전 200년경에 정경이 되었고 성문서가 정경이 된 것은 AD 90년입니다. 그러니까 토라, 예언서, 성문서까지를 포함해서 구약 39권이 정경으로 최종 확정된 것은 AD 90년인 겁니다. 예수님이 공생애 사역 하실 때가 AD 27년 또는 28년경입니다. 그러면 예수님이 공생애 사역하실 때는 유대인들이 하나님의 말씀으로 인정한 것은 무엇일까요? 토라와 예언서였습니다. 왜냐하면 성문서가 정경이 된 것은 AD 90년이니까 예수님 이후입니다.

예를 들어 디모데후서 3장에 이런 말씀이 있습니다. '모든 성경은 하나님의 영감으로 되었다.' 이 구절에서 '모든 성경'은 창세기부터 요한계시록을 말하는 것이 아닙니다. 사도 바울이 디모데에게 편지 쓰면서 모든 성경은 하나님의 영감으로 되었다고 할 때 그때 모든 성경이라고 하는 것은 구약입니다. 신약의 27권이 정경으로 확정된 것은 AD 397년입니다. 이것만 기억하고 계세요. 히브리어 성경이 정경으로 확정된 것은 AD 90년, 신약 27권이 정경으로 확정된 것은 AD 397년입니다. 중요한 말씀을 하나 보겠습니다. 누가복음 24장 44절입니다.

"또 이르시되 내가 너희와 함께 있을 때에 너희에게 말한 바 곧 모세의 율법과 선지자의 글과 시편에 나를 가리켜 기록된 모든 것이 이루어져야 하리라 한 말이 이것이라 하시고"

예수님이 부활하신 다음에 제자들에게 나타나셔서 하신 말씀입니다. '또 이르시되 내가 너희와 함께 있을 때에 너희에게 말한 바 곧 모세의 율법과' 이것이 토라죠. '선지자의 글과' 이것이 바로 예언서죠. 다음에 뭐라고 되어 있습니까? '시편에 나를 가리켜 기록된 모든 것이 이루어져야 하리라'라고 기록되어 있죠. 당시 유대인들이 성경으로 고백하고 있던 말씀에 기록된 모든 것들이 예수님을 통해서 이뤄졌다는 말이에요. 그런데 여기서 중요한 내용을 하나 볼 수 있습니다. 예수님 공생애 사역하실 때 유대인에게 성경이라고 하는 것은 모세의 율법, 즉 토라와 선지자의 글, 즉 예언서죠. 이때는 성문서가 정경으로 확정되었을 때입니까, 이전입니까? 이전이죠. 그런데 성문서 가운데 무엇만 나와 있습니까? 시편은 나와 있죠. 성문서가 정경으로 확정된 것은 AD 90년이지만 예수님 공생애 때도 이미 시편은 정경적 권위를 갖고 있었단 것을 여기서 알 수 있습니다. 그래서 성문서 11권 가운데 시편이 제일 먼저 나옵니다. 이미 시편은 예수님 공생애 때도 정경으로서의 권위를 가지고 있었습니다.

다시 한번 정리할게요. 유대인들이 갖고 있는 성경은 3개의 장르로 되어 있습니다. 토라 즉 율법서가 있고, 느비임 즉 예언서가 있고, 케투빔 즉 성문서가 있습니다. 유대인들은 가장 중요한 말씀을 앞부분에 배치했습니다. 유대인의 성경을 보면 토라, 예언서, 성문서의 순서로 배치되어 있습니다. 토라는 5권입니다. 예언서는 8권입니다. 성문서는 11권입니다. 그런데 토라와 예언서와 성문서가 동일한 시점에 정경으로 인정된 것은 아닙니다. 토라는 주전 400년경에 정경으로 확정되었고 예언서는 주전 200년경에 정경으로 확정되었고 성문서는 AD 90년에 정경으로 확정된 겁니다. 재밌는 것이 누가복음 24장 44절에 보면 예수님 공생애 때, '유대인들이 성경으로 고백하고 있는 거기에 나에 대해 기록된 모든 말씀이 다 이뤄져야 하리라'

라고 하면서 성경을 언급하시는데 모세의 율법, 선지자의 글 다음에 성문서 거룩한 글이란 표현이 안 나오죠. 대신 뭐가 나와요? '시편에' 이렇게 나오죠. 이것을 통해서 알 수 있는 사실이 있습니다. 토라는 주전 400년경에 정경이 되었고 예언서도 주전 200년경에 정경이 되었고 성문서는 AD 90년에 정경이 되었지만, 예수님 당시에 이미 시편은 정경적 권위를 획득하고 있었다는 사실입니다.

유대인들은 창세기로부터 시작해서 역대기로 마무리하는 구조로 성경을 배치했습니다. 창세기는 총 50장이 있는데 그 가운데 족보가 10개가 나옵니다. 창세기의 별명이 '족보의 책'입니다. 그리고 역대기를 읽어 보면 역대상 1~9장이 이스라엘 12지파의 족보입니다. 유대인들이 왜 창세기를 제일 앞에, 역대기를 제일 마지막에 배치했을까요? 창세기도 족보의 책이고 역대기도 족보의 책입니다. 이런 것을 국어에서 수미상관 구조라고 하죠. 쉽게 얘기하면 족보로 시작해서 족보로 마무리하는 것입니다.

신약 성경이 총 27권인데 신약 성경을 보면 마태복음부터 요한계시록까지의 순서로 되어 있잖아요. 그런데 이렇게 생각하는 분들이 가끔 있습니다. 마치 마태복음부터 요한계시록의 순서가 마태복음이 제일 먼저 기록되고 그다음에 마가, 누가, 요한, 사도행전 이렇게 시간적 순서대로 성경이 기록되었다고 생각하시는 거죠. 절대 그렇지 않습니다. 신약 성경 가운데 가장 먼저 기록된 것은 바울 서신입니다. 사도 바울이 AD 64년 네로 황제 때 순교를 당했습니다. 그러니까 우리가 바울이 편지를 썼다는 것을 정말 믿는다면 바울의 모든 편지는 AD 64년 이전에 기록될 수밖에 없는 거죠.

제일 먼저 기록된 복음서가 마가복음입니다. 마가복음이 기록되었을 때를 AD 70년으로 봅니다. 그 다음에 마태복음과 누가복음을 AD 80년, 요한복음을 AD 90년으로 봅니다. 가장 먼저 기록된 마가복음보다 바울 서신이 더 빨리 기록된 것입니다. 그런데 먼저 기록된 바울 서신이 아니라 왜 우리 신약 성경은 복음서를 앞부분에 배치했을까요? 복음서를 앞부분에 배치한 이유는 70인경의 장르 배치순서를 그대로 따라한 겁니다.

유대인들은 성경이 3개의 장르로 되어 있다고 봤죠. 율법, 예언서, 성문서입니다. 70인경으로 성경을 번역하면서 태초의 창조부터 주전 400년까지 시간적 순서에 따라 성경을 재배치했죠. 성경을 재배치하면서 성경을 4개의 장르로 바꿨습니다. 창세기부터 신명기까지는 토라, 여호수아부터 에스더까지는 역사서, 욥기부터 아가서까지는 시가서, 이사야부터 말라기까지는 예언서로 나눈 것이죠. 구약을 4개의 장르로 나눈 겁니다. 구약의 4개의 장르 순서를 그대로 이어받은 것이 바로 신약 성경의 배치입니다.

토라에 대응하는 것이 복음서입니다. 토라에는 하나님의 구원 사건인 출애굽이 나오죠. 다음에 하나님의 말씀인 십계명과 율법이 나오죠. 예수 그리스도의 구원 사건과 예수님의 말씀이 모여 있는 것이 복음서잖아요. 토라가 제일 앞에 나오는 것처럼 복음서를 제일 앞에 배치한 겁니다. 토라 다음에 여호수아부터 에스더까지가 역사서죠.

신약 성경 가운데 유일한 역사서가 사도행전입니다. 교회가 어떻게 탄생하게 되었는지, 이방 지역에 복음이 어떻게 전파됐는지 초대 교회 역사를 기록하고 있는 것이 사도행전입니다. 사도행전이 역사서입니다. 그래서 토라 다음에 역사서가 나오기 때문에 복음서 다음에 역사서인 사도행전을 배치한 겁니다.

역사서 다음에는 시가서가 나오죠. 욥기부터 아가까지가 시가서입니다. 시가서에 대응하는 것이 21개의 서신서입니다. 그래서 로마서부터 유다서까지 21개의 편지를 배치한 거예요. 그리고 70인경의 가장 마지막 장르는 이사야부터 말라기까지 예언서입니다. 예언서에 대응하는 것이 바로 요한계시록입니다. 그러니까 마태복음부터 요한계시록까지 27권은 기록된 순서에 따라 배치된 것이 아니라 70인경의 장르 배치 순서를 그대로 따랐다는 것을 기억하셔야 합니다.

재미있는 사실이 또 한 가지 있습니다. 복음서가 제일 앞에 있는 것은 이해가 됩니다. 그런데 가장 먼저 기록된 복음서가 마가복음이거든요. 그런데 지금 성경에는 어떤 본문이 신약의 제일 앞에 배치되어 있습니까? 마태복음이죠. 왜 마태복음을 제일 앞에 배치하였는가를 생각해 보겠습니다.

초대 교회 당시에 복음서라는 이름으로 나온 텍스트만 40개 정도된다고 합니다. 그 가운데 초대 교회는 마태, 마가, 누가, 요한이 쓴 복음서만을 하나님의 말씀으로 인정했습니다. 4개의 복음서 외에도 도마복음, 유다복음, 마리아복음 이런 복음서가 있었습니다. 그런 복음서들은 정경으로 인정받지 못한 것입니다. 행전도 사도행전만 있는 것이 아닙니다. 10개 정도의 행전이 있다고 하는데 그 가운데 사도행전만 정경이 된 것입니다. 4개의 복음서가 정경이 되었는데, 그 중에서 가장 먼저 기록된 것은 마가복음인데 왜 마태복음을 제일 앞에 배치했을까요? 족보 때문입니다.

복음서에 보면 예수님의 족보가 나오는데 마태복음하고 누가복음 이거든요. 누가복음은 3장에 족보가 나오고, 마태복음은 1장에 나옵니다. '아브라함과 다윗의 자손 예수 그리스도의 세계라'라고 말하면서 족보가 열거되죠. 족보가 제일 앞부분에 나오는 마태복음을 신약의 첫 본문으로 배치한 이유가 있습니다. 신약은 구약과 단절된 책이 아니라 구약의 그 역사를 그대로 계승하는 책임을 강조하기 위해서입니다. 그래서 족보가 제일 먼저 나오는 마태복음을 신약의 제일 앞에 배치한 것입니다.

말씀과 함께 모세오경 1-2

강의안 2번을 보면 성경을 하나님의 말씀이라고 하는데, 성경이 하나님의 말씀이라고 하는 것이 무슨 의미인지에 대해 생각해 보겠습니다. 성경은 하나님께서 우리 인간에게 주신 말씀, 우리 인간들을 위해서 기록해주신 말씀이라고 생각하기 쉬운데, 성경을 자세히 보면 방향성과 관련해서 크게 3개의 형태의 글들이 모여져 있습니다. 첫 번째는 하늘에 계신 하나님께서 땅에 있는 사람들에게 주신 말씀이 있습니다. 이것이 토라와 예언서입니다. 하나님께서 직접 주신 말씀도 있고 인간 예언자를 통해서 간접적으로 주신 말씀도 있습니다.

그런데 성경에는 정반대 방향의 말씀도 있습니다. 즉 땅에 있는 사람들이 하늘에 계신 하나님께 올려 드린 인간의 간구, 인간의 찬양, 인간의 탄식이 있습니다. 그것이 시편입니다. 시편은 어떤 말씀도 하나님께서 인간에게 주신 것이 아닙니다. 시편은 원래 시가 아니에요. 시편은 원래 노래입니다. 국어 시간에 고려 시대 시조 배우셨죠? 시조라는 것이 그 당시 가장 유행한 대중가요 아닙니까? 소위 근대 이전까지만 해도 시와 노래가 구분되지 않았습니다. 구약 시대에 시는 노래였습니다. 시편에 나와 있는 150편은 성전과 지방 성소에서 불린 찬양들입니다. 찬양 중에 탄식의 내용이 제일 많아요. 그 외에 간구시도 있고, 왕이 등극할 때 부르던 노래도 있고 다양한 노래들이 시편 안에 모여 있습니다.

토라와 예언서가 하늘에 계신 하나님께서 땅에 있는 사람들에게 주신 말씀이라면 시편은 땅에 있는 사람들이 하늘에 계신 하나님께 올려드린 말씀입니다. 이것을 우리는 하나님의 말씀이라고 고백하는 거예요. 시편은 어떤 말씀입니까? 하나님이 주신 말씀이 아니라 하나님이 들으시는 말씀입니다. 하나님이 경청하시는 말씀이죠. 하나님이 열납하신 말씀입니다. 하나님이 경청하시고 열납하신 것도 하나님의 말씀이라고 고백하는 겁니다. 시편에 해당되는 것이 우리가 공예배 드릴 때 대표 기도 같은 것입니다. 사실 그 기도문은 대표 기도하시는 분이 준비하신 기도문이죠. 그분의 입술로 기도하는 거죠. 그런데 왜 우리가 눈을 감고 함께 아멘으로 화답하죠? 그분의 기도가 그냥 공중에서 분산되는 것이 아니라 하나님이 그 기도를 경청하시고 들으신다고 우리는 믿는 거예요. 그래서 우리가 그 기도에 함께 아멘으로 화답합니다. 이것이 시편 같은 겁니다.

세 번째는 하늘에 계신 하나님이 땅에 있는 사람에게 주신 것도 아니고, 땅에 있는 사람들이 하늘에 계신 하나님께 올려드린 것도 아니고, 사람으로부터 사람에게로 전달된 말씀들이 있습니다. 대표적인 것이 구약의 지혜문학입니다. 욥기, 잠언, 전도서, 이런 본문을 지혜문학이라고 하거든요. 다음에 편지가 있습니다. 신약의 서신서들은 하늘에서 땅으로 주어진 것도 아니고 땅에 있는 사람이 하늘에 계신 하나님께 올려드린 것도 아니고, 땅에 있는 사람이 누군가 다른 사람에게 보낸 것입니다. 그런데 우리는 바울의 편지를 바울의 편지라고만 하지 않고 하나님의 말씀이라고 합니다. 그 이유가 뭘까요? 바울의 편지 안에 바울의 생각이나 바울의 주장이 있는 것이 아니라 하나님의 뜻이 그 안에 담겨 있다고 고백하는 것입니다.

사람으로부터 사람에게 전달된 글과 말 속에도 그 안에 하나님의 뜻이 담겨 있다면 그것을 우리는 하나님의 말씀이라고 고백합니다. 여기에 해당되는 것이 오늘날 목사님들의 설교라고 말할 수 있습니다. 목사님들의 설교는 목사님이 준비하신 거잖아요. 본인이 본문을 정하고 여러 가지 주석이나 참고 자료를 보신 다음에 설교문을 만드신 것 아닙니까? 그리고 본인이 강대상에서 본인의 입술로 선포하는 거잖아요. 그런데 우리가 설교를 들을 때 '이 설교는 저 목사님의 생각이야, 목사님의 주장이야' 이렇게 생각하지 않고 하나님의 말씀이라고 고백하는 이유가 무엇입니까? 그 설교 안에 하나님의 뜻이 담겨 있다고 믿기 때문이죠.

이처럼 성경 말씀이 하늘에 계신 하나님께서 땅에 있는 사람들에게 직접 또는 간접적으로 주신 말씀만 있는 것이 아닙니다. 때로는 땅에 있는 사람들이 하나님께 올려드렸던 탄식, 간구, 찬양을 하나님께서 경청하시고 열납하신 것도 하나님의 말씀으로 기록되었고, 사람이 사람에게 보낸 말과 글이라고 하더라도 그 안에 하나님의 뜻이 담겨있을 때, 우리는 그것을 기꺼이 하나님의 말씀으로 고백합니다. 성경이 하나님의 말씀이라고 할 때, 방향성에 있어서 이 세 가지를 꼭 기억하셔야 합니다.

강의안에서 3번을 보겠습니다. 이스라엘 백성이 믿었던 하나님, 우리가 믿고 있는 하나님의 중요한 특징을 몇 가지 살펴보도록 하겠습니다. 첫째, 우리 하나님은 노동을 중시하십니다. 이것을 제대로 알려면 고대근동의 신화를 알아야 합니다. 보통 구약 시대 이스라엘이 살았던 시공간을 고대 근동이라고 부릅니다. 시간적으로 고대이고, 근동이라고 하는 것은 유럽의 관점입니다. 이스라엘이 생활했던 구약 시대, 이스라엘 주변 국가들을 다 고대 근동이라고 얘기합니다. 창세기 1장과 2장에 보면 천지창조와 관련된 이야기가 나옵니다. 창세기 6장부터 9장까지는 노아 홍수 이야기가 나와요. 성경만 읽다 보면 천지창조와 홍수 이야기가 성경에만 있다고 생각하기 쉬워요. 그런데 고대 근동의 모든 나라에 창조 이야기가 있습니다. 그리고 홍수 이야기가 있습니다.

여기까지 이야기하고 나면 대부분의 신앙인들이 마음이 좀 힘들어집니다. '창조 이야기나 홍수 이야기는 성경에만 있어야 되는 것 아니야?'라고 생각하기 때문이죠. 그런데 이런 이야기들이 바벨론에도 있고 시리아에도 있습니다. 성경에만 있는 것이 아닙니다. 그런데 다른 나라에도 창조 이야기와 홍수 이야기가 있다고 해서 성경의 기록에 대한 신뢰성이 떨어질 이유가 전혀 없습니다. 이렇게 생각해 보면 좋겠습니다. 대한민국이 근처에 있는 중국이나 일본 같은 동북아시아 국가와 공유하고 있는 문화나 가치관이 많죠. 인접한 곳에 생활한 사람들은 비슷한 가치관이나 세계관이나 문화들을 공유할 가능성이 매우 높습니다. 이스라엘도 고대 근동의 나라들과 교류하면서 그들과 비슷한 세계관을 공유한 것입니다.

'성경에 기록된 중요한 이야기들은 성경에만 있는 특별한 이야기이어야 한다'고 생각하시면 안 됩니다. 이스라엘은 구체적으로 이 땅 가운데 존재했던 역사적 실재라는 것을 기억해야 합니다. 우리나라에도 단군 이야기가 있지 않습니까? 각 민족마다 그 민족이 출발하게 된 신화적 이야기 그리고 공동체의 위기 상황에서 어떻게 구원받았는지에 대한 이야기들이 굉장히 많이 있습니다. 그런 맥락에서 고대 근동의 다른 나라들에게도 창조 이야기와 홍수 이야기가 있다는 것을 이해하시면 좋겠습니다.

이처럼 이스라엘에도 창조 이야기가 있고 바벨론에도 창조 이야기가 있습니다. 그런데 똑같지가 않아요. 이것이 우리가 주목해야 할 지점입니다. 똑같은 창조 이야기가 있지만 어떤 차별성이 있는가? 성경만이 말하고 있는 유일무이한 특징이 무엇인가? 이 점을 주목하는 것이 중요합니다. 예를 들어, 바벨론의 창조 신화 가운데 '에뉴마 엘리쉬'라는 것이 있어요. 에뉴마 엘리쉬를 보면 신들끼리 싸웁니다. 그런 싸움에서 패배한 신 가운데 하나가 '킹구'라는 신입니다. 그 '킹구'라는 패자의 몸을 잘라서 피를 냅니다. 그 피와 진흙을 섞어 만든 것이 인간이라고 합니다. 그 신화에서 인간을 만든 목적이 무엇일까요? 신전에서 노동하게 하기 위함입니다. 이것이 에뉴마 엘리쉬라는 이야기의 핵심입니다.

그리고 아트라하시스라는 창조 이야기가 있는데, 그 이야기에는 상위 신이 있고 하위 신이 있어요. 이것을 잘 보셔야 됩니다. 우리가 구약에 보면 천사들이 많이 등장하잖아요. 그런데 신약에 보면 천사가 등장하는 이야기가 별로 안 나오죠. 고대 근동 사회에서 일반 사람들의 생각을 지배했던 가장 중요한 세계관이 '신화론적 세계관'입니다. 고대인들은 현대인들에 비해서 훨씬 더 신앙적이었습니다. 훨씬 더 신앙적이란 말은, 고대인들은 자기 삶에 일어나는 모든 것들을 신과 연관시켜 사유했다는 뜻입니다. 현대인들을 지배하는 세계관은 과학적 세계관, 또는 합리주의적 세계관이죠. 오늘날에는 어떤 주장이 진리로 인정받으려면 과학적으로 증명 가능해야 합니다. 논리성을 겸비해야 해요. 이것이 근대 이후에 세계관입니다. 그런데 고대 근동을 지배하던 세계관은 신화론적 세계관입니다.

예를 들어, 오랜 시간 비가 내리지 않으면 오늘날 현대인들은 이것을 기상학적으로 분석하겠죠. 그런데 옛날 사람들은 오랫동안 비가 내리지 않으면 신이 진노했다고 생각했습니다. 어떤 사람이 결혼했는데 오랜 기간 아이를 임신하지 못하면, 오늘날에는 이것을 생리학적으로 분석하겠죠. 그런데 고대인들은 신이 복을 내리지 않는다고 생각했습니다. '신화론적 세계관'이란 말에서 '신화'라는 말은 허구라는 의미가 아니라, 모든 것들을 신과 연관시켜 사유한다는 말입니다. 그런데 각 나라가 다 신화를 만들거든요. 신화를 만드는 목적이 있어요. 신화라고 하는 것이 현실 세계를 지배하는 이데올로기 역할을 합니다. 신화는 신들의 이야기인 것처럼 보이지만, 사실은 신들의 이야기를 통해서 현실 세계를 말하는 것입니다.

아까 아트라하시스라는 이야기를 보면 신들이 있는데 그중에 상위 신이 있고 하위 신이 있습니다. 그런데 상위 신의 지상 대리자가 누구일까요? 왕과 귀족입니다. 하위 신의 지상 대리자는 누구일까요? 평민과 노예입니다. 신들의 질서를 통해서 결국은 무엇을 정당화시킬까요? 현실 세계의 질서를 정당화시킵니다. 그러면 신들의 세계에서 상위 신들은 항상 뭐합니까? 상위 신들은 항상 안식합니다. 놀고 먹습니다. 하위 신들은 맨날 뭐합니까? 상위 신들이 매일 먹고 놀 수 있도록 매일 일합니다. 매일 빨래하고 설거지하고 음식 만들고 이런 일들을 합니다. 이런 신화적인 이야기를 통해서 결국 강조하는 것은, 하위 신이 상위 신을 섬기는 것처럼 하위 신의 지상 대리자인 평민과 노예가 상위 신의 지상 대리자인 왕과 귀족을 잘 섬겨야 된다는 것이죠. 이것을 강조하는 것이 신화를 만든 목적입니다.

그런데 아트라시스에 보면 맨날 노동만 하던 하위 신들이 열받은 거예요. 자기들도 신인데 매일 자기들은 일만 하고 상위 신들은 놀기만 한단 말이에요. 그래서 하위 신들이 파업을 해요. 일을 안 해요. '우리도 신인데'라고 하면서 '일 안 해' 파업을 선언합니다. 상위 신들이 처음에는 황당한 반응을 보이지만 하위 신들의 이야기를 들어보니까 하위 신들도 신들인데 맨날 노동만 하니 조금 불쌍한 마음이 들잖아요. 그래서 하위 신들로 하여금 일하지 않게 하면서 하위 신들이 그동안 감당했던 노동을 대신할 수 있는 존재를 만듭니다. 그것이 인간입니다. 이런 것이 바벨론의 창조 이야기입니다.

에뉴마 엘리쉬에서는 인간은 킹구라는 패배자의 피와 진흙으로 만들어집니다. 무엇을 위해서요? 노동을 전담시키기 위해서요. 아트라하시스도 마찬가지에요. 고대 근동의 대부분의 신화를 보시면 인간은 비참한 존재입니다. 탄생부터 비극적이에요. 그런데 창세기에서 인간은 하나님의 형상을 지니고 있는 존귀한 존재로 묘사됩니다. 이런 것들이 다른 거예요. 똑같은 창조 이야기를 말하는 것처럼 보이지만 성경은 고대 근동의 다른 신화와 달리 인간을 굉장히 존엄한 존재라고 말하고 있습니다.

그다음에 제가 방금 전에 하위 신을 말했던 이유가 뭐냐면 대부분의 나라에서는 노동을 천하게 생각했습니다. '노동은 힘없는 것들이나 하는 것이지 권력 있는 사람들이 왜 노동을 해?'라고 생각하면서 노동을 천시했습니다. 그런데 창세기를 보면 우리 하나님은 친히 노동하시는 하나님입니다. 하나님이 말씀을 통해서, 그리고 흙을 빚어서 천지를 창조하시잖아요. 흙을 빚어서 인간만 창조한 것이 아닙니다. 온갖 짐승들과 새들도 다 하나님이 흙을 빚어서 창조하셨거든요. 하나님이 친히 노동하신 거예요. 6일 간의 노동을 통해 천지를 창조하시고 7일째 안식하시고 당신의 형상대로 지음 받은 사람들에게도 하나님을 닮아서 6일 동안 성실하게 노동하고 7일째 안식할 것을 요청하십니다. 심지어 요한복음 5장에 보면 안식일에 병자를 치유한 예수님께 유대인들이 뭐라고 하니까, 예수님이 요한복음 5장 17절에 '아버지께서 지금까지 일하시니 나도 일한다'라고 말씀하십니다.

우리 성경은 고대 근동의 대부분의 나라가 노동을 천한 것으로 본 것과 달리 노동을 하나님의 창조 역사를 모방하는 인간의 행위로 봄니다. 노동을 절대 천한 것으로 보지 않아요. 노동을 굉장히 중시합니다. 히브리어로 노동한다는 말이 '아바드'라는 말입니다. '아바드'라는 단어는 보통 '예배한다'라는 의미로 많이 쓰입니다. '아바드'란 단어가 쓰일 때 80%는 '예배한다'라는 의미이고, 20% 정도가 '노동한다'라는 의미입니다. 성경이 노동을 얼마나 중요하게 보느냐 하면, 일상의 노동을 예배로 이해하는 것이 기독교 신앙입니다. 노동의 현장과 예배의 현장이 분리된 것이 아니라 '노동한다'와 '예배한다'가 같은 단어입니다. 일상의 노동이 하나님을 경외하는 예배가 되길 원하는 것이 바로 기독교 신앙의 특징입니다. 그것을 사도 바울이 로마서 12장 1절에서 '너희 몸을 거룩한 산 제물로 드리라'라고 표현했습니다. 여기서 '몸'이라는 것이 '삶'입니다. 너희 삶을 하나님께 거룩한 산 제물로 드리라는 것입니다. 이 점이 고대 근동의 일반적 종교와의 매우 중요한 차이점입니다. 하나님은 노동을 중시하시는 하나님입니다. 하나님은 노동을 절대 천하게 보지 않는다는 것을 기억하셔야 합니다.

두 번째 하나님의 중요한 특징은 헌제자를 제물보다 중시하시는 겁니다. 고대 근동의 모든 종교는 사람들이 어떤 삶을 살건 그가 귀한 제물 하나 들고 와서 신에게 예배 한번 잘 드리면 일상의 모든 죄를 다 사해 줍니다. 한 마디로 제물을 헌제자의 삶보다 중시합니다. 그런데 성경은 그렇게 말하지 않습니다. 절대로 '우리가 6일 동안 세상에서 죄를 많이 범했는데 주일에 교회 가서 예배 한번 잘 드리면 6일 동안 범한 모든 죄가 다 용서 받는다'라는 식으로 이해하면 안 됩니다. 이것은 일반 종교가 주장하는 내용이지 성경이 말하는 내용이 아닙니다. 신앙인들 중에도 가끔 그렇게 생각하시는 분이 있어요. 6일 동안 세상에서 우리가 온갖 죄를 범했는데 주일에 교회 가서 예배 한번 잘 드리면 6일간의 모든 죄가 용서받을 것이라고 생각합니다. 그것은 성경 어디에서도 지지받을 수 없는 생각입니다. 우리가 하나님께 아무리 귀한 예물을 들고 온다고 하더라도 예물을 들고 오기 전까지의 우리의 삶이 하나님께 열납되지 않으면 그 예배는 하나님께 열납되지 않는다고 성경은 말합니다.

그 대표적인 것이 창세기 4장 4절과 5절입니다. 아벨과 가인이 하나님께 똑같이 제물을 바쳤는데 아벨의 제물은 열납이 되었고 가인의 제물은 열납이 안 되었잖아요. 그렇게 된 이유에 대해 오랜 세월 동안 사람들은 제물의 차이를 그 원인으로 해석했습니다. 아벨은 양의 첫 새끼를 바쳤기 때문에 제물이 열납되었고 가인은 농산물을 바쳤기 때문에 하나님께 열납되지 않았다는 식으로 해석하면서 마치 하나님이 고기를 좋아하는 신인 것처럼 이해를 많이 했는데 절대 그렇지 않습니다.

레위기에 보면 농산물로 바치는 소제라는 제사가 있어요. 제물의 종류 때문에 가인과 아벨의 제사의 열납 여부가 달라진 것이 절대 아닙니다. 창세기 4장 3절에 보면 '세월이 지난 후에'라고 기록되어 있습니다. '세월이 지난 후에'라는 말은 가인과 아벨의 제사가 '감사제'임을 말해주는 것입니다. 감사제는 농사를 짓는 사람은 농산물로, 양을 쳤던 사람은 짐승으로 제물을 바치는 겁니다. 창세기 4장 4절과 5절에 이렇게 기록되어 있습니다.

"아벨은 자기도 양의 첫 새끼와 그 기름으로 드렸더니 여호와께서 아벨과 그의 제물은 받으셨으나 가인과 그의 제물은 받지 아니하신지라"

여기서 하나님이 주목하시는 것이 두 가지가 있음을 알 수 있습니다. '아벨과 그의 제물'을 받으셨습니다. 이것을 풀어서 말하면 '하나님이 아벨을 받으시고 그리고 그의 제물을 받으시고'가 되고, 5절을 풀어서 말하면 '하나님이 가인을 받지 아니하시고 그리고 그의 제물을 받지 아니하시고'가 됩니다. 하나님이 더욱 주목하시는 것이 무엇입니까? 사람이 들고 오는 제물이 아니라 그 제물을 들고 오기까지의 그의 삶입니다. 그래서 구약을 읽어 보면 이스라엘이 엄청나게 하나님께 예배를 많이 드렸는데 대부분의 예배가 하나님께 열납되지 않았다고 합니다.

오늘날 한국 교회만큼 예배를 많이 드리는 교회가 어디 있습니까? 우리가 하나님께 예배드리거나 찬양하거나 기도하면 하나님이 우리의 예배와 찬양과 기도를 다 기뻐하실까요? 열납하실까요? 그렇지 않습니다. 누가 드리는 예배인지가 중요합니다. 이사야 1장 11~15절, 아모스 5장 21~24절, 미가 6장 6~8절 이런 구절을 읽어 보면, 이스라엘이 하나님께 아무리 많이 기도한다고 해도 하나님은 그 기도를 듣지 않으신다고 합니다. 너희의 찬양은 나에게 시끄러운 소음이라고 하시죠. 너희가 아무리 귀한 제물을 들고 온다고 해도 너희의 제물을 열납하지 않겠다고 하십니다. 이유가 뭡니까? 일상의 삶에서 하나님의 백성다운 순종이 없기 때문입니다. 일상의 삶에서 하나님과의 신실한 동행이 없는 것입니다. 이런 사람들이 드리는 예배는 하나님이 열납하지 않으십니다. 우리가 어떤 제물을 예배 시간에 얼마나 진심으로 드리느냐에 따라 예배의 열납 여부가 결정되는 것이 아니고, '누구의 예배인가, 누구의 찬양인가, 누구의 기도인가'가 더욱 중요합니다. 사람들이 가지고 오는 제물보다 그 제물을 가지고 오기까지의 그의 삶을 더 주목하시는 분이 바로 하나님이심을 기억해야 합니다.

세 번째로 하나님은 소자와 자기를 동일시하는 유일한 신입니다. 고대 근동의 모든 신들은 왕과 같은 권력자들과 자기를 동일시했습니다. 그런데 하나님은 이 땅의 밑바닥 인생들과 자기를 동일시하십니다. 구약에 보면 '고아와 과부와 나그네에게 행한 것이 곧 나에게 행한 것이라'라고 말씀하시고 마태복음 25장에 보면 '소자 중 한 사람에게 행한 것이 곧 나에게 행한 것이라'고 말씀하십니다. 구약의 '고아와 과부와 나그네'가 신약의 '소자'입니다. 그 누구도 거들떠보지 않는 밑바닥 인생들에게 행한 것이 곧 하나님께 행한 것이란 말입니다.

성경에는 고아와 과부가 바늘과 실처럼 항상 따라 다닙니다. 왜 그럴까요? 성경이 말하는 고아는 아버지가 없는 사람입니다. 우리하고는 조금 다르죠. 우리는 아버지와 어머니가 없는 사람을 고아라고 말하죠. 구약 시대에는 아버지가 없는 사람이 고아입니다. 구약 시대는 남성 중심의 사회였기 때문에 아버지가 없거나 남편이 없는 경우에는 생계를 꾸려가는 것이 정말 쉽지 않았습니다. 아버지가 없으면 고아이고 남편이 없으면 과부입니다. 그래서 고아와 과부는 한 짝입니다. 우리 하나님은 '왕이나 귀족에게 한 것이 곧 나에게 한 것이다'라고 말씀하지 않으시고 '소자에게 한 것이 곧 나에게 한 것이다'라고 말씀하십니다. 그런 의미에서 우리가 진짜 하나님을 닮은 하나님의 백성이라면 나보다 힘이 있고 권력 있는 사람에게 잘하는 것이 아니라, 내가 도와주어도 도움을 기대할 수 없는 사람, 진짜 밑바닥 인생들을 하나님을 대하듯이 존귀하게 대해야 합니다. 그것이 진짜 기독교인의 삶의 모습이라고 할 수 있습니다.

함무라비 법전이라고 들어보셨죠. 함무라비 법전에도 왕이 자기를 가리켜 '나는 고아의 아버지'라고 말하는 내용이 나옵니다. 시편 68편 5절에 하나님을 '고아의 아버지'라고 말합니다. 정말 유사하지 않습니까? 사실, 성경에 나오는 십계명과 율법의 많은 내용들은 다른 나라 법에도 있는 것들입니다. 예를 들어, '살인하지 말라, 간음하지 말라, 거짓 증언하지 말라'는 이런 말씀들이 성경에만 있습니까? 그렇지 않습니다. 다른 나라 법에도 다 있습니다. 그런데 성경에만 나오고 다른 나라 법에는 전혀 나오지 않는 유일무이한 법이 있습니다. 그것이 무엇일까요? 바로 안식일법, 안식년법, 희년법입니다. 이것은 전 세계 어느 나라 법에서도 발견할 수 없는 내용입니다. 하나님의 뜻이 가장 잘 드러나는 3개의 법이 이것들이라고 할 수 있습니다.

그런데 재미있는 사실이 있습니다. 이스라엘은 출애굽 이후부터 안식일법을 지켰거든요. 지금 우리는 일요일을 공휴일로 지키고 있죠. 로마가 일요일을 공휴일로 지키게 된 것이 AD 331년부터입니다. AD 331년에 로마에서부터 일요일이 공휴일이 된 거예요. 얼마나 이스라엘의 안식일법이 대단한 거냐면, 로마가 일요일을 공휴일로 제정하기 거의 1800년 전에 일주일에 하루씩 안식일법을 지킨 것입니다. 정말 대단한 거죠. 그런데 안식일법과 안식년법과 희년법에는 공통점이 하나 있습니다. 이스라엘 백성 모두에게 지키라고 명하신 것이 아니라 주인과 강자들에게만 지키라고 명하신 법이 안식일법, 안식년법, 희년법입니다.

예를 들어, 안식일법 하면 뭐가 제일 먼저 떠오르세요? 안식일에 회당 가서 예배드리는 것을 생각하기 쉽지만 성경을 아무리 뒤져봐도 '안식일에 예배드리라'는 말씀은 안 나옵니다. 원래 안식일법은 하나님께서 종과 가축을 소유하고 있는 주인에게, 6일 동안 열심히 일했던 종과 가축들에게 칠일째에는 쉼을 주라고 명하신 것입니다. 신명기 5장 14절에 이 내용이 잘 나옵니다.

"일곱째 날은 네 하나님 여호와의 안식일인즉 너나 네 아들이나 네 딸이나 네 남종이나 네 여종이나 네 소나 네 나귀나 네 모든 가축이나 네 문 안에 유하는 객이라도 아무 일도 하지 못하게 하고 네 남종이나 네 여종에게 너 같이 안식하게 할지니라"

이 구절에서 '너'는 종을 소유하고 있는 주인입니다. '너'가 종을 소유하고 있는 주인이라는 것을 어떻게 알 수 있을까요? 14절을 자세히 보면 '네 남종과 네 여종이' 두 번이나 나오죠. 아들, 딸이 나오고 남종, 여종 나오다가 맨 마지막에 '네 남종이나 네 여종에게 너

같이 안식하게 하라' 이렇게 기록되어 있습니다. 이것을 잘 기억하셔야 합니다. 안식일법은 이스라엘 모든 백성에게 지키라고 명하신 법이 아닙니다. 종을 소유하고 있는 주인들에게, 너만 쉬지 말고 너처럼 네 남종과 여종을 쉬게 하라는 것입니다. 이것이 안식일법입니다. 안식일법을 지켜야 될 대상은 주인이죠. 주인이 안식일법을 제대로 지키게 되면 누가 유익을 누립니까? 종들이 유익을 누립니다. 이것이 하나님의 말씀의 중요한 특징입니다. 강자의 순종을 통해서 약자가 유익을 누리는 것입니다. 십일조도 그런 겁니다. 보다 많은 십일조를 내는 사람 때문에 벌이가 시원치 않은 사람들이 생계를 유지할 수 있는 것입니다.

안식년법은 6년 동안 열심히 일했던 종을 해방시켜 주는 법입니다. 6년 동안 인간에게 먹을 것을 생산해 준 땅을 쉬게 해주는 것이 안식년법입니다. 고대 사회에서는 한 번 종은 영원한 종입니다. 그런데 안식년법은 6년 동안 열심히 주인을 섬긴 종을 7년째 해방시켜 주는 것입니다. 더 중요한 점이 있습니다. 해방만 시켜주는 것이 아니라 그 종이 자립할 수 있도록 물질적인 도움도 제공해야 한다는 점입니다. 이 안식년법은 누가 지켜야 하는 법일까요? 종을 소유하고 있는 주인만 지키는 법입니다. 주인이 안식년법을 지키게 되면 누가 유익을 누립니까? 종과 땅이 유익을 누립니다.

희년법은 무슨 법일까요? 50년에 한 번씩 모든 종을 해방시켜 줄 뿐만 아니라 모든 빚을 다 탕감해 주어야 한다는 법입니다. 나에게 땅을 빼앗겼던 사람들에게 그 땅을 다 돌려주라는 법입니다. 희년법은 누가 지켜야 할까요? 채권자들이 지켜야 하는 법입니다. 채권자만 희년법을 지킬 수 있습니다. 채권자가 채무자의 모든 빚을 탕감해주어야 하는 법이 희년법입니다. 희년법을 지킬 또 다른 사람은 거대한 땅을 소유하고 있는 대지주들입니다. 자기에게 땅을 빼앗긴 사람에게 땅을 돌려주어야 합니다. 그들이 말씀에 순종하게 되면 누가 유익을 누립니까? 채무자들이 유익을 누립니다. 땅을 빼앗겼던 사람들이 유익을 누리죠.

정리하면 하나님께서 당신의 백성 된 이스라엘에게 요구하신 유일무이한 법이 있는데 그것이 바로 안식일법, 안식년법, 희년법입니다. 그리고 이 세 가지 법의 공통점이 있는데 바로 강자의 순종을 통해서 약자가 유익을 누리는 것입니다. 우리 하나님이 이 땅에 있는 연약한 사람들에 대해서 얼마나 지극한 관심을 갖고 계신가를 주목해야 합니다. 연약한 사람을 함부로 대하는 것은 하나님을 함부로 대하는 것과 똑같은 겁니다. 소자와 자신을 동일시한 유일한 신이 하나님이심을 기억해야 합니다.

네 번째로 하나님은 아내 신이 없습니다. 고대 근동의 일반적인 신화를 보면, 어떤 민족이 섬기는 주신에게는 대부분 아내 신이 있습니다. 그리고 남신과 아내 신의 성적 결합을 통해서 풍요와 다산을 제공한다는 것이 일반 종교의 내용입니다. 대표적인 부부 신이 바알과 아세라입니다. 바알과 아세라가 대표적인 가나안의 부부 신입니다. 그리고 오시리스와 이시스는 이집트의 대표적인 부부 신입니다. 바벨론 사람들이 섬겼던 주신이 마르둑입니다. 그 마르둑의 아내 신은 사르파닌입니다. 바알과 아세라, 오시리스와 이시스, 마르둑과 사르파닌 이런 부부 신들이 성적 결합을 통해서 풍요와 다산을 제공해 준다는 것이 일반 종교의 주장입니다.

풍요와 다산을 제공한다는 고대 근동의 종교들은 대부분 성적으로 굉장히 문란합니다. 그것은 신약 시대에도 마찬가지입니다. 예를 들어, 에베소 사람들이 섬겼던 주신이 아데미인데 아데미 신상을 보게 되면 젖가슴이 수십 개 달려 있습니다. 어느 도시에서는 남성의 성기를 숭배했습니다. 고대 근동의 대부분의 종교들이 사람들에게 풍요와 다산을 약속하면서 중요한 교리로 작동했던 것이 남성 신과 여성 신의 성적 결합입니다. 그런데 야훼 하나님은 아내 신이 없죠. 구약을 아무리 뒤져봐도 야훼 하나님과 여성 신 사이의 성적 결합과 관련된 음란한 내용이 전혀 나오지 않습니다. 도리어 우리 하나님은 '내가 거룩하니 너희도 거룩하라'라고 말씀하십니다. 이것 때문에 이후에 많은 이방인들이 유대교에 대해서 호감을 갖게 되었습니다. 신약에 고넬료 같은 사람들 있는데, 고넬료 같은 사람을 '경건한 이방인'이라고 합니다. 유대인이 아님에도 불구하고 유대교 신앙에 관심이 많은 사람들입니다. 야훼 하나님에 대한 경외가 있는 거예요.

그런데 이스라엘이 강력한 나라입니까? 천하를 지배했던 제국입니까? 아니에요. 이스라엘은 너무나 약한 나라입니다. 그런데 왜 많은 이방인들이 그 약한 나라 사람들이 섬겼던 야훼 신앙에 대해 관심이 많았을까요? 왜 야훼를 섬기려고 했을까요? 그들이 볼 때 자기 나라의 전통 종교는 너무 음란한 거예요. 풍요와 다산이라고 하는 인간의 이기적 욕망을 종교의 이름으로 정당화 시켜주는 종교였죠. 그리고 자기들이 섬겼던 종교에는 윤리 도덕적인 삶에 대한 요청이 거의 존재하지 않았습니다. 그런데 유대인이 섬기는 야훼 신앙은 음란함이 전혀 없고, 거룩에 대한 강조가 많고, 윤리 도덕적인 삶에 대한 요청이 많죠. 그래서 이방인들이 유대교 신앙에 대해서 관심을 많이 갖게 된 것입니다. 이처럼 우리 하나님은 아내 신이 없습니다. 그리고 이스라엘을 향해서 '내가 너희의 남편이다'라고 하십니다. 호세아서가 말하는 것처럼, 하나님과 이스라엘의 관계를 부부관계로 묘사합니다. 우리 하나님은 아내 신이 없다는 것을 꼭 기억하시기 바랍니다.

다섯 번째로 하나님은 유일 신앙을 요청하십니다. 고대 근동의 대부분의 나라는 다신교였습니다. 그리스 로마 신화 같은 것을 보면 신들이 많습니다. 신들이 많은 것을 인정할 뿐만 아니라 여러 신들을 섬기는 것이 다신교입니다. 이와 달리 일신교 또는 단일신교라는 것이 있습니다. 여러 신이 있다는 것은 인정하지만 한 신만 섬기겠다는 것입니다. 그런데 유일신교는 다릅니다. 유일신교는 신은 한 분밖에 없다는 것이고, 그 한 분만을 섬기겠다는 것입니다. 여러 신들 가운데 하나님을 믿고 섬기겠다는 것이 아니라, 하나님 외에는 신이 없고, 유일한 신이신 하나님만을 믿고 섬기겠다는 것이 이스라엘이 고백했던 유일 신앙입니다.

십계명의 제 1계명은 '너희는 나 외의 다른 신을 섬기지 말라'입니다. 여기에서 '너희'는 '하나님만을 믿고 섬기겠다고 다짐하고 결단한 너희'입니다. 이스라엘은 하나님만을 믿고 섬기겠다고 다짐하고 결단한 민족입니다. 그런데 실제 이스라엘 역사를 보시면 이스라엘은 하나님만을 섬기지 못하고, 하나님과 바알, 하나님과 아세라, 하나님과 밀곤, 하나님과 그모스를 겸하여 섬겼습니다. '하나님과 우상을 겸하여 섬김'을 예언자들이 '우상 숭배'라고 책망했습니다.

구약이 말하는 우상 숭배는 하나님을 저버리고 다른 신을 섬기는 것이 아닙니다. 용어를 정확하게 사용하는 것이 필요한데, 하나님을 믿던 사람이 더 이상 하나님을 믿지 아니하고 바알을 숭배하는 사람이 되면 그 사람은 개종을 한 겁니다. 우상 숭배는 개종과 다릅니다. 여전히 하나님을 믿습니다. 여전히 하나님께 예배를 드려요. 그런데 하나님만을 믿지는 못합니다. 하나님께만 예배드리지 못합니다. 그러면 어떤 일이 벌어집니까? 하나님을 믿기는 믿지만 하나님도 믿고 다른 신도 믿게 되는 거죠. 하나님께 예배드리기는 하지만, 다른 신에게도 제물을 바칩니다. 성경은 이런 상태를 '우상 숭배'라고 말합니다. 성경이 말하는 우상 숭배의 핵심은 '겸하여 섬김'입니다. 왜 이것이 문제가 될까요? 이스라엘은 하나님만을 믿겠다고 다짐하고 결단한 공동체이기 때문입니다. 이스라엘은 유일신교, 즉 유일 신앙을 가졌고, 하나님께서도 유일신교를 요청하셨습니다.

마지막으로 우리가 기억해야 할 것은 바벨론 포로기를 거치면서 유대교 신앙의 세계 선교가 이루어졌다는 것입니다. 원래 이스라엘은 만민을 위한 선민으로 부름 받았습니다. 하나님께서 아브라함과 그의 후손을 선택하실 때 아브라함과 그의 후손만 사랑하시겠다고 선택하신 것이 아닙니다. 하나님은 아브라함과 그의 후손이 먼저 거룩한 백성이 된 다음에, 세계 만민을 하나님 앞으로 견인해내기를 기대하셨습니다. 이스라엘은 선민으로 부름 받았는데, 만민을 위한 선민으로 부름 받은 것입니다. 그런데 이스라엘은 착각을 했어요. 하나님의 선택을 받은 자신들에게만 하나님의 은혜와 복이 임하고 선택받지 못한 이방 민족들에게는 하나님의 심판과 저주가 임한다고 생각한 것이죠. 이것이 '배타적 선민사상' 입니다.

그래서 만민을 위한 선민으로 부름 받은 이스라엘이 하나님을 독점했습니다. 전도를 하지 않은 것입니다. 그러다가 언제 야훼 신앙에 대한 전도가 이뤄졌을까요? 바벨론에 포로로 끌려 가서입니다. 남유다 백성들이 바벨론에 포로로 끌려갔을 때, 남유다 백성들만 끌려간 것이 아니라 에돔, 모압, 암몬, 블레셋, 아람 등 이방 민족들도 바벨론에 포로로 끌려갔습니다. 그래서 바벨론이라고 하는 이방 땅에서 여러 민족들이 섞여 살게 되었습니다. 섞여 살게 되면서 각자의 종교나 각자의 문화를 서로 목격하게 되었습니다. 그러면서 이방인들이 유대인들이 섬겼던 야훼 신앙에 대해서 관심을 갖게 되었습니다. 의도하지 않았지만 바벨론 포로기 때 유대교의 세계 선교가 처음으로 이뤄진 겁니다. 이때부터 경건한 이방인들이 탄생하게 된 거죠.

[질문]
두 가지 질문이 있습니다. 첫 번째는, 도마복음, 마리아복음 등 여러 복음서가 있다고 하셨고 그것들은 정경으로 확정되지 못했다고 하셨는데 정경이 된 것과 되지 못한 것의 기준이 무엇인지 궁금합니다.

[답]

무수하게 많은 복음서 가운데 정경이 된 것과 정경이 되지 못한 것의 차이가 무엇이었을까요? 여기서 우리가 기억해야 할 3가지 종류가 있습니다. 위경과 외경과 정경입니다. 신앙의 공동체 안에 어떤 텍스트가 등장했을 때 이것이 정말 하나님의 영감을 받은 말씀인가 그렇지 않은가를 판단하는 과정에서 예선 탈락한 것을 '위경'이라고 합니다. 그리고 예선에서 통과를 하고 본선에 올라가서 최종 합격이 된 것을 '정경'이라고 합니다. 본선에 올라갔지만 최종 합격이 되지 않은 것은 '외경'이라고 이해하시면 됩니다. 그러면 위경과 외경과 정경을 어떻게 구분할 수 있을까요?

정경 선택의 기준은 크게 세 가지가 있는데 두 가지만 기억하면 될 것 같습니다. 첫째는 '누가 기록했는가'입니다. 특히 신약 성경의 경우 사도가 기록한 것일수록 정경으로서의 권위를 인정받았습니다. 예수님에 대한 이야기를 쓰는데 예수의 제자가 쓰면 훨씬 신빙성이 있지 않겠습니까? 예수님에 대한 이야기를 쓰는데 예수를 만나본 적도 없고 예수에 대한 이야기를 들어본 적도 없는 사람이 쓰면 누가 신뢰하겠습니까? 저자가 누구인가가 중요합니다.

두 번째는 '얼마나 많은 신앙 공동체에서 하나님의 말씀으로 인정받고 있는가'입니다. 초대 교회 당시에 안디옥이나 알렉산드리아나 고린도나 많은 이방 지역에 교회가 생겨났습니다. 처음에는 예루살렘에만 교회가 있었는데 나중에는 교회가 수백 개 이상 탄생하게 되죠. 이때 어떤 복음서가 등장했는데 10교회는 이것을 정경으로 인정하고 100교회는 정경으로 인정하지 않는다면 이것은 정경 선정 과정에서 탈락할 가능성이 높았습니다.

세 번째는 기존에 하나님의 말씀으로 인정받고 있는 텍스트와 얼마나 내용적 일관성을 가지고 있는가 하는 것이 중요합니다. 여기서 크게 두 가지, 저자와 보편적 교회로부터의 승인을 기억하시면 좋겠습니다.

[질문]

하나님은 노동을 중시한다고 하셨는데, 창세기 3장 17을 보면 아담이 쫓겨나면서 저주를 받는 내용이 나오잖아요. 언젠가 그 본문을 가지고 노동이 우리의 죄로 인한 결과물이라는 설명을 들은 적이 있는데 그것은 세상적인 가치관에서 나오는 해석일까요?

[답]

아담과 하와의 타락 이후에 노동이 훨씬 더 고되어진 것이지, 노동 자체가 죄의 결과는 아닙니다. 왜냐면 타락하기 이전에도 에덴동산을 경작하라는 말씀이 나오거든요. 경작이라는 노동 자체가 처음부터 죄의 결과는 아닙니다. 다만 인간이 선악과를 따먹은 이후에 노동이 훨씬 더 고되어졌다고 이해하시면 좋겠습니다.

[질문]

성경이 오늘 우리의 손에 오기까지의 역사에 대해 짧게 설명해 주시면 좋겠습니다.

[답]

중요한 것은 지금 성경의 원본은 하나도 존재하지 않는다는 사실입니다. 구약의 원본이나 신약의 원본이 하나도 없습니다. 제가 볼 때 하나님께서 어느 순간 다 없애신 것 같습니다. 언약궤도 어느 순간 없어졌잖아요. 이스라엘 언약궤도 없어졌고 성경의 원본도 없어졌습니다. 아마 이런 것이 존재했다면 사람들이 엄청나게 성물로 숭배했을 것 같아요. 히스기야 시대까지 민수기 21장에 나오는 놋 뱀을 이스라엘 백성들이 숭배했죠. 그리고 뉴스에 예수님의 얼굴을 덮었던 손수건이 등장했다고 하면 사람들이 그 손수건 앞에 가서 열심히 기도를 합니다. 이처럼 인간의 성물 숭배적인 연약함을 아시는 하나님께서 어느 순간 성경의 원본을 다 없애셨다고 봅니다. 지금은 사본만 존재합니다. 사본들 가운데 가장 오래된 사본과, 100개의 사본이 있다고 했을 때 그 100개의 사본 가운데 가장 일치하는 내용들을 중심으로 하여, '원본이 이럴 것이다'라고 생각하며 만든 것이 지금의 구약 성경과 신약 성경입니다. 현재 누구나 다 인정하는 것이 '구약의 원본은 히브리어로 기록되었을 것이다'라는 것입니다.

히브리어로 기록된 성경을 각 나라 사람이 읽기 위해서 그들의 언어로 번역할 수밖에 없는데, 그중 최초의 번역 성경이 70인경이라고 봅니다. 70인경은 히브리어 성경을 헬라어로 번역한 것인데, 왜 그때 헬라어로 성경을 번역했을까요? 헬라 제국이 고대 근동을 지배할 때였고, 헬라어가 보편적인 공용어였기 때문입니다. 오늘날로 얘기하자면 영어로 번역을 한 것입니다. 히브리어 성경을 당대 공용어였던 헬라어로 번역을 하였고, 이방 지역에 세워진 많은 교회들의 성도들은 헬라어를 알았기 때문에 헬라어로 기록된 70인경으로 구약을 읽었습니다.

그것을 보고 유대교인들은 자신들이 번역을 했음에도 불구하고 70인 경을 점차 멀리하게 됩니다. 그러다가 중세 시대가 시작됨과 동시에 제롬이라는 사람이 라틴어로 성경을 번역했습니다. 이것을 벌게이트 성경이라고 합니다. 벌게이트라는 라틴어 성경이 중세 천년 동안 유일한 성경이 됩니다. 로마 가톨릭은 이 라틴어 성경 외에 어떤 언어로도 성경을 번역하지 못하게 막았습니다. 성경을 다른 나라의 언어로 번역한 사람들을 이단으로 정죄하여 죽였습니다. 그렇게 죽임 당한 사람이 위클리프나 후스 같은 사람들입니다.

중세 로마 가톨릭이 타락할 수 있었던 가장 중요한 이유가 바로 성경 독점 때문이었습니다. 라틴어 성경만을 유일한 성경이라 주장했는데, 대다수 사람은 당시에 라틴어를 몰라서 성경을 읽을 수 없었고, 또한 성경책이 워낙 고가였기 때문에 성경을 소유할 수도 없었습니다. 그래서 신부들이 미사 시간에 어떤 말을 하던 간에 그것을 하나님의 말씀으로 믿을 수밖에 없었던 것입니다. 중세 시대의 모든 종교 개혁가들이 가장 열정적으로 몰두했던 작업이 성경을 그들을 언어로 번역하는 일이었습니다. 사람들이 자기들의 언어로 성경을 읽을 수 있도록 하기 위해서였습니다.

루터도 1517년 종교 개혁 운동을 일으키자마자 독일어로 성경을 번역하였고 틴데일이라는 사람은 영어로 성경을 번역했습니다. 그때부터 각 나라의 언어로 성경이 번역되기 시작하였고 그 결과 영어 성경이 나왔고 중국어 성경이 나왔고 한글 성경이 나오게 된 것입니다. 이것이 성경 번역의 역사입니다. 여러분이 기억하실 중요한 내용은, 최초의 히브리어 성경 다음에 70인경이라는 헬라어 번역 성경이 있었고, 중세 시대에는 라틴어로 기록된 벌게이트라는 성경이 있었고, 종교 개혁 이후에 각 나라의 언어로 번역된 다양한 번역 성경이 등장했다. 이 네 가지 정도만 기억하시면 될 것 같습니다.

[질문]

초대 교회 당시에 교부들이 성경을 공부할 때 히브리어 성경, 헬라어 성경 말고도 시리아어로 번역된 성경 등 다른 언어로 된 성경을 가지고 공부하고 주석을 썼다고 알고 있는데, 시리아어로 된 성경이 헬라어 70인경보다 더 오래된 것은 아닌가요?

[답]

오래되지 않았습니다. 시리아 성경을 '타르쿰'이라고 합니다. 타르쿰은 주후 200년 경에 등장했습니다. 70인경이 주전 3세기부터 번역된 것이니까 타르쿰보다 훨씬 더 빠릅니다. 참고로 시리아어와 고대 히브리어는 이후에 사어, 즉 죽은 언어가 됩니다. 그래서 성경은 존재하지만 이것을 어떻게 읽어야 하는지 점차 알지 못하게 됩니다. 초대 교회 당시에는 히브리어 성경도 있었고 시리아어로 번역한 타르쿰 성경도 있었고 헬라어로 번역한 70인경 성경도 있었습니다. 어떤 학자들은 이 성경을 비교하며 읽었겠죠. 참고로 지금 유대인들이 쓰는 히브리어는 현대 히브리어이고, 구약의 히브리어는 고대 히브리어입니다. 고대 히브리어는 사어가 되었습니다. 아람어도 사어가 되었고요. 시간이 지날수록 문서는 존재하지만 어떻게 읽어야 되는지도 모르게 되었습니다. 그래서 자연스럽게 70인경이 가장 중요한 권위를 획득할 수밖에 없었다고 봅니다.

안식일이라는 것이 7일마다 돌아오는 거잖아요. 어떤 사람이 목요일까지 아팠다가 금요일 하루만 일해도 토요일에는 쉬어야 되지 않나요? 안식년도 7년마다 그렇게 되는 거죠. 그러면 어떤 화전민이 땅을 새로 해서 6년째에 땅을 새롭게 경작했는데 7년째 되는 해에는 그 땅을 1년 쉬어야 하는 것인가요?

[답]

정말 중요한 질문을 주셨는데요, 여기에 대해서는 크게 두 가지 의견이 있습니다. 안식년이나 희년을 준수할 때 공동체 전체가 함께 했다는 것과 개인별로 다르게 시행했다는 주장입니다. 예를 들어, 희년 같은 경우에는 땅을 빼앗긴 사람에게 그 땅을 다시 돌려줘야 했습니다. 그리고 자신에게 빚진 자의 모든 채무를 다 탕감해 줘야 했습니다. 그래서 땅을 매매할 때 희년의 때를 고려하여 땅 값을 계산했다고 봅니다. 원래 땅 가격이 백만 원인데 희년이 10년 밖에 남지 않았다고 한다면 그 남은 기간을 고려하여 땅값을 매기는 것입니다.

[질문]

종의 해방도 그러한가요? 어떤 사람이 누구네 집에 종이 되었는데 1년 있다가 안식년이 선포되면 즉각 해방이 되는 것인가요?

[답]

명확하게 이렇다고 말씀드리기가 어렵지만 종의 해방과 관련하여서는 종마다 다르다고 봅니다. 왜냐면 성경에 명확하게 6년 일한 종을 7년째 해방시켜 주라고 되어 있거든요.

[질문]

그것은 날짜를 채워야 하는 것이고 땅이라든가 그런 것은 7년이나 7일마다 그렇게 되는 것이고 희년도 50년 마다 준수해야 하는 것 아닌가요?

[답]

맞습니다. 말씀하신 것처럼 안식년이나 희년에 근거해서 땅을 매매할 때 계산을 했습니다. 종을 해방시켜 줄 때는 6년 일한 종을 7년째 해방시켜 주는 거죠. 내년이 안식년이라고 해서 올해 종이 된 사람을 내년에 해방시켜 주지는 않았다고 봅니다.

[질문]

구약을 읽다 보면 실제로 안식년이나 희년이 전혀 지켜지지 않았던 것처럼 나오는데 맞겠죠?

[답]

학자마다 의견이 다릅니다. 대부분의 학자는 지켜지지 않았다고 보는데 어떤 학자들은 지켜졌다고 보기도 합니다. 구약을 보면 시드기야라는 남유다의 마지막 왕이 갑자기 희년을 선포합니다. 그런데 이것은 원래 희년의 해이기 때문에 그렇게 한 것이 아니라 일종의 꼼수였습니다. 바벨론이 예루살렘을 포위할 때 종까지 먹을 음식이 없었기 때문에 주인들이 종들을 해방시켜 준 겁니다. 주인이 종을 소유하려면 종에게 먹을거리나 잠자리를 제공해 줘야 하잖아요. 그런데 바벨론이 남유다를 포위할 때 주인들도 먹을 것이 부족한 거예요. 그래서 머리를 쓴 거예요. 그래서 시드기야 왕 때 긴급 희년을 선포해서 종들을 다 해방시켜 줍니다. 이것은 원래 하나님이 원하셨던 희년의 모습은 아닌 거죠.

그런데 종들을 해방시켜 주자마다 바벨론 군대가 철수를 합니다. 그래서 주인들이 해방된 종들을 다시 종으로 부려 먹습니다. 그런 의미에서 이것은 진짜 희년법을 제대로 지킨 것은 아니라고 봐야 합니다. 그래서 저는 구약 이스라엘 백성들이 안식년과 희년을 제대로 지키지 않았다고 봅니다. 그런데 유대 문헌을 보면 안식년과 희년 준수에 대한 이야기가 가끔 나옵니다. 그래서 간헐적으로 이것들이 지켜졌나 이렇게 생각할 수도 있습니다. 결론적으로, 이스라엘 공동체 전체가 안식년과 희년을 제대로 준수하지는 못했지만, 일부 유대인들은 안식년과 희년을 준수하지 않았을까라고 볼 수 있을 것 같습니다.

[질문]
국가적으로는 그렇게 선포하지는 않았던 것 같아요.

[답]
주기적으로 선포되는 때가 있었습니다. 그런데 대다수의 사람들은 제대로 준수하지 않았다고 생각이 들고 개인적으로 순종했던 사람들이 있었다고 봐야 될 것 같습니다.

[질문]
하나님의 말씀에 대해 그 방향성에 따라 세 가지로 나누어 설명해 주시

면서 현재의 기도와 목회자의 설교에 대해 말씀해주셨잖아요. 이해는 되지만 '목회자의 설교가 하나님의 말씀이다' 또는 '대표 기도가 하나님의 말씀이다'라는 말에 대해서는 의문이 생깁니다. 그 부분은 올바르게 분별을 해서 이것은 하나님의 말씀, 이것은 인간의 생각이라고 받아들여야 하지 않을까요? 그것들을 하나님의 말씀이라고 하면 혹시 사람에 따라서는 그것을 왜곡할 수도 있고 잘못 활용할 수도 있지 않을까 우려가 생깁니다. 거기에 대해서 하나님의 말씀이라 표현해야 맞는 것일까요? 용어 정리가 필요하지 않을까 하는 생각이 듭니다.

[답]

제가 '인간이 드리는 모든 예배와 기도와 찬양을 하나님이 다 열납하시는 것은 아니다'라고 분명히 말씀을 드렸습니다. 하나님의 말씀이라는 것에 대해 1, 2, 3을 나누어 설명을 드렸는데 중요한 것은 1,2,3이 동등한 가치를 갖는 것은 아니라는 것입니다. 1이 가장 중요한 것입니다. 그 1을 통해서 2와 3을 분별해야 합니다. 인간이 하나님께 올려드리는 모든 기도가 하나님께 열납되는 것인가요? 그렇지 않습니다. 목사들의 설교는 그 자체로 하나님의 말씀인가요? 그렇지 않습니다. 오늘날 삯꾼들의 메시지가 얼마나 많이 있습니까? 그러면 참된 목사의 설교와 삯꾼의 설교를 어떻게 분별할 수 있습니까? 그 목사의 설교 안에 하나님의 뜻이 담겨 있다는 것을 알기 위해서라도 1을 제대로 알아야 합니다.

성경 안에 있는 모든 말씀을 하나님의 말씀이라고 하지만 토라를 제일 중요하게 보는 이유가 하나님이 직접 주신 말씀이기 때문입니다. 그리고 예언서를 중요하게 보는 이유가 하나님이 간접적으로 주신 말씀이기 때문입니다. 이 토라와 예언서라는 잣대를 가지고 2와 3을 판단해야 합니다. 현대 신학자 가운데 바르트라는 사람이 그렇게 얘기했습니다. 목사들의 설교가 그 자체로 하나님의 말씀은 아니라는 것입니다. 맞는 얘기죠. 왜냐면 바르트 당시에 독일 목사의 대다수가 히틀러를 찬양했습니다. 그런데 이것이 하나님의 뜻과 무슨 상관이 있습니까? 안수 받은 목사라 하더라도 그들이 정말 깨어서 하나님의 말씀을 선포할 수도 있지만, 삯꾼으로서 자기 이익을 위해 하나님의 말씀을 왜곡할 수도 있습니다. 이것을 분별하기 위해서라도 1을 제대로 아는 것이 중요합니다.

말씀과 함께 모세오경 2-1

구약 성경을 한 문장으로 정리해보면 '출애굽에 실패한 이스라엘의 이야기'라고 할 수 있습니다. 그런데 우리가 구약이라고 하는 것을 유대인들은 유일한 성경이라고 부릅니다. 또한 일단의 신학자들은 '구약이라는 표현보다는 제1성경이라는 표현을 쓰자'라고 주장합니다. 왜 이런 주장이 나오게 되었을까요? 우리가 성경을 구약과 신약이라고 부르다 보니까 자연스럽게 구약보다는 신약을 더 중시하게 되는 거예요. 구약은 율법이고 신약은 복음이고, 구약은 약속이고 신약은 성취이고, 구약은 그림자이고 신약은 실체라는 식으로 구약보다 신약을 더 중시하는 사고가 만연하게 된 겁니다.

그러나 우리가 기억해야 할 것은 AD 397년에 신약 27권이 정경으로 확정될 때, 신약을 확정했던 초대 교부들은 신약이 구약보다 우월하다고 보지 않았다는 사실입니다. 그들은 구약을 더 중시했습니다. 구약이 더 중요합니다. 예수님이 봤던 유일한 성경이 뭐죠? 구약입니다. 초대 교회가 읽었던 유일한 성경이 뭐죠? 구약입니다. 바울이 디모데후서 3장에서 '모든 성경은 하나님의 감동으로 되었다'

라고 할 때의 그 모든 성경은 무엇을 얘기하는 거죠? 구약입니다. 구약이 훨씬 더 중요합니다. 어떻게 보면 신약은 구약의 연장, 구약의 부록이라고 할 수 있습니다. 그런데 우리가 구약, 신약이란 용어를 자꾸 쓰다 보니까 구약은 옛 약속이고 신약은 새 약속이고 구약은 옛 언약이고 신약은 새 언약이라고 하면서 신약을 훨씬 더 중시하게 된 것입니다. 그래서 신학자들이 '그렇지 않아, 성서학적으로나 교회 역사를 보더라도 구약이 신약보다 훨씬 더 중요한 거야'라고 주장을 하는 것입니다.

그런데 아무리 구약이 중요하다고 말해도 '구약과 신약'이란 표현을 계속 사용하게 되면 아무래도 구약보다 신약을 더 중시하게 됩니다. 그래서 신학자들은 우리가 구약이라고 부르는 것을 제 1성경이라고 부르고 신약이라고 부르는 것을 제 2성경이라고 부르자고 말한 것입니다. 이렇게 용어를 바꾸게 되면 갑자기 뭐가 더 중요한 느낌으로 다가옵니까? 제 1성경이 더 중요한 느낌으로 다가오죠.

그렇다면 왜 구약이 더 중요할까요? 구약은 일상의 삶 속에서 구현되는 하나님 나라에 관심이 많아요. 그런데 신약은 이제 막 교회가 탄생한 겁니다. 복음을 전하게 된 겁니다. '이렇게 탄생하게 된 교회를 어떻게 운영할 것인가?'하는 것에 관심이 많은 것이 신약입니다. 그러니까 쉽게 얘기하면 직업적인 목회자들은 구약보다 신약을 좋아할 수밖에 없습니다. 직업적인 목회자들은 왜 신약을 좋아할 수밖에 없냐면 신약은 교회의 탄생, 복음 전도, 교회의 운영, 교회 안에서 일어나고 있는 다양한 문제들에 대한 해답 같은 내용들이 담겨 있기 때문입니다. 그런데 구약은 스펙트럼이 굉장히 넓습니다. 성전에만 관심을 가지는 것이 아니라 일상의 삶 속에서 구현되는 하나님 나라, 정치, 경제, 사회, 문화, 사람들과의 관계 속에서 하나님의 백성답게 어떻게 살 것인가에 대한 포괄적인 이야기를 하고 있는 성경이 구약입니다. 구약이라는 토대 위에 신약이 나온 것인데 구약을 무시하고 경시하며 신약만을 중시하는 경향이 많기 때문에 신학자들이 '구약'과 '신약'이란 표현보다는 '제 1성경', '제 2성경'이라는 표현을 쓰자고 제안하고 있습니다. 이런 내용은 상식적으로 알아두시면 좋겠습니다.

구약이 되었건 제 1성경이 되었건 간에 그 전체를 한 문장으로 정리하면 '출애굽에 실패한 이스라엘의 이야기'라고 할 수 있습니다. 이렇게 주장하면 '아니 출애굽은 유월절에 성공한 것 아닌가요?'라는 질문이 나올 수 있습니다. 맞습니다. 유월절에 이스라엘은 출애굽 했습니다. 그러나 그들은 온전한 출애굽에는 실패했습니다. 출애굽은 3단계를 통해서 진행됩니다. 첫 번째 단계는 몸과 정신이 애굽의 지배로부터 탈출하는 것입니다. 두 번째 단계는 믿음으로 가나안 땅을 정복하는 것입니다. 그리고 3단계는 그 가나안 땅 위에 하나님의 통치가 온전히 구현되는 하나님의 나라를 건설하는 것입니다. 3단계가 출애굽의 궁극적인 목적이죠. 출애굽의 궁극적 목적은 애굽 탈출에 있는 것이 아닙니다. 애굽을 탈출하는 것은 출애굽의 출발이자 시작이고, 출애굽의 궁극적 목적은 가나안 땅 위에 애굽과 전혀 다른, 하나님의 통치가 온전히 구현되는 하나님의 나라를 건설하는 것입니다. 하나씩 자세히 보겠습니다.

1단계는 몸과 정신과 가치관, 세계관이 애굽의 지배로부터 탈출하는 것입니다. 몸이 탈출한 것이 바로 유월절입니다. 그런데 문제는 유월절에 몸은 탈출했는데 탈출한 이후에 이스라엘 백성이 보여주는 모습을 보면, 그들은 여전히 애굽의 가치, 애굽의 문화에 지배를 받고 있었음을 알 수 있습니다. 몸의 탈출보다 훨씬 중요한 것이 정신의 탈출, 또는 가치의 탈출이거든요. 정신과 가치와 세계관의 탈출을 '회개'라고 합니다. 회개라는 말을 헬라어로 '메타노이아'라고 하는데 '메타'는 '바꾼다'는 말이고 '노이아'는 '인식', '관점'이란 말입니다. 그래서 인식과 관점을 변화시켜내는 것을 회개라고 합니다.

우리는 보통 회개라고 하면 무엇을 생각합니까? 내가 잘못한 것에 대해서 하나님께 용서를 구하는 것을 회개라고 생각하죠. '하나님 제가 이것을 잘못했습니다, 용서해주세요'라고 하는 것을 우리는 회개라고 생각하는데, 원래 회개라는 말의 히브리어 어원은 '슈브'라는 단어를 씁니다. '슈브'라는 말은 '돌아온다'는 의미입니다. 운전할 때의 유턴 같은 것입니다. 내가 그동안에는 이 방향으로 나아갔는데, 이제는 완전히 다른 방향으로 돌이키는 것을 '슈브'라고 해요. 몸만 애굽을 나온다고 해서 출애굽이 되는 것이 아닙니다. 애굽에서 우리가 영향 받았던 가치관과 세계관과 문화의 지배로부터 탈출해야 됩니다. 이것이 출애굽의 1단계입니다. 그런데 안타깝게도 출애굽 한 이스라엘 사람들은 몸은 유월절에 탈출했지만 여전히 그들의 정신, 가치관과 세계관은 애굽의 압제로부터 벗어나지를 못했어요.

이것을 오늘 우리에게 적용시켜 본다면, 우리가 세상에 있다가 몸이 교회로 오는 것도 쉽지 않습니다. 세상에 있던 존재의 몸이 교회로 들어오는 것이 결코 쉽지 않죠. 그런데 몸만 교회에 오는 것으로 그치면 안 됩니다. 몸이 교회에 오는 것보다 훨씬 더 중요한 것이 뭡니까? 우리의 정신과 가치관과 사람을 대하는 자세와 세계관이 하나님의 말씀으로 변화되는 것입니다. 그렇지 않고 몸은 교회에 왔지만 여전히 세상에서 형성된 세속적 가치관과 세계관을 그대로 가지고 있게 되면 그들이 모인 교회는 한 순간에 세상이 되어 버립니다. 그런 의미에서 출애굽 한 이스라엘은 출애굽의 1단계에서부터 브레이크가 걸립니다. 몸은 탈출했지만 정신과 가치관이 온전히 탈출하지 못했어요. 그 미완성의 모습으로 2단계로 넘어가게 된 것입니다.

2단계는 가나안 땅을 믿음으로 정복하는 겁니다. 여호수아나 사사기를 공부할 때 자세히 설명 드리겠지만, 가나안 정복 전쟁의 중요한 특징이 한 가지 있습니다. 하나님이 가나안 땅을 주시겠다고 약속은 하셨지만, 이스라엘이 팔짱 끼고 가만히 있어도 가나안 땅이 이스라엘에게 주어지는 것은 아니라는 것입니다. 하나님이 가나안 땅을 주시겠다는 약속은 그 약속을 믿는 자들의 능동적 순종을 통해서만 현실이 됩니다. 이것이 굉장히 중요합니다. 이스라엘은 하나님의 약속을 믿음으로 가나안 땅을 정복해야 하는 것입니다. 그런데 이 가나안 정복 전쟁과 관련하여 많은 신앙인들이 딜레마에 빠지는 것이 사실입니다. 어떤 딜레마에 빠질까요? '하나님이 이스라엘을 사랑하시는 것은 좋은데 이스라엘을 사랑하시고 그들에게 가나안 땅을 주시기 위해 아무 죄 없는 가나안 사람들을 내쫓는 것은 너무 심하신 것이 아닌가?', 한 걸음 더 나아가 '가나안 사람들을 전멸시키라고 한 것은 너무 심하신 것 아닌가?'라는 고민을 하는 것입니다.

도올 김용옥 선생님 아시죠? 그분이 1986년에 '여자란 무엇인가'라는 책을 썼는데, 거기에 '야훼는 사막의 깡패이다.'라는 내용이 나옵니다. 야훼를 사막의 깡패라고 한 이유가 바로 이것 때문입니다. 가나안 땅에서 원주민들이 잘 살고 있는데 이스라엘 사람들에게 가나안 땅을 주시겠다고 하고, 그 땅에 살고 있는 사람들을 내쫓고 죽이는 것을 보면서 야훼를 사막의 깡패라고 명명한 것입니다. 이처럼 크리스천들에게 가나안 정복 전쟁은 뜨거운 감자입니다. 이것을 어떻게 설명할 수 있을까요?

가나안 정복 전쟁을 우리가 제대로 이해하기 위해서 우리가 꼭 기억하셔야 될 신학적 내용이 있습니다. 그것은 '땅 신학'입니다. '땅 신학'이라는 용어를 꼭 기억하시길 부탁드립니다. 땅 신학의 가장 중요한 성경적 근거가 어디냐면 레위기 25장 23절입니다. 혹시 '구약에서 가장 좋아하는 말씀이 뭐냐?'라는 질문을 받으시면 남들이 다 아는 '시편 23편요.' 이렇게만 이야기 하지 마시고 '레위기 25장 23절을 가장 좋아합니다.' 이렇게 말씀해 보세요. 우리의 수준을 이제는 조금 업그레이드 해야 하지 않겠습니까? 제가 볼 때 구약에서 정말 중요한 말씀을 하나 꼽으라고 한다면 이 레위기 25장 23절입니다.

"토지를 영구히 팔지 말 것은 토지는 다 내 것임이니라 너희는 거류민이요 동거하는 자로서 나와 함께 있느니라"

구약에서 말하는 구원이라는 것은 땅이 없이 유리방황하던 자들이 땅을 차지하는 것을 가리킵니다. 구약에서 구원을 상실한다는 것은 그 땅을 빼앗기는 것, 그 땅에서 내어쫓김을 당하는 것입니다. 신약에서 말하는 구원은 안식을 누리는 것입니다. 그러나 구약에서 말하는 구원은 땅을 차지하는 겁니다. 반대로 구약이 말하는 구원의 상실은 그 땅에서 내어쫓김을 당하는 것입니다. 구약에서 가장 중요한 단어를 하나 꼽자면 바로 '땅'입니다. 그런데 땅과 관련해서 너무 중요한 말씀이 레위기 25장 23절에 있습니다. 레위기 25장 23절의 핵심이 뭐냐면 인간이 발 딛고 살아가는 모든 땅의 주인이 하나님이라는 거예요. 왜요? 하나님이 땅을 창조하셨기 때문입니다. 땅에 살고 있는 사람들은 모두 거류민입니다. 나그네입니다. 여기에서 '땅 신학'이 나옵니다.

'땅 신학'이라는 것은 몇 가지로 정리할 수 있는데요. 첫째, 땅 신학의 대원칙은 하나님이 모든 땅의 주인이시라는 겁니다. 두 번째, 땅의 주인이신 하나님은 특정한 민족과 공동체에게 어느 땅에 살 수 있는 기회를 주신다는 겁니다. 세 번째, 그 땅에 거주하고 있는 공동체나 민족은 그 땅의 소유주로서가 아니라 임차인으로 그 땅에 거주하는 것입니다. 네 번째, 임차인인 그들이 계속해서 그 땅에 거주하기 위해서는 땅의 주인이신 하나님께 성실하게 임대료를 납부해야 한다는 것입니다. 다섯 번째, 그 임대료가 바로 미쉬파트와 체데크입니다. 미쉬파트와 체데크에 대해서는 제가 잠시 후에 설명을 드리겠습니다. 미쉬파트와 체데크라고 하는 임대료를 성실하게 납부하게 되면 하나님은 그 땅에 살고 있는 임차인들이 계속해서 그 땅에 거주할 수 있도록 기회를 주십니다. 여섯 번째, 반대로 그 땅에 살고 있는 임차인들이 임대료를 체납하게 되면 하나님은 임대료가 체납되었다고 예언자를 통해서 경고하십니다. 일곱 번째, 예언자가 경고를 할 때 경고의 말씀을 듣고 바로 돌이키는 것이 중요합니다. 그런데 예언자의 경고를 들었음에도 불구하고 돌이키지 않게 되었을 때, 무엇보다 임대료를 낼 마음이 제로 상태가 되었을 때 하나님은 땅의 임차인을 교체하십니다. 이렇게 땅의 임차인을 교체하신 사건이 바로 가나안 정복 전쟁입니다.

너무나 중요한 내용이기에 다시 한번 땅 신학에 대해 정리해보겠습니다. 첫 번째, 사람들이 발 딛고 살아가는 모든 땅의 주인은 하나님이라는 거예요. 두 번째, 하나님이 특정 민족과 공동체에게 땅에 거주할 수 있는 기회를 주신다는 겁니다. 세 번째, 그 땅에 거주하는 특정 민족과 공동체는 소유주로서가 아니라 임차인으로 그 땅에 거주하게 된다는 겁니다. 네 번째, 그들이 그 땅에 계속 거주하기 위해서는 땅의 주인이신 하나님께 성실하게 임대료를 납부해야 됩니다. 다섯 번째, 그 임대료는 미쉬파트와 체데크입니다. 여섯 번째, 만약 그들이 임대료를 납부하지 않게 되면 하나님은 예언자를 통해서 임대료가 체납되었다고 경고하십니다. 일곱 번째, 경고를 듣고 그들이 돌이키면 가장 좋지만 만약 그들이 돌이키지 않았을 경우, 그리고 임대료를 낼 마음이 제로 상태가 되었을 때 하나님은 땅의 임차인을 교체하십니다. 그 임차인 교체 사건이 바로 가나안 정복 전쟁이었습니다.

가나안 정복 전쟁은 하나님이 히브리인만 너무 사랑하셔서 아무 죄도 없는 가나안 사람을 몰아내시고 히브리인들을 그 땅에 거주토록 하신 사건이 아닙니다. 가나안 사람들이 그 땅에서 왜 내어쫓김을 당했을까요? 그들이 하나님께 성실하게 임대료를 납부하지 않았기 때문입니다. 이렇게 말할 수 있는 근거가 성경에 있을까요? 네. 있습니다. 창세기 15장 13~16절입니다. 읽어 보겠습니다.

"여호와께서 아브람에게 이르시되 너는 반드시 알라 네 자손이 이방에서 객이 되어 그들을 섬기겠고 그들은 사백 년 동안 네 자손을 괴롭히리니 그들이 섬기는 나라를 내가 징벌할지며 그 후에 네 자손이 큰 재물을 이끌고 나오리라 너는 장수하다가 평안히 조상에게로 돌아가 장사될 것이요."

16절이 중요합니다. '네 자손은 사대 만에 이 땅으로 돌아오리니 이는 아모리 족속의 죄악이 아직 가득 차지 아니함이니라 하시더니.' 이 말은, 하나님이 아브라함에게 가나안 땅을 주시겠다고 하셨는데 지금은 아니라는 의미입니다. 그럼 언제 주십니까? 400년 후에 주십니다. 이유가 무엇입니까? 하나님은 옛적에 아모리 사람들에게 가나안에 살 수 있는 기회를 주신 거예요. 아모리 사람들이 가나안에 임차인으로 거주하게 된 거예요. 그런데 아모리 사람들이 임대료를 성실하게 납부하고 있지 않았습니다. 그런데 인자와 긍휼이 많으시고 오래 참으시는 하나님은 아모리 사람들이 몇 번 임대료를 체납했다고 해서 당장 방 빼라고 하지 않으십니다. 끊임없이 그들이 돌이킬 수 있는 무수하게 많은 기회를 주십니다. 그런데 하나님이 계획하시는 마지노선이 400년 후입니다. 400년간 기회를 주었음에도 불구하고 아모리 사람들이 임대료를 체납하게 되는데, 이것을 16절에서 '죄가 가득 찼다'라고 말합니다. 그때는 하나님이 땅의 임차인을 교체하십니다. 그래서 우리가 가나안 정복 전쟁을 볼 때, 아무 죄도 없는 아모리 사람들을 내어 쫓은 사건이 아니라는 사실을 알아야 합니다. '땅 신학'에 근거한 임차인 교체 사건으로 이해해야 합니다.

두 번째로 기억해야 할 것은, 이스라엘도 가나안 땅에 주인으로 들어간 것이 아니라 임차인으로 들어갔다는 사실입니다. 이스라엘이 임차인으로 들어갔다는 말은, 이스라엘도 가나안 땅에 계속해서 거주한다는 보장이 없다는 말입니다. 이스라엘이 가나안 땅에 계속 거주하기 위해서는 무엇이 선결되어야 합니까? 임대료를 성실하게 납부해야 되는 것입니다. 그 임대료가 뭡니까? 미쉬파트와 체데크입니다. 그런데 구약이 잘 보여주는 것처럼 이스라엘이 그 임대료를 성실하게 납부하지 못했습니다. 그 결과 주전 722년에 북이스라엘이 앗수르에 의해서 내어쫓김을 당하고 주전 586년에 남유다가 바벨론에 의해서 내어쫓김을 당한 거예요. 그래서 하나님의 구원을 상실하게 된 거죠. 이것이 바로 구약 이야기입니다.

정리하자면, 출애굽의 1단계는 몸과 마음, 몸과 정신이 애굽의 압제로부터 탈출하는 겁니다. 출애굽의 2단계는 믿음으로 가나안 땅을 정복하는 거예요. 그런데 출애굽 한 이스라엘은 1단계로 몸은 탈출했지만 정신과 가치와 세계관은 애굽의 압제로부터 탈출하지 못했습니다. 2단계로 접어들면서 믿음으로 가나안 땅을 정복했는가?

그렇지 않았습니다. 여호수아와 사사기 공부할 때 자세히 보겠지만 이스라엘은 몇 개의 도시국가는 정복했지만 대다수의 가나안 원주민들과 동거하게 됩니다. 그 동거의 결과 가나안 문화와 가나안 종교에 금방 동화되어 버립니다. 2단계도 제대로 완수하지 못했습니다. 원래 2단계까지 제대로 완수가 되었다면 하나님이 기대하신 3단계가 뭡니까? 가나안 땅 위에 하나님의 통치가 온전히 구현되는 하나님 나라를 건설하는 것이죠. 그런데 이스라엘은 출애굽의 1단계부터 온전히 순종하지 못했어요. 그래서 구약을 한 문장으로 정리하면 '출애굽에 실패한 이스라엘의 이야기이다'라고 말할 수 있는 것입니다.

이제 미쉬파트와 체데크에 대해 말씀드리겠습니다. 성경에 보면 하나님이 아브라함과 그 후손을 선택하신 목적, 구원의 목적이 명백히 나와 있어요. 구약을 공부하다 보면 이스라엘이 실패했던 지점과 오늘 우리 한국 교회가 실패하거나 잘못하고 있는 지점이 굉장히 유사하다는 사실을 발견할 수 있습니다. 그 가운데 하나가 구원의 목적을 망각하고 있다는 거예요.

하나님이 이스라엘을 선택하신 것 맞죠. 하나님이 이스라엘을 구원하신 것 맞죠. 그렇다면 왜 이스라엘이 하나님에 의해서 선민으로 부름받게 된 겁니까? 하나님이 이스라엘을 선민으로 부르신 목적이 어디에 있었습니까? 이스라엘만을 사랑하기 위해서인가요? 이스라엘만 구원하기 위해선가요? 아닙니다. 하나님은 이스라엘이 먼저 하나님의 거룩한 백성 되어, 이방의 많은 민족들을 하나님의 통치 안으로 견인해 오기를 기대하신 것입니다. 이스라엘은 '만민을 위한 선민'으로 부름 받은 겁니다. 그런데 이스라엘은 만민을 위한 선민이라는 구원의 목적을 망각했어요. 그리고 배타적 선민사상에 빠져 버렸습니다.

배타적 선민사상이 무엇일까요? 하나님의 선민으로 부름 받은 이스라엘은 하나님의 은혜와 구원을 받고, 부름 받지 못한 이방 백성들은 하나님의 심판과 저주의 대상이라고 생각하는 것입니다. 하나님은 오직 이스라엘만의 하나님이라고 생각한 것입니다. 그런데 오늘날 한국 교인들도 배타적 선민사상이 굉장히 강해요. 그래서 교회 안에 있는 구원 받은 사람들과 교회 밖에 있는 구원 받지 못한 사람들로 구분합니다. 그리고 뜻이 하늘에서 이루어진 것처럼 오늘 이 시대 가운데 하나님의 뜻을 어떻게 이뤄낼 것인가에 관심이 있는 것이 아니라, 죽은 다음에 받게 되는 내세적이고 타계적인 구원에 관심이 많아요.

또한 어떻게 우리가 발 딛고 살아가는 이 땅 전체를 하나님의 통치가 온전히 구현되는 하나님 나라가 되게 할 것인가에 대한 관심 보다는, 내가 어떻게 구원 받을 것인가에 대한 개인주의적 신앙이 굉장히 강해요. 안타깝게도 이스라엘이 실패한 모습을 오늘 한국 교회가 너무나 많이 닮아 있습니다. 그런 의미에서 하나님이 아브라함과 그의 후손 또는 이스라엘을 구원하신 목적이 무엇인가를 제대로 기억해야 합니다. 그 목적을 잘 말하고 있는 본문이 창세기 18장 19절입니다.

"내가 그로 그 자식과 권속에게 명하여 여호와의 도를 지켜 의와 공도를 행하게 하려고 그를 택하였나니"

이 구절에 하나님이 아브라함과 그의 후손을 선택하신 목적이 명확히 나와 있습니다. 의와 공도를 행하게 하려고 그를 택하였다는 거예요. 의와 공도를 행하게 되면 어떤 일이 벌어지게 될까요? 하나님의 통치가 구현됩니다. 하나님의 나라가 어떤 곳인지를 크리스천인 우리가 실제적인 삶을 통해 증거하지 못하면 기독교 신앙은 유신론적인 관념론이 되고 말 것입니다. 머리로는 하나님의 나라가 뭔지를 알아요. 말로는 하나님의 나라가 무엇인지를 설명해요. 그런데 실제 삶 속에서 하나님의 통치가 온전히 구현되는 하나님의 나라의 모습을 살아내지 못하고 보여주지 못하면 기독교 신앙은 유신론적 관념론이 됩니다. 이 점이 한국 교회의 가장 취약한 지점인 것 같습니다.

요한복음에 나오는 중요한 전도 구호가 하나 있습니다. '와 보라'입니다. 교회는 어떤 곳이어야 할까요? 세상의 주류 문화와 주류 가치가 왕 노릇 할 수 없는, 하나님이 원하시는 바가 온전히 구현되는 곳이 교회이어야 합니다. '이 땅에서 어디서 하나님 나라를 볼 것인가?' 또는 '어디에서 하나님 나라를 맛볼 수 있는가?'라고 할 때, 하나님 나라의 지상 진지가 교회입니다. 믿는 사람들의 가정이 하나님의 나라가 되어야겠죠. 그런 실체를 우리가 보여주지 못하고 살아내지 못하면 기독교 신앙은 유신론적 관념론이 되는 겁니다. 그런 의미에서 하나님은 아브라함과 그의 후손을 선택하시고 나서 기대하시는 바가 있었습니다. 그들이 일상의 삶 속에서 의와 공도를 행할 것을 기대하셨죠. 여기서 '의와 공도'라는 말이 히브리어로 '미쉬파트와 체데크'입니다.

한글 성경에서 미쉬파트와 체데크를 '의와 공도', '정의와 공의' 등으로 번역했는데 이렇게 이해하시면 됩니다. 미쉬파트는 사법적 정의가 구현되는 것입니다. 구약을 자세히 보면 재판과 관련된 이야기가 굉장히 많습니다. 이스라엘이 출애굽 하자마자 모세의 장인 이드로가 제안해서 모세가 실시하게 된 것이 있습니다. 모세가 이스라엘 백성들의 재판을 홀로 감당하는 것이 아니라 천부장, 백부장, 오십부장을 두어서 재판하도록 했습니다. 구약을 쭉 읽어보면 공의로운 재판, 정의로운 재판에 대한 관심이 굉장히 많습니다. 이처럼 사법적 정의가 온전히 구현되는 것을 미쉬파트라고 합니다.

옛날에 지존파가 말했던 '유전무죄, 무전유죄'란 말이 유행했잖아요. 이 말은 한 마디로 이 땅의 정의가 죽었다는 거죠. 돈이 있다고 해서 법망을 요리조리 빠져나가고, 돈 없고 힘없고 빽없는 사람들만 법망에 걸리는 것은 사법적 정의가 깨진 모습이죠. 말 그대로 법 앞에 모든 사람들이 평등한 상태, 힘이 있고 권력이 있다고 하더라도 그들이 잘못을 범했을 경우에는 동일한 처벌을 받는 사법적 정의가 구현되는 것을 미쉬파트라고 합니다. 그런데 대부분의 나라에서 이런 사법적 정의를 기대하기 어렵습니다. 왕이나 귀족 같은 권력자들은 다 법망을 빠져나갑니다. 하나님은 사법적 정의가 온전히 구현되는 공동체를 기대하셨습니다.

하나님이 기대하시는 또 한 가지는 '체데크'입니다. 체데크는 서로가 서로를 형제답게 대하는 것입니다. 자기의 이익을 위해서 누군가에게 사기를 치고 폭력을 행사하는 일이 벌어지는 이유가 뭡니까? 그 존재를 타자라고 생각하기 때문입니다. 나와 아무 상관없는 남이라고 생각하기 때문이죠. 체데크는 내가 만나는 모든 사람들을 나의 형제처럼 대하는 거예요. 이렇게 비유해 볼게요. 여러분의 집에 쌀이 열 가마니가 쌓여 있다고 생각해 보세요. 그런데 이웃집 굴뚝을 보니까 일주일 내내 연기가 올라오지 않아요. 쌀이 없는 거예요. 만약 그 사람을 여러분의 형제라고 생각한다면 어떻게 하시겠어요? 집에 있는 쌀을 풀겠죠. 이런 것이 바로 체데크입니다. 내가 만나는 모든 사람들을 나의 형제처럼 대하는 거예요.

하나님이 기대하셨던 임대료가 바로 이 미쉬파트와 체데크입니다. 그래서 어떤 공동체가 어느 땅에서 삶을 영위하게 될 때, 그 공동체 안에 사법적 정의가 구현되고 서로가 서로를 형제답게 대하는 사회를 만들어 내면 땅의 주인이신 하나님께서는 그들이 매달 꼬박꼬박 하나님께 임대료를 납부하는 것으로 이해하십니다.

땅 신학에 근거했을 때, 하나님이 어떤 특정 민족에게 어느 땅에 거주할 수 있는 기회를 주셨는데 그 임차인이 계속해서 그 땅에 거주하기 위해서는 성실하게 임대료를 납부해야 합니다. 그 임대료가 미쉬파트와 체데크입니다. 미쉬파트는 사법적 정의가 구현되는 것입니다. 체데크는 서로가 서로를 형제답게 대하는 것입니다. 어떤 민족이 어느 땅 위에서 사법적 정의가 온전히 구현되고 서로가 서로를 형제답게 대하는 그런 사회를 건설하게 되면 땅의 주인이신 하나님은 그들이 꼬박꼬박 임대료를 잘 납부하는 것으로 받아들이십니다. 그래서 그들이 계속 그 땅에 거주할 수 있도록 기회를 주십니다. 그런데 만약 그들이 사법적 정의가 깨져서 유전무죄, 무전유죄의 사회를 만들어 내거나 서로가 서로를 낯선 타자처럼 생각하고 자기 이익을 위해 사람을 속이고 폭력을 행사하는 사회를 만들어 내면, 땅 신학에 근거했을 때 그들은 임대료를 체납하는 것입니다. 이때 하나님은 예언자를 보내셔서 '너희가 지금처럼 계속 이렇게 살면 이 땅에서 내어쫓김을 당한다'고 경고하십니다. 그런 경고를 듣고도 돌이키지 않으면 그때 하나님은 그 땅에서 그들을 내어 쫓으십니다. 이것이 구약에서 말하는 땅 신학의 내용입니다.

하나님이 우리를 구원하시고 선택하신 목적이 미쉬파트와 체데크를 행하게 하기 위함임을 기억해야 합니다. 그런데 이스라엘은 이를 망각했습니다. 만민을 위한 선민으로 부름 받았음을 망각하고 배타적 선민사상에 빠져 버렸습니다. 이스라엘 백성들의 배타적 선민사상에 대한 왜곡된 이해를 책망하는 예언서가 요나서입니다. 그래서 요나서는 예언서 가운데 굉장히 독특합니다. 대부분 예언자들이 이스라엘 백성들에게 미움을 받은 반면에 요나는 이스라엘 백성들에게 사랑을 받았던 예언자입니다. 요나서에 대해서 많은 사람들이 가장 궁금해 하는 것이 뭘까요? '요나서에 나오는 모든 것들이 실제로 다 일어난 사건인가?'입니다. '진짜 요나가 큰 물고기 뱃속에 들어갔나?', '3일 동안 거기 있었나?' 이런 것들을 사람들은 궁금해 합니다.

우리가 성경을 대할 때 인식해야 할 중요한 사실이 있습니다. 성경은 일차적으로 과학 책도 아니고 역사책도 아니라는 사실입니다. 창세기 1장과 2장은 우리가 발 딛고 살아가는 우주가 어떻게 과학적으로 만들어지게 되었는지를 설명하는 과학 책이 아닙니다. 성경은 일차적으로 계시의 책입니다. 그동안 숨겨져 있던 하나님의 뜻이 밝히 드러나는 것이 계시입니다. 우리가 알지 못했던 하나님의 뜻이 선명하게 드러나는 것이 계시죠. 그런데 계시가 성립이 되려면 중요한 전제 조건이 있습니다. 창조자 되신 하나님과 피조물 된 인간, 땅에 있는 인간과 하늘에 계신 하나님 사이에 소통이 이뤄지려면 어떻게 해야 하겠습니까? 인간이 하나님이 계신 하늘로 올라가거나 하나님 수준으로 올라갈 수는 없습니다. 하나님과 인간이 소통 가능하려면 하늘에 계신 하나님이 땅에 있는 인간, 우리의 눈높이로 자기를 낮추어 주셔야 합니다.

여기서 하나님이 낮춰 주셔야 된다는 말은 무슨 의미일까요? 만약 하나님께서 한국 사람들에게 당신의 뜻을 알려주기 원하신다면, 일단 우리가 알고 있는 한글로 말씀해 주셔야겠죠. 하나님이 맨날 우리에게 나타나서 말씀은 하시는데 라틴어로 말씀하시면 우리가 하나님의 계시를 알 수 없습니다. 계시가 성립되려면 하나님이 먼저 자기를 우리에게 나타내 주셔야 될 뿐만 아니라, 우리가 이해할 수 있는 수준으로, 우리가 알고 있는 세계관의 범위 안에서, 우리가 알고 있는 단어와 개념을 사용하셔서 우리에게 말씀해 주셔야 합니다.

성경 전체가 계시의 책입니다. 하나님이 당신의 뜻을 우리에게 알려주신 계시의 책이 바로 성경입니다. 그런데 하나님이 당신의 뜻을 우리에게 알려주시는 계시의 방식이 하나만 존재하는 것이 아닙니다. 우리가 이해할 수 있는 다양한 방식을 사용하셔서 계시가 전달이 됩니다. 그 다양한 방식 가운데 하나가 역사입니다. 역사서는 역사를 통해서 우리에게 전달된 하나님의 뜻을 기록해 놓은 것입니다. 시편 같은 경우에는 찬양과 시, 바울 서신의 경우에는 편지 등 성경에 다양한 장르가 있습니다. 그 다양한 장르가 다 뭘까요? 하나님께서 당신의 뜻을 우리에게 알려주기 위해서 사용하신 다양한 방식입니다. 그 가운데 하나가 문학입니다.

예를 들어, 누가복음 10장에 선한 사마리아인의 이야기가 나옵니다. 선한 사마리아인의 이야기가 실제 있었던 사건에 대한 진술이어야만 의미가 있습니까? 누가복음 15장에 돌아온 탕자의 이야기가 있죠. 돌아온 탕자의 이야기가 실제 발생했던 사건에 대한 진술일 때만 의미가 있는 건가요? 그렇지 않습니다. 선한 사마리아인의 이야기나 돌아온 탕자의 이야기가 실제 있었던 사건이어도 좋고, 아니면 하나님이 어떤 분이신지, 죄인 된 우리를 향한 하나님의 마음이 어떠한지를 우리에게 알려주기 위해서 만들어진 이야기여도 상관이 없죠. 실제 일어난 사건이냐가 계시의 진위여부를 판단하는 결정적인 요소가 아님을 기억하셔야 합니다.

하나님께서 당신의 뜻을 우리에게 알려주실 때 하나님께서 사용하시는 다양한 방식 가운데 하나가 문학입니다. 이야기라는 방식을 통해서도 하나님의 뜻이 무엇인가를 우리에게 알려주십니다. 성경 안에 그런 이야기가 있다는 것을 너무 놀라워하시면 안 됩니다. 그런데 너무나 많은 크리스천들이 '성경은 역사적으로 다 실제 있었던 이야기여야 하지 않나, 과학적으로도 모두 타당한 이야기여야 하지 않나'라는 선입견의 지배를 많이 받고 있습니다. 성경은 과학 책도 아니고 역사책도 아니고 성경은 일차적으로 하나님의 뜻이 무엇인가를 우리에게 알려주는 계시의 책입니다. 그리고 하나님이 당신의 뜻을 알려주시는 계시의 방식은 굉장히 다양하다는 사실을 꼭 기억하시기 바랍니다.

다음으로 '돕는 배필'에 대해 생각해 보겠습니다. 창세기 2장 18절을 보겠습니다. 창세기 1장과 2장에 하나님이 천지를 창조하시고 나서 스스로 평하시기를 '보시기에 좋았다'고 말씀하십니다. 그런데 1장과 2장에서 유일하게 좋지 않았던 것이 하나 나옵니다. 사람이 독처하는 것입니다. 2장 18절을 보면 이런 말씀이 나오죠.

"여호와 하나님이 이르시되 사람이 혼자 사는 것이 좋지 아니하니 내가 그를 위하여 돕는 배필을 지으리라 하시니라"

'돕는 배필'이란 단어가 나옵니다. 여러분 중에 결혼하신 자매님들 같은 경우에는 주례하시는 목사님을 통해 남편을 돕는 배필이 되라는 이야기를 들어보지 않으셨나요? 결혼식 주례를 하실 때 목사님들이 유독 신부에게 '우리 신부는 신랑의 돕는 배필이 되어야 된다'는 이야기를 많이 하시는 것 같습니다. 여러분은 '돕는 배필'이라는 단어를 들으면 어떤 모습이 연상되시는지요? 어떻게 하는 것이 돕는 배필로 잘하는 것일까요? 남편을 매일 힘차게 응원하고 남편이 하고자 하는 일은 무조건 지지해주는 것이 돕는 배필의 모습일까요?

돕는 배필이라는 말에서 '돕는'이라는 표현 때문에 뭔가 응원하고 지지해주고 힘을 실어주는 것을 생각하기 쉬운데, 원어의 뜻은 전혀 그렇지 않습니다. 돕는 배필이라는 말이 히브리어 원어로 '에제르 크네그도'인데 크게 세 가지 의미가 있습니다. 첫째가 '반대하며 돕는다', 두 번째가 '대등한 관계에서 돕는다', 세 번째가 '하나님의 도우심을 대신하다'라는 뜻입니다. 하나님이 누군가를 돕기 원하시는 그것을 내가 하나님을 대신해서 행한다는 것입니다.

돕는 배필의 첫 번째 의미가 '반대하며 돕는다'입니다. 여기에는 인간이 실수할 수 있는 존재라는 사실이 전제되어 있습니다. 이것을 성경은 '인간이 흙으로 지음 받았다'라고 표현합니다. 여기서 '흙'의 의미는 무엇일까요? '깨지기 쉬운, 부서지기 쉬운'이라는 의미입니다. 하나님께서는 인간을 강철로 만들지 않으셨어요. 여기에는 나름대로 어떤 깊은 뜻이 있다고 봐야 합니다. 만약 하나님께서 인간이 절대 꺾이지 않는 존재가 되길 원하셨다면 강철로 만드셨겠죠. 그래서 우리가 강철로 지음 받았다고 한번 생각해 보세요. 그러면 우리에게 하나님이 왜 필요하겠습니까? 나는 절대 꺾이지 않는 존재인데요. 그런데 하나님은 매 순간마다 하나님을 의지하고 의존할 수밖에 없는, 깨지기 쉽고 부서지기 쉽고 넘어지기 쉬운 흙으로 인간을 창조하셨습니다.

성경에 하나님은 인간의 체질을 아신다는 말씀이 있습니다. 하나님은 우리가 한 번 넘어졌다고 해서 절대 우리를 심판하시는 분이 아니라는 의미입니다. 왜요? 인간은 넘어지기 쉽고 깨지기 쉬운 흙으로 지음 받은 존재이기 때문입니다. 우리가 넘어지면 하나님은 무엇을 기대하실까요? 다시 일어나기를 기대하십니다. 끊임없이 다시 일어날 수 있는 무수하게 많은 기회를 주시는 분이 하나님이십니다. 죄를 범해서 하나님의 심판이 임하는 것이 아니라, 돌이킴을 거부하고 회개를 거부할 때 심판이 임하는 것입니다. 우리 인간은 넘어질 수밖에 없는 존재입니다. 그래서 하나님은 우리를 홀로 내버려 두지 않으시고 서로를 만나게 하셨습니다. 부모와 자녀, 남편과 아내, 스승과 제자, 목사와 성도 등 우리가 만나는 모든 관계는 서로가 서로에게 돕는 배필이 되라고 만나게 하셨습니다.

여러분, 남편에게 아내만 돕는 배필이 아닙니다. 남편도 아내에게 돕는 배필이 되어야죠. 목사만 성도를 돕는 것이 아니에요. 성도도 목사를 도와야 합니다. 하나님께서는 우리가 만나는 모든 관계 안에서 서로가 서로에게 돕는 배필이 되길 원하십니다. 누군가가 잘못된 생각을 하고 있을 때 그것을 응원하면 안됩니다. 그 잘못된 생각이 현실이 되지 못하도록 반대하는 것이 그를 진짜 돕는 것입니다. 누군가가 잘못된 행동을 하고 있을 때 '힘내라'라고 응원하면 안 됩니다. 잘못된 행동이 더 이상 지속되지 못하도록 반대하는 것이 진짜 그를 돕는 것입니다. 이것이 바로 돕는 배필이란 말의 중요한 의미입니다.

'돕는 배필'의 의미를 제대로 기억하면 선악과 사건이 새롭게 조명됩니다. 1900년 동안 창세기 3장의 선악과 사건을 대부분 이렇게 해석했습니다. 하와가 홀로 선악과나무 아래 있을 때 뱀이 와서 하와를 유혹해서 선악과를 따먹게 했다, 그리고 하와가 하나 더 따서 에덴동산에 있는 남편에게 갖다 주어서 남편도 먹고 타락하게 했다, 따라서 여자는 남자를 넘어지게 만든 원흉이다, 1900년 동안 선악과에 대해 이렇게 해석했습니다.

그런데 창세기 3장을 자세히 보면 3장 1절, 4절, 5절에 뱀이 와서 사람들과 대화를 나눌 때 항상 복수 2인칭인 '너희'라는 표현을 씁니다. 뱀의 말을 듣고 있는 대상이 복수라는 것을 알 수 있습니다. 그리고 6절에 '하와가 자기와 함께 한 남편에게도 줬다'는 표현이 나오는데 여기 '함께 한'에 사용된 전치사가 바로 '임마누엘'의 '임'입니다. '임'이라는 전치사는 어깨가 부딪칠 만큼 서로가 가까운 거리에 있을 때 사용합니다. 그러니까 아담과 하와가 에덴동산이라는 넓은 공간 안에 함께 있었던 것이 아니라, 뱀이 와서 하와를 유혹할 때 아담과 하와가 그 자리에 함께 있었음을 알 수 있습니다.

창세기 2장과 3장을 문자 그대로 연결시켜 보면, '선악과를 따먹지 말라'는 명령은 아담 혼자 있을 때 하나님이 주신 명령입니다. 그 이후에 하와가 창조됩니다. 그리고 3장에 뱀이 와서 선악과를 따먹지 말라는 말을 간접적으로 들었던 하와를 집중 공략합니다. 그리고 뱀의 유혹에 하와가 점점 넘어질 때 아담은 처음부터 끝까지 침묵합니다. 묵인합니다. 방관합니다. 하와가 뱀의 유혹에 넘어질 때 아담은 뭘 했어야 합니까? 하와가 손을 뻗어 선악과를 따 먹으려고 할 때 아담은 어떻게 해야 했습니까? 반대했어야죠. 반대해서 선악과를 따먹지 못하도록 하와를 도왔어야죠. 창세기 3장은 돕는 배필의 역할을 포기한 아담의 모습을 보여줍니다.

구약 시대에 반대하며 돕는 '돕는 배필'의 역할을 가장 신실하게 감당했던 사람들이 예언자들입니다. 예언자들은 한 번도 이스라엘 백성들에게 '잘한다'라고 응원하지 않았습니다. '힘내라' 응원하지 않았습니다. 그들의 죄를 질타하고 그들의 삶을 반대했습니다. 그런데 이런 반대가 실상은 이스라엘 백성을 돕는 것이었죠. 사도행전 5장에 보면 아나니아와 삽비라 부부 이야기가 나옵니다. 아나니아와 삽비라 부부 가운데 누군가가 먼저 제안했겠죠. '여보, 우리 땅 판 값 전부를 헌금으로 내기는 조금 아까우니 일부만 냅시다. 그리고 베드로 사도가 물어보면 다 냈다고 합시다'라고 둘 중 한 사람이 먼저 제안했을 겁니다. 이때 상대방이 뭘 해야 했을까요? 반대해서 그 잘못된 생각이 현실이 되지 못하도록 도왔어야죠. 그러나 돕는 배필의 역할을 포기했기 때문에 아나니아와 삽비라 부부 모두가 공멸을 당했습니다.

'사람과 사람을 왜 만나게 하시는가?'라는 질문에 대한 성경적 대답을 한다면, 가장 중요한 부분이 '돕는 배필이 되라'는 것입니다. 돕는 배필의 역할을 제대로 하기 위해서라도 하나님의 뜻이 무엇인가에 대해 제대로 된 이해를 가져야 합니다. 우리가 하나님의 뜻을 제대로 알고 있어야 누군가의 행동이나 생각이 옳은지 잘못되었는지를 분별할 수 있겠죠. 그래서 잘못된 길로 치닫는 사람들에게 반대해서 그들을 도울 수 있을 것입니다. 이것이 바로 성경이 말하는 '돕는 배필'임을 기억해 주시기 바랍니다.

말씀과 함께 모세오경 2-2

창세기에 대해서 이야기를 나누어 보겠습니다. 사실 자세히 보자면 하나하나 긴 설명들이 필요합니다만, 아쉬움이 있다고 하더라도 간략하게 설명을 드리고 이후에 추가로 설명을 드리겠습니다. 창세기의 기술은 고대 근동의 신화론적 세계관 안에서 이해를 해야 합니다. 신화론적 세계관이 당대에는 보편적 세계관이었습니다. 우리가 근대 사회 이후에 과학주의적 세계관, 합리주의적 세계관을 보편주의적 세계관으로 이해하는 것처럼, 고대인들은 신화론적 세계관을 가장 보편적인 세계관으로 갖고 있었습니다.

앞에서 계시가 수납되기 위해서, 하나님의 뜻이 우리 인간에게 밝히 알려지기 위해서는 인간이 이해할 수 있는 방식, 인간이 이해할 수 있는 단어와 개념을 가지고 하나님이 당신의 뜻을 알려주셔야 한다고 말씀드렸습니다. 고대인들에게 하나님의 뜻이 전달되는 가장 보편적인 세계관은 신화론적인 세계관이었습니다. 신약에는 신화론적 세계관이 잘 나오지 않습니다. 고대와 신약 시대에는 이미 세계관적 차이가 존재하기 때문입니다.

신화는 고대인들이 인생과 존재의 근본 문제와 의미를 설명해내는 가장 합법적인 방식입니다. 계시가 인간에 의해서 수납이 되려면 하나님이 먼저 자기를 드러내 주셔야 되고, 우리 인간이 이해할 수 있는 수준으로 하나님이 말씀해주셔야 합니다. 그런 맥락에서 고대 사회의 가장 보편적 세계관이었던 신화론적 세계관으로 창조에 대한 이야기, 홍수에 대한 이야기가 창세기 안에 기술되고 있습니다. 앞에서 말씀드린 것처럼 창조 이야기가 이스라엘에만 있는 것이 아닙니다. 고대 근동의 대부분의 나라에서 창조 이야기나 홍수 이야기가 있습니다. 우리가 주목해야 할 것은 '성경이 말하는 창조 이야기, 홍수 이야기와 고대 근동의 다른 나라가 말하는 창조 이야기, 홍수 이야기에 어떤 차별성이 있는가?' 그리고 '특별히 성경에서 강조하고 있는 내용이 무엇인가?' 입니다. 성경의 특이성들을 주목하면서 창조 이야기를 살펴보는 것이 중요합니다.

창세기 1장의 창조 이야기는 물이 땅을 뒤덮고 있는 상태에서 땅을 건져 올리신 사건입니다. 앞에서 말씀드린 대로 성경은 일차적으로 과학책이 아닙니다. 성경은 일차적으로 역사책이 아닙니다. 성경은 일차적으로 계시의 책입니다. 창조 이야기도 마찬가지예요. 창조 이야기는 이 땅에 존재하는 무수한 생명들 또는 우주가 어떻게 탄생하게 되었는지 그것을 일일이 상세하게 설명하고 있는 과학적 내용의 책이 아닙니다. 성경을 공부하다 보면 이런저런 궁금한 것들이 많이 생기는데 우리가 궁금해 하는 모든 것에 대해서 성경이 명쾌한 대답을 제공해주지는 않습니다.

예를 들면, '악'이라고 하는 것이 어떻게 탄생하게 되었는가에 대해 성경은 상세하게 우리에게 말해 주지 않습니다. 창세기 3장은 인간이 죄를 범한 사건이죠. 인간이 타락하게 된 사건입니다. 그런데 인간이 타락하기 전에 이미 인간을 유혹하는 악이 존재하고 있잖아요. 성경을 아무리 뒤져 봐도 악이라는 하나님을 대적하는 세력이 어떻게 탄생하게 되었는가에 대해서 명쾌한 대답을 찾기는 어렵습니다. 창세기 2장 15절을 보겠습니다.

"여호와 하나님이 그 사람을 이끌어 에덴동산에 두어 그것을 경작하며 지키게 하시고"

하나님이 사람으로 하여금 에덴동산을 지키게 하신단 말이에요. 여기서 '지키게 한다'는 말은 침입자를 전제하고 있는 말입니다. 누군가의 공격을 전제하고 있는 것입니다. 누군가 공격할 수 있으니 에덴동산을 잘 지키라는 말입니다. 창세기 3장은 인간 타락에 대한 이야기입니다. 그런데 인간이 타락하기 전에 이미 인간을 유혹하고 넘어뜨리는 악의 세력이 존재하는 있었음을 주목해야 합니다. 그 '악'이 언제 어떻게 탄생하게 되었는가에 대해서 성경은 상세한 설명을 해주지 않습니다. 우리는 이것이 너무 궁금한데 성경은 악이 기원에 대해 침묵을 지키고 있는 것입니다. 창조의 이야기도 마찬가지입니다. 창세기 1-2장의 창조 이야기를 통해 우주와 지구와 인간과 이 땅에 존재하는 뭇 생명들이 어떻게 탄생하게 되었는가에 대한 과학적 지식을 기대하면 안 됩니다.

오랜 세월 교리적으로 성경의 창조를 '무로부터의 창조'라고 많이 배웠습니다. 아무것도 존재하지 않는 무의 상태로부터 하나님께서 이 땅에 존재하는 무수한 생명들을 만들어 내셨다는 '무로부터의 창조'라는 교리에 우리가 굉장히 익숙합니다. 그런데 창세기 1장을 자세히 읽어 보세요. 1장 3절에 첫날에 하나님이 빛을 창조하시죠. 둘째 날에 궁창을 만드시고 궁창 위의 물과 궁창 아래 물을 나누시죠. 셋째 날에 궁창 아래에 있는 물을 한 곳으로 모이게 하시죠. 그렇게 모인 물을 바다라고 하십니다. 궁창 아래 있는 물이 한 곳에 모이다 보니까 뭐가 나오게 된 거냐면 땅이 나오게 됩니다. 그리고 그 땅에 무수한 생명을 살게 하신 것이 바로 창조 이야기입니다.

1장을 잘 살펴보면, 하나님이 첫째 날 빛을 창조하시기 전에 이미 존재하고 있던 선제 물질이 있었습니다. 하나님이 천지를 창조하기 전에 이미 존재하고 있는 선제 물질이 두 가지가 있는데, '땅'과 '물' 입니다. 1장 2절 보세요. 땅이 이미 존재하고 있었죠.

"땅이 혼돈하고 공허하며 흑암이 깊음 위에 있고"

'깊음'이라는 것은 '깊은 물'을 가리킵니다. 이것을 신학자들은 보통 '원시 바다'라고 합니다. 땅이 있고 깊은 물이 있었습니다. 원시 바다가 있었어요. 그런데 땅과 원시 바다가 어떻게 존재하고 있습니까? 이 땅을 거대한 물이 뒤덮고 있었습니다. 그런데 하나님이 둘째 날 무엇을 하셨습니까? 땅을 덮고 있는 거대한 물을 궁창을 통해 나누셨습니다. 셋째 날은 무엇을 하셨습니까? 궁창 아래 있는 물을 한 곳에 모이게 만드니 어떤 일이 벌어졌죠? 물에 덮여 있던 땅이 압제로부터 해방을 맞이하게 되었습니다. 그리고 그 땅에 무수한 생명을 살게 하셨습니다.

창조 이야기를 과학적으로 읽으면 안 된다고 말씀드렸습니다. 과학적으로 읽다 보면 당연히 1장 2절에 나오는 땅은 어떻게 존재하게 된 것이지, 깊은 물 즉 원시 바다는 언제 만들어지게 된 것이지 질문을 할 수밖에 없습니다. 성경은 그런 질문에 대해 대답을 하는 책이 아닙니다. 1장의 창조 이야기를 통해 무엇을 말하고자 하는지를 주목해야 합니다.

하나님이 천지를 창조하시기 전에 거대한 물이 땅을 뒤덮고 있었습니다. 히브리어로 땅을 '아다마'라고 합니다. 무엇과 발음이 비슷합니까? '아담'과 비슷하죠. 히브리어로 사람을 아담이라고 합니다. 아다마와 아담은 단어가 같습니다. 흙이 아다마이고 사람이 아담입니다. 땅이 존재는 하는데 땅의 역할을 하지 못하고 있었습니다. 거대한 물이 이 땅을 덮고 있었기 때문입니다. 유대인들은 거대한 물을 '하나님을 대적하는 세력'으로 봅니다. 1장 2절의 '깊음'은 '깊은 물'을 말하는 것이고, '깊은 물'을 '원시 바다'라고 하는데, 유대인들은 원시 바다를 하나님을 대적하는 세력으로 이해했습니다.

하나님을 대적하는 세력이 어떻게 만들어졌는지 그 기원에 대해서는 성경이 상세하게 설명하지 않습니다. 아다마, 즉 땅을 거대한 물이 덮고 있어서 땅이 땅의 역할을 하지 못했습니다. 거대한 물에 의해 덮여 있는 땅이 '아다마'이고 사람이 '아담'입니다. '아담'은 하나님의 형상대로 지음 받은 존재입니다. 그런데 하나님을 대적하는 세력이 사람을 압제하고 지배함으로 하나님의 형상대로 지음 받은 사람들이 존귀한 삶을 살아가지 못하도록 만드는 거예요. 이런 상황에서 거대한 물에 덮여 있던 땅을 건져 올린 사건이 창세기가 말하는 창조 사건입니다.

다시 한번 정리해 보겠습니다. 창세기 1장에는 하나님의 창조 사건 이전에 존재하던 선제 물질이 두 가지가 있다고 합니다. 하나가 땅이고 하나가 거대한 물입니다. 이 거대한 물을 원시 바다라고 합니다. 이 원시 바다는 하나님을 대적하는 세력입니다. 유대인들은 바다를 사탄의 본부라고 생각했습니다. 예를 들어, 출애굽기에서 홍해를 가르시는 사건이 나오는데 이것이 단순히 바다를 가른 사건이 아니라 하나님을 대적하는 세력을 제압하시는 사건이 되는 것입니다. 유대인들에게 바다라고 하는 것은 신학적으로 하나님을 대적하는 세력을 상징하는 것임을 기억하시기 바랍니다. 오랜 세월 동안 하나님은 자신을 대적하는 세력에 대해 진압하지 않으십니다. 마지막에 종말 진압을 하십니다. 요한계시록 21장 1절을 보겠습니다.

"또 내가 새 하늘과 새 땅을 보니 처음 하늘과 처음 땅이 없어졌고 바다도 다시 있지 않더라"

이 구절에서 '바다'는 여러분이 여름 휴가 때 수영하러 가는 그 바다가 아닙니다. 하나님을 대적하는 세력을 상징합니다. 바다가 다시 있지 않는다는 말은, 새 하늘과 새 땅에서는 더 이상 하나님을 대적하는 세력이 존재하지 않는다는 말입니다.

다시 창세기 1장으로 돌아가 보겠습니다. 하나님의 창조의 출발에 대해서 말씀드렸습니다. 땅이 존재하고 있는데 거대한 물이 땅을 덮어서 땅이 땅의 역할을 하지 못합니다. 이 땅을 '아다마'라고 합니다. 그 거대한 물을 제압하여 땅을 건져 올리신 사건이 바로 창조 사건입니다. 이것이 구약 시대 계속 재현됩니다. 어떻게 재현될까요? 주전 15세기에는 하나님을 대적하는 원시 바다가 누구입니까? 애굽입니다. 애굽 왕 바로입니다. 바로의 압제 가운데 하나님의 형상대로 지음 받은 무수한 사람들이 신음하고 있었죠. 하나님의 형상대로 지음 받았지만 존귀한 삶을 누리지 못하고 있었습니다. 그것이 원시 바다가 땅을 덮고 있는 상황입니다. 이때 하나님께서 원시 바다를 제압하시고 원시 바다의 압제 가운데 있던 땅을 건져 올리신 사건이 주전 15세기의 출애굽 사건입니다. 창조 사건은 매 시대마다 반복된다는 것을 알 수 있습니다.

하나님을 대적하는 세력은 매 시대마다 존재합니다. 하나님을 대적하는 세력을 원시 바다라고 볼 수 있는데, 창세기 1장은 원시바다가 어떻게 탄생하게 되었는지에 대해서는 침묵하고 있습니다. 창세기 2장 15절에서 본 것처럼, 하나님은 에덴동산에 아담을 두시면서 에덴동산을 잘 지키라고 명하셨습니다. 이 말씀 안에 이미 에덴동산을 공격하는 침입자가 있을 것을 전제하고 있습니다. 공격하는 세력이 있고 원시 바다와 같이 압제하는 세력이 매 시대마다 있기 때문에, 매 시대마다 구현되는 것이 구원 사건입니다. 유대인들에게 원시 바다는 하나님을 대적하는 세력을 상징하는 것이고, '하나님을 대적하는 그 세력이 최종 종말 진압되었다'라는 선언이 바로 계시록 21장 1절의 '다시는 바다가 있지 않더라'라는 말씀입니다. 그래서 창세기 1장과 계시록 21장이 수미상관 구조를 이루고 있음을 알 수 있습니다.

1장 1절에 보면 '태초에 하나님이 천지를 창조했다'라는 말씀이 나옵니다. 여기서 천지를 창조했다는 것이 참 중요한 말입니다. 이원론적인 사고를 거부하는 표현입니다. 오랜 세월 동안 고대 근동 사회를 지배했을 뿐만 아니라 서양의 이천년 사상사를 지배했던 것이 이원론입니다. 우리가 흔히 그리스 철학이라고 하는 그리스 사상의 핵심이 이원론입니다. 이원론은 두 개의 독립적인 원리가 서로 대립하고 투쟁한다는 것입니다. 두 개의 독립적 세계란 하늘의 세계와 땅의 세계입니다. 하늘의 세계는 영의 세계입니다. 땅의 세계는 물질의 세계입니다. 하늘의 세계는 영원합니다. 땅의 세계는 제한적입니다. 하늘의 세계는 완전합니다. 땅의 세계는 불완전합니다. 하늘의 세계는 거룩합니다. 땅의 세계는 거룩하지 않습니다. 하늘의 세계는 빛입니다. 땅의 세계는 어둠입니다. 이런 식으로 두 개의 독립적 세계가 서로 작동하면서 때로는 대립하기도 하고 투쟁하기도 한다는 것이 소위 이원론입니다.

이원론은 결국 성속 이원론, 영육 이원론입니다. 이원론에서 진짜 중요한 것은 무엇일까요? 영입니다. 영은 중요하고 육은 중요하지 않습니다. 하늘의 세계가 중요하고 땅의 세계는 중요하지 않습니다. 정신이 중요하고 물질은 중요하지 않습니다. 이것이 고대 근동 사회를 지배했고 서양 사회를 이천년 동안 지배했던 사상 체계입니다. 여기에 대해 성경은 '하나님이 천지를 창조했다'라고 선언합니다. 천지를 창조하셨을 뿐만 아니라 '보시기에 좋았다'고 말합니다.

보시기에 '좋았다'는 말이 히브리어로 '토브'라는 단어입니다. '토브'라는 단어는 미학적으로도 아름답고 윤리 도덕적으로도 선하고 관계 안에서도 좋은 것을 가리키는 단어입니다. 고대 근동의 대부분의 나라에서는 하늘만 중요하고 땅은 중요하지 않아요. 하늘만 진짜 세상이고 땅은 그림자일 뿐입니다. 하늘의 세계가 빛이고 땅의 세계는 어둠입니다. 이런 식으로 천(天)과 지(地)를 구분했습니다. 그런데 성경은 처음부터 '태초에 하나님이 천지를 창조했다'고 말합니다. 이 땅에 있는 무수한 물질과 생명을 창조하셨다는 것입니다. 그리고 그것들을 창조하시고 나서 하나님은 '보시기에 좋았다, 선하다, 아름답다'라고 말씀하셨습니다.

그래서 기독교 신앙만큼 이 땅에 대해서 긍정적인 진술을 하는 종교가 없습니다. 우리 기독교 신학은 기본적으로 이원론과 달라요. 그런데 너무나 안타깝게도 대부분의 기독교 신학이 중세 시대에 확립되었습니다. 기독교 신학을 집대성한 대표적 인물이 토마스 아퀴나스입니다. 토마스 아퀴나스는 아리스토텔레스의 철학을 가지고 신학을 정립한 사람입니다. 어거스틴은 플라톤의 철학을 가지고 신학을 정립한 사람입니다.

나중에 보겠지만 구약의 사상을 기본적으로 헤브라이즘이라고 해요. 그런데 그리스 철학은 헬레니즘입니다. 헤브라이즘은 일원론이고 헬레니즘은 이원론입니다. 성경에는 영육 이원론, 성속 이원론 같은 개념이 없습니다. 그런데 기독교 신학이 집대성 되었을 때가 중세 시대이고, 중세 시대 때 기독교 신학을 정립했던 사람들이 가지고 있던 세계관이 헬레니즘의 이원론이었습니다. 너무나 안타깝게도 성경은 헤브라이즘인데 성경을 신학적으로 집대성한 사람들이 갖고 있었던 세계관은 헬레니즘이었던 것입니다. 그래서 오늘날 한국 교회도 여전히 영육 이원론, 성속 이원론이 지배하고 있는 것입니다.

그런데 창세기 1장이 말하는 것처럼 하나님은 천지를 창조했습니다. 이 땅은 하나님이 창조하신 것입니다. 이 땅을 창조하셨을 뿐만 아니라 보시기에 좋다고 하셨습니다. 속되고 더러운 물질세계라 평가하지 않으셨습니다. 이 땅을 굉장히 긍정적으로 선언하고 있는 것이 바로 창조 이야기의 핵심입니다. 그래서 우리 안에 존재하고 있는 그런 이원론적인 사고를 극복하는 것이 굉장히 중요합니다.

1장 28절에 문화 명령이 나옵니다.

"하나님이 그들에게 복을 주시며 하나님이 그들에게 이르시되 생육하고 번성하여 땅에 충만하라, 땅을 정복하라, 바다의 물고기와 하늘의 새와 땅에 움직이는 모든 생물을 다스리라 하시니라"

하나님이 이 땅을 창조하시고 나서 당신의 형상대로 지음 받은 사람들에게 이 땅을 정복하고 이 땅을 잘 돌보고 다스리고 지킬 것을 요청하십니다. 하나님의 마음으로 하나님의 피조 세계를 잘 돌볼 것을 하나님이 당신의 백성에게 요청하신 것입니다. 이것을 '문화 명령'이라고 합니다. 정치적으로 진보적인 마인드를 갖고 있건 보수적 마인드를 갖고 있건 간에, 신앙인이라면 문화 명령에 최선을 다해야 합니다. 정치적 이념과 무관하게 신앙인들이 함께 힘을 모아야 할 것이 하나님의 창조 세계를 아름답게 보존하고 지켜내는 일입니다.

왜 우리가 그 일에 최선을 다해야 할까요? 하나님께서 당신의 백성에게 이 사명을 맡기셨기 때문입니다. 이 땅을 잘 돌보고 다스리고 지키라는 사명을 주신 것입니다. 그래서 자신이 가진 이념과 무관하게 환경과 생태 문제에 대해서는 모든 크리스천들이 관심을 가져야 합니다. 과도하게 농약과 화학 비료를 사용한 농산물을 가격이 싸다고 사 먹으면 안 됩니다. 생명 농업 하시는 분들의 농산물을 소비해야 합니다. 일상의 삶에서도 과도하게 비닐 쓰지 말아야 하고 일회용품 사용을 자제해야 합니다. 교회 공동체 안에서부터 그런 실천을 많이 해야 합니다. 텀블러 들고 오기, 일회용품 쓰지 않기 등이 문화 명령에 순종하는 우리의 실천적 모습이라 할 수 있습니다. 로마서 8장 19절을 보겠습니다.

"피조물이 고대하는 바는 하나님의 아들들이 나타나는 것이니"

피조물들이 하나님의 아들들이 나타나기를 고대한다고 합니다. 하나님의 마음으로 하나님의 손과 발이 되어서 하나님의 피조 세계를 잘 돌보는 하나님의 백성들이 등장하기를 피조물들이 고대하고 있다는 말입니다. 그래서 우리가 교회에서 어떤 이야기를 하면 진보적인 사람들과 보수적인 사람들 간에 갈등이 첨예하게 일어날 수 있지만, 누구나 정치 이념과 무관하게 이야기 할 수 있는 것이 문화 명령입니다. 우리 먹거리부터 시작해서 생활 전반에 걸쳐 창조 세계에 대한 책임적인 자세를 갖도록 해야 합니다.

여기서 하나의 설명을 드리겠습니다. 기독교 신학은 시간을 세 개로 구분해서 이해합니다. 태초의 창조가 있고 마지막 종말의 때가 있습니다. 그리고 창조와 종말 사이를 역사적 중간기라고 합니다. 태초의 창조와 마지막 종말에는 공통점이 하나 있습니다. 이때는 하나님의 전능하심이 유감없이 발휘된다는 점입니다. 창조 사건이나 마지막 종말 사건 때는 하나님의 전능하심이 유감없이 발휘됩니다.

그런데 역사적 중간기에는 하나님이 당신의 창조 세계를 좀 다르게 통치하고자 계획하셨습니다. 하나님이 사건이 일어날 때마다 자신의 전능하심을 드러내는 방식이 아니라, 당신의 형상대로 지음 받은 당신의 백성을 통해서 이 피조 세계를 돌보고 다스리고자 하셨습니다. 그래서 역사적 중간기에는 하나님의 백성 된 자들의 책임이 너무나 막중합니다. 역사적 중간기에는 태초의 창조나 마지막 종말의 때처럼 하나님이 중요한 순간에 등장하셔서 당신의 전능하심을 유감없이 발휘하시면서 악의 세력을 진멸하시고 하나님의 정의를 세우시는 등의 일을 하지 않으십니다. 대신 역사적 중간기에는 당신의 백성들을 통해서 이 땅을 다스리기로 하나님이 작정하신 것입니다.

그러니 역사적 중간기를 살아가는 신앙인들이 얼마나 막중한 책임 의식을 가져야겠습니까?

예를 들어 이런 거죠. 우리가 지금 살고 있는 이 시대가 역사적 중간기입니다. 역사적 중간기에 '하나님은 사랑이시다'라는 것을 우리가 어떻게 증거할 수 있겠습니까? '하나님은 사랑이시다, 하나님은 인자와 긍휼이 많으시다, 하나님은 정의로우시다'라는 것들을 우리가 어떻게 증거할 수 있겠습니까? 하나님의 백성 된 우리들이 하나님을 닮아서 사람들에게 사랑을 베풀어야겠죠. 그럴 때에만 사람들은 '하나님은 사랑이시다'라는 것을 알 수 있습니다. 이것이 역사적 중간기를 살아가는 우리에게 주어진 매우 막중한 사명입니다. 우리가 하나님으로부터 문화 명령을 받은 존재라는 것을 잘 기억하시는 것이 중요합니다. 2장 7절을 보겠습니다.

> "여호와 하나님이 땅의 흙으로 사람을 지으시고 생기를 그 코에 불어넣으시니 사람이 생령이 되니라"

인간은 흙으로 지음 받았습니다. 흙으로 지음 받았다는 것은 깨지기 쉽고 부서지기 쉽고 넘어지기 쉬운 존재로 지음 받았다는 것입니다. 여기서 '생령'이라는 단어를 보고 사람들은 '우리 인간은 생령이야, 영적인 존재야' 이런 식의 표현을 많이 씁니다. 그런데 2장 19절로 가보세요.

> "여호와 하나님이 흙으로 각종 들짐승과 공중의 각종 새를 지으시고"

하나님께서 흙으로 사람만 지은 것이 아닙니다. 각종 들짐승과 공중의 새도 흙으로 지으신 거예요. '아담이 무엇이라고 부르나 보시려고 그것들을 그에게로 이끌어 가시니 아담이 각 생물을 부르는 것이 곧 그 이름이 되었더라' 여기 '생물'이라는 단어가 나오죠. 2장 7절의 '생령'이라는 단어의 히브리어와 2장 19절의 '생물'이라는 단어의 히브리어가 똑같습니다. 둘 다 '네페쉬 하야'입니다. 이런 것이 번역자들의 선입견이 개입된 번역이라 할 수 있습니다. 저는 이런 것들이 좋은 번역이 아니라는 생각이 들어요. 히브리어 단어가 똑같다면 사실은 같은 한글 단어로 번역해야 되는데, 번역자들이 사람에게는 '생령'이라고 번역하고, 동물들은 '생물'이라고 번역한 것입니다.

이렇게 번역했기 때문에 사람들이 한글 번역만 가지고 '봐라, 사람은 영적 존재가 된 것이고 동물은 영이 없어, 동물은 그냥 생물이야'라는 식의 해석을 많이 하는데 그렇지 않습니다. 2장 7절의 생령과 2장 19절의 생물의 히브리어 원어는 둘 다 똑같은 '네페쉬 하야'입니다. '네페쉬 하야'라는 말은 살아 있는 존재라는 의미입니다. 2장 7절의 한글 번역자들이 생령이라고 한 것도 영육 이원론적인 사고에서 나왔다고 볼 수 있습니다. 영만 중시하고 육을 경시하는 사고입니다. 그런데 사실은 인간과 동물에게 사용된 단어가 똑같습니다. 둘 다 살아 있는 존재를 가리킵니다. 2장 17절에 보면 하나님이 선악과를 따먹지 말라고 하십니다.

"선악을 알게 하는 나무의 열매는 먹지 말라 네가 먹는 날에는 반드시 죽으리라 하시니라"

선악과 사건에서 중요한 것은 선악과라는 것이 에덴동산에만 존재하는 것이 아니라는 것입니다. 우리 시대에도 선악과가 있습니다. 선악과의 가장 중요한 의미가 무엇일까요? 하나님이 따먹지 말라고 명하셨는데, 만약 선악과가 상공 100미터 위에 매달려 있었다면 아무리 따먹고 싶어도 못 따먹었겠죠. 선악과는 팔만 뻗으면 따먹을 수 있는 곳에 있었다는 것이 중요합니다. 내가 따먹고 싶을 때 얼마든지 따먹을 수 있는 것입니다.

그런데 왜 선악과를 따먹으면 안 됩니까? 하나님이 그것을 따먹지 말라고 명하셨기 때문입니다. 선악과란 '따먹을 수 있지만 따먹어서는 안 되는 것'입니다. 오늘날로 얘기하자면 '할 수 있지만 해서는 안 되는 것'입니다. 왜요? 하나님이 그것을 금하셨기 때문입니다. 오늘날도 마찬가지입니다. 인간 복제를 할 수 있죠. 현대 사회는 할 수 있는 것을 다 해보라고 합니다. 그러나 과학적 기술로는 가능하지만 해서는 안 되는 것이 있습니다.

우리의 삶에서도 마찬가지입니다. 예를 들어, 우리가 말을 잘해서 누군가에게 사기를 치면 조금의 이익을 얻을 수 있습니다. 충분히 할 수 있는 일이지만 해서는 안 되는 거죠. 왜요? 하나님이 그것을 원하지 않으시기 때문입니다. 선악과는 에덴동산에만 존재하는 것이 아니라 오늘 우리 시대에도 존재하는 것입니다. 무엇이 선악과입니까? 먹을 수 있지만 먹어서는 안 되는 것, 할 수 있지만 해서는 안 되는 것이 바로 선악과입니다. 개인과 공동체에 있어 오늘날 선악과가 무엇인가에 대해서 깊은 고민들이 필요한 시점입니다. 3장

1절을 보겠습니다.

"그런데 뱀은 여호와 하나님이 지으신 들짐승 중에 가장 간교하니라 뱀이 여자에게 물어 이르되 하나님이 참으로 너희에게 동산 모든 나무의 열매를 먹지 말라 하시더냐"

이 구절에서 신학적으로 이상한 것을 하나 찾아보세요. 특히 창세기 1~2장과 충돌이 일어나는 것을 찾아보세요. 보통 이상한 것을 찾아보라고 하면 사람들은 '뱀이 말해요'이런 이야기를 많이 하는데 그것은 아닙니다. 창세기 1~2장에 보시면 하나님이 피조물을 창조하시고 나서 보시기에 좋았다고 말씀하셨잖아요. '좋았다'는 말이 히브리어로 '토브'라는 말인데 토브는 윤리 도덕적으로 선하다는 의미도 있어요. 1~2장에서 하나님은 자신이 창조하신 피조물에 대해 윤리 도덕적으로 선하다고 말씀하셨습니다. 그런데 갑자기 3장 1절에 가보면 '하나님이 지으신 들짐승 중에 뱀이 가장 간교하다'라는 말이 나옵니다. 이 부분을 풀어서 말하면 '하나님이 지으신 들짐승이 다 간교한데 뱀이 그 가운데 최고 대장이다'라는 의미가 될 것 같습니다. 창세기 1~2장과 충돌이 일어나는 거죠.

한글 성경 읽을 때 이 부분을 제법 많이 읽었음에도 불구하고 3장 1절의 말씀이 1~2장과 충돌이 일어난다는 생각을 잘 못합니다. 그 이유가 무엇일까요? 3장의 맥락 자체가 인간이 뱀의 유혹에 넘어가서 선악과를 따먹는 장면이니, 뱀을 부정적으로 규정하는 것이 별로 낯설지 않게 여겨지기 때문입니다. 그런데 '뱀이 가장 간교하다'라고 말하면 하나님이 지으신 들짐승이 다 간교해져 버립니다. 이것은 좋은 번역이 아닙니다. 여기 '간교하다'라는 말의 히브리어 원어는 '아룸'이란 단어입니다. 번역을 제대로 하려면 그 단어가 가지고 있는 의미를 하나씩 다 대입해 볼 필요가 있습니다. '아룸'이란 단어는 두 가지 의미가 있습니다. '지혜롭다', '간교하다'입니다. 이것을 하나씩 대입시켜 봐야 정확한 의미를 찾을 수 있을 것입니다.

그렇다면 '하나님이 지으신 들짐승 중에 뱀이 가장 지혜로웠다' 또는 '가장 간교하다' 두 개 중의 하나의 의미가 될 것입니다. '지혜롭다'라고 하게 되면 첫째 1~2장과는 신학적 충돌이 일어나지 않습니다. 그런데 3장의 맥락과 연결해보면 우리 기분이 좀 안 좋아집니다. 가장 지혜로웠던 뱀이 인간을 유혹한다는 것을 수용하는 것이 어렵죠. 그런데 '간교하다'고 번역하면 1~2장과 신학적 충돌이 일어납니다. 그런데 3장의 맥락 속에서 간교한 뱀이 인간을 유혹하는 것이 설득력이 있어요. 어떻게 해야 할까요?

여기서 중요하게 참고해야 하는 성경이 70인경입니다. 70인경은 히브리어 성경을 헬라어로 번역한 최초의 번역 성경이니, 랍비들이 '아룸'이라는 히브리어를 어떤 헬라어로 번역했는지를 70인경을 통해서 알 수 있기 때문입니다. 랍비들은 3장 1절의 '아룸'이라는 히브리어를 헬라어 '프로니모스'로 번역했습니다. 프로니모스라는 단어는 마태복음 10장 16절에 나오는 단어입니다. 예수님이 제자들을 전도 파송 보내시면서 '너희는 뱀 같이 지혜롭고 비둘기 같이 순결하라'고 말씀하셨는데, '뱀 같이 지혜롭고'라고 말씀하실 때 쓰인 단

어가 '프로니모스'입니다. 유대 랍비들은 창세기 3장 1절의 '아룸'
이라는 단어를 '프로니모스' 즉 '지혜롭다'로 이해했음을 알 수 있습
니다. 뱀을 가장 지혜로웠다고 번역하게 되면 1~2장과 신학적 충돌
이 일어나지 않습니다.

　창세기 3장에 나오는 뱀은 사탄이 아닙니다. 창세기 3장에 나오
는 뱀은 하나님이 창조하신 지혜로운 피조물입니다. 그런데 창세기
3장의 문맥에서 뱀이 사탄의 도구로서의 역할을 하고 있습니다. 마
치 마태복음 16장의 베드로와 같습니다. 예수님의 수제자였던 베드
로가 예수님의 십자가의 길을 가로 막으려 합니다. 그때 예수님이
베드로에게 뭐라고 말씀하십니까? '사탄아 물러가라'라고 하셨습니
다. 베드로가 사탄입니까? 아니죠. 그런데 마태복음 16장의 문맥에
서는 베드로가 예수님의 십자가의 길을 가로막는 사탄의 도구로서
의 역할을 했습니다. 창세기 3장 1절에 '간교하다'는 표현은 '지혜
롭다'로 번역하셔야 합니다. 그래야 1~2장과 신학적 충돌이 일어나
지 않습니다.

　창세기 3장과 4장에는 하나님께서 인간에게 건네신 최초의 두 가
지 물음이 나옵니다. '아담아 네가 어디 있느냐?'와 '가인아 네 아우
아벨이 어디 있느냐?'라는 물음입니다. 이것이 하나님이 우리 인간
에게 물으시는 근원적 질문입니다. '아담아 네가 어디 있느냐?'라고
질문은 우리 자신에게 내가 지금 하나님의 백성다운 정체성을 지켜
내고 있는지에 대한 질문이고, '네 아우 아벨이 어디 있느냐?'라는
질문은 관계 안에서 우리가 책임을 다하고 있는가를 질문하시는 것

입니다.

 창세기 9장을 보겠습니다. 노아가 포도주에 취해서 하체를 벗고 있었습니다. 이때 함이 아버지가 벌거벗은 것을 먼저 보고서도 아무런 조치를 취하지 않았습니다. 이후에 셈과 야벳이 겉옷을 들고 가서 아버지의 부끄러움을 덮어 주었습니다. 그것을 노아가 술이 깬 다음에 들었어요. 누구에게 들었겠어요? 제가 볼 때는 셈과 야벳에게 들었겠죠. 그리고 함을 저주하고 셈과 야벳을 축복하는 이야기가 나옵니다. 9장 25~27절입니다.

 "이에 이르되 가나안은 저주를 받아 그의 형제의 종들의 종이 되기를 원하노라 하고 또 이르되 셈의 하나님 여호와를 찬송하리로다 가나안은 셈의 종이 되고 하나님이 야벳을 창대하게 하사 셈의 장막에 거하게 하시고 가나안은 그의 종이 되게 하시기를 원하노라 하였더라"

 9장 25~27절의 말씀으로 백인들이 흑인들을 노예로 부려 먹는 것을 정당화했습니다. 하나님께서 노아의 입을 통해서 셈과 함과 야벳에 대한 축복과 저주의 말을 하셨다고 보는 것입니다. 이 구절에서 셈은 중동 사람이고, 야벳은 백인들의 조상이고, 함은 흑인들이라고 주장했습니다. 오랜 세월 백인들이 흑인들을 노예로 부려먹으면서 근거 구절로 사용한 것이 바로 이 구절이었습니다. 하나님은 야벳과 셈을 축복하셨고 가나안 즉 흑인들의 조상을 저주하셨다는 것입니다.

여기서 중요한 질문을 하나 해야 합니다. '성경 어디를 펴도 성경에 기록된 모든 말씀은 다 하나님의 말씀인가?' 하는 질문입니다. 가끔 광신자들 중에 그런 사람이 있습니다. 성경은 하나님의 말씀이니까 '오늘 나에게 주시는 하나님의 말씀은 무엇일까' 하면서 아무 곳이나 폅니다. 이런 태도는 정말 조심해야 합니다. 성경에는 사탄의 말도 있습니다. '성전에서 뛰어 내려라' 이것은 사탄의 말이죠. '돌을 떡 덩어리 되게 만들어라' 이것도 사탄의 말이죠. 성경에는 하나님의 말씀만 있는 것이 아닙니다. 성경은 하나님의 영감으로 기록된 계시의 말씀이지 기록된 모든 내용들이 다 하나님의 말씀은 아닙니다. 성경에는 사탄의 말도 있습니다. 욥기를 보시면 하나님께 옳다 인정받지 못한 욥의 세 친구의 말이 얼마나 많이 나옵니까?

성경과 관련된 중요한 질문 첫 번째로 '성경에는 하나님의 말씀만 기록되어 있는가?'라는 질문에 대해 '아니오. 그렇지 않습니다'라고 답할 수 있습니다. 두 번째 질문도 중요합니다. '노아나 아브라함이나 모세나 다윗 같은 소위 믿음의 인물들이 했던 모든 말은 하나님의 말씀을 대언한 것인가?', 그리고 '믿음의 인물이 했던 모든 행동은 온전히 하나님이 원하시는 바를 대행한 것인가?'라는 질문입니다. 이 질문에 대한 대답도 '아니오. 그렇지 않습니다'입니다. 아브라함이 자기 아내를 누이라고 거짓말 한 것, 다윗이 밧세바를 범한 것, 우리야를 죽인 것 등이 하나님의 뜻과 무슨 상관이 있습니까? 믿음의 인물이 했던 말과 행동이라고 해서 그 자체로 모두 하나님의 뜻을 대변하거나 대행한 것은 아니라는 사실을 명심해야 합니다. 믿음의 사람들의 말과 행동 속에서도 하나님의 뜻과 아닌 것을 분별해야 합니다. '노아는 믿음의 사람이기 때문에 노아의 말은 곧 하나님의 말을 대변한거야'라고 생각하는 분들이 많은데, 그렇지 않습니다.

세 번째 질문도 중요합니다. 창세기 9장 25~27절에 나오는 노아의 말이 하나님의 뜻을 대변한 것이라고 인정해 봅시다. '그래 하나님의 뜻을 노아의 입을 통해서 선포하게 하신거야'라고 인정해 보자는 것입니다. 그랬을 때 '한번 선포된 하나님의 뜻은 영원 무궁토록 유효한 것인가?' 이것이 바로 세 번째 질문입니다. '노아의 입을 통해서 하나님이 셈과 야벳은 축복하시고 함의 후손은 저주하셨다'라고 생각해 봅시다. 그러면 한번 선포된 하나님의 말씀은 영원 무궁토록 유효한 것일까요? 이것도 그렇지 않습니다. 그렇지 않다는 것을 어떻게 알 수 있을까요?

창세기 49장에 야곱이 죽기 전에 자신의 열두 아들에 대해서 유언적인 메시지를 선포합니다. 이때 야곱에 의해서 가장 저주 받은 아들은 '레위'였습니다. 신명기 33장에 모세가 죽기 전에 이스라엘 열두 지파에 대해서 유언적인 메시지를 또 선포합니다. 이때 가장 축복받은 지파가 '레위' 지파입니다. 창세기 49장의 야곱의 말과 신명기 33장의 모세의 말을 모두 하나님의 뜻을 대변한 것이라고 인정해 봅시다. 창세기 49장에서 레위가 저주를 받는데, 신명기 33장에서는 가장 크게 축복을 받습니다. 창세기와 신명기 사이에 어떤 사건이 있었을까요? 이스라엘이 금 송아지 우상을 숭배한 것에 대해서 하나님의 심판이 집행될 때 레위 지파가 하나님의 편에 섰습니다. 이로 인해 레위지파는 모세에 의해 축복의 말을 듣게 된 것입니다.

다시 한번 정리해 보겠습니다. 첫째, 성경에는 하나님의 말씀만 기록되어 있는 것인가? 그렇지 않습니다. 성경에는 사탄의 말과 하나님에 의해서 옳다 인정받지 못한 사람들의 말도 기록되어 있습니다. 둘째, 믿음의 사람들이 했던 말과 행동은 다 하나님의 뜻을 대변하고 대행한 것인가? 그렇지 않습니다. 믿음의 사람들도 실수했고 믿음의 사람들도 죄에 넘어졌습니다. 분별이 필요합니다. 노아의 말이라고 해서 그 자체가 하나님의 말씀을 대변한 것이라고 너무 쉽게 받아들여서는 안 됩니다. 셋째, 설령 노아의 말이 하나님의 뜻을 대변한 것이라고 인정한다 하더라도 한번 선포된 하나님의 말씀은 영원무궁토록 유효한 것인가? 그렇지 않습니다. 그 실례가 레위입니다.

9장 25~27절에 노아의 이 말은 기원문입니다. '원하노라'라고 기록되어 있죠. 하나님이 그렇게 해 주시기를 원하는 기도이지 '하나님의 뜻이 이러하다'라고 선포하는 것이 아닙니다. 구약 성경에서 하나님의 뜻을 명확하게 선포할 때는 '여호와께서 가라사대' 또는 '하나님께서 이르시기를' 이런 표현이 나옵니다. 그렇지 않은 경우에는 믿음의 사람들이 말했다고 해서 그 자체를 하나님의 뜻을 대변한 것이라고 너무 쉽게 단정하지 말아야 합니다. 오랜 세월 동안 백인 우월주의자들이 노아의 말을 근거로 하여 흑인들을 노예로 지배하는 것을 정당화해 왔는데, 이것은 성경을 대하는 가장 반성경적인 자세입니다. 말씀을 통해 자기를 부인하고 순종을 해야 하는데, 오히려 자기 이익을 위한 도구로 성경을 이해하고 이용하는 것은 가장 위험한 자세입니다.

[질문]

창세기에서 '생물'과 '생령'이 똑같은 단어라고 하셨고, 이렇게 번역이
된 이유가 이원론적인 사고 구조 안에서 해석을 해서 그렇게 되었다고 말
씀하셨잖아요. 그것과 연관해서 로마서에 보면 '하나님의 선하시고 온전
하시고 기뻐하신 뜻이 무엇인지 분별하라' 말씀하시면서 '이것이 너희가
드릴 영적 예배니라'는 말씀이 있잖아요.

그런데 여기서 '영적 예배'라는 것은 어떤 몸의 삶을 드리는 것이잖습
니까? 일반적으로 생각하는 '영적, 신비적'이라기보다는 하나님 나라의
가치관으로 살아가는 삶 자체가 영적 예배라고 저는 생각을 했었어요. 저
는 지금까지 '영혼육'이라고 했을 때 '영'이라는 것도 눈에 보이지 않지
만 어떤 실재라고 생각했거든요. 그래서 저는 '영적 삶', '육적 삶'에 대해
서 이렇게 생각했습니다. 하나님이 원하시는 대로 살아가는 것이 영적 삶
인데, '나'라는 '혼'이 '육'에 천착되어 살아가면 그것이 육적 삶이고, 어
떤 '영의 환경'에 천착해서 살아가면 그것이 영적 삶이라고 생각했습니
다. 그리고 '영'은 눈에 보이지 않지만 실존하는 어떤 것이라고 생각 했
거든요. 그런데 말씀을 듣다 보니 '이렇게 생각하면 안 되는 것인가?' 하
는 생각이 듭니다.

[답]

일단 로마서 12장에서 '이것이 너희가 드릴 영적 예배라'고 했을 때 거
기서 '영적'이란 말은 '온전한' '가장 이성적인' '가장 합리적인' 완벽한 예
배라는 말입니다. 오늘은 여기까지만 설명을 드리겠습니다. 왜냐면 이후
에 '영육혼'과 관련하여 삼분설이나 이분설에 대해 설명드릴 시간이 있

을 것이기 때문입니다. 이것만 기억하시면 됩니다. 헤브라이즘과 헬레니즘을 설명드릴 때, 헬레니즘의 기본이 '영육 이원론'이거든요. 헬레니즘은 기본적으로 영의 세계와 육의 세계를 철저히 구분합니다. 그런데 헤브라이즘은 '영육 일원론'입니다. 구약 성경에서는 영과 육을 절대로 나누지 않습니다. 인간은 영과 육이 통합된 존재입니다. 이것을 '영육 일원론'이라고 합니다.

'나'라는 존재는 영이 따로 있고 육이 따로 있는 존재가 아니라, 영과 육이 통합된 존재입니다. 문제는 구약에서 '영'이란 표현도 나오고 '육'이란 표현도 나온다는 점이죠. 여기서 '영, 육'이라는 것은 방향성에 대한 표현입니다. 예를 들어, 우리가 하나님께 가까이 나아가는, 하나님의 뜻과 일치되는 삶을 살아가는 것을 '영적'이라고 표현하고, 하나님과 점점 멀어지고 욕망 추구적인 삶을 살아가는 것을 '육적'이라고 표현합니다. 성경이 말하는 '영육'은 방향성의 문제입니다. 영역적으로 여기는 영의 세계이고 여기는 육의 세계라는 것이 없습니다. 찬송하고 기도하고 예배드리는 것은 영의 일이고, 설거지 하고 청소하는 것은 육의 일이라는 식으로 영역적으로 구분된 '영육 이원론'을 성경은 절대로 말하지 않습니다.

또 한 가지, '영'은 눈에 보이지 않는 인간의 측면을 나타내고 '육'은 눈에 보이는 인간을 설명한다고 이해하시면 됩니다. 인간은 영과 육이 통합된 한 존재입니다. 특별히 시편에 가보면 '영적'이라는 표현이 많이 나오는데 거기서 나오는 영이라고 하는 것은 '온전한'이라는 의미입니다. '존재를 다한'이라는 의미죠. 헤브라이즘은 '영육 이원론'이 아니라 '영육 일원론'이고, 한 존재를 통합적으로 이해했고, 그 반대인 헬레니즘은 영육 이원론임을 기억하시면 좋겠습니다.

[질문]

한 가지 더 질문이 있는데요. 로마서의 말씀에 보면 바울이 내가 이렇게 영적으로 살고 싶지만 육신의 요구 아래 끌려 다니면서 그렇게 살지 못한 다고 7장에서 고백을 하잖아요. '만약에 우리가 범죄 하지 않았다고 한다 면 우리는 그렇게 통합된 상태로 살아갈 수 있었을 텐데, 우리가 죄를 지 음으로 그것이 갈라졌다'라고 저는 생각을 했었습니다.

[답]

신약을 읽을 때 조심해야 할 것이 한 가지 있습니다. 신약 성경은 헬레 니즘이 지배하던 세계에 살고 있는 신앙인들에게 보낸 글이라는 사실입 니다. 대다수의 구약은 유대인들을 대상으로 기록된 겁니다. 유대인들에 게는 '영육 이원론'이 없습니다. 유대인들은 영과 육을 통합적으로 이해 했죠. 그런데 예루살렘 초대 교회가 탄생하고 사도 바울이 이방 지역에 복 음을 전하게 되면서 이방 지역에도 예수를 믿는 사람들이 등장하게 되었 습니다. 이런 사람들을 '이방 기독교인'이라고 했습니다. 그런데 고린도 교회, 데살로니가 교회, 에베소 교회, 로마 교회 등 모든 이방 교회가 존재 했던 땅은 헬레니즘적 세계관을 가진 곳이었습니다.

그래서 바울의 서신을 읽으실 때 조심해야 합니다. 바울이 '영육 이원 론'을 인정하기 때문에 그런 표현을 쓴 것이 아니라, 바울의 편지를 받는 수신자들이 영육 이원론적인 세계관을 이미 갖고 있었기 때문에 그들을 이해시키기 위해 그런 표현을 쓴 것이라는 점을 이해해야 합니다. 제가 얘기했던 계시의 수납의 맥락과 똑같은 개념입니다. 바울은 헤브라이즘적인 세계관을 가진 사람입니다. 그런데 바울의 편지를 받는 사람들은 헬레니즘적 세계관을 가진 사람들입니다. 이 사람들에게 바울의 말이 이해되려면 그들이 이해할 수 있는 세계관과 그들이 이해할 수 있는 단어와 개념을 가지고 설명해야 됩니다. 그래서 신약에 요한복음이나 바울 서신에서 헬레니즘의 영육 이원론적인 표현이 많이 나오는 것입니다.

이것을 보고 구약과 다르게 신약은 '영육 이원론'을 인정한 것이라고 생각하시면 안 됩니다. 헬레니즘의 사상을 수용하거나 인정한 것이 아닙니다. 그 편지를 받는 수신자들이 영육 이원론적인 헬레니즘적 세계관 안에서 살고 있었고, 그들을 이해시키기 위해서 그런 단어와 표현을 쓰는 것입니다.

[질문]

제가 잘 알지는 못하지만 신학적인 논쟁 중에 예수님이 육체로 오신 것을 인정하는 신학이 있고 그렇지 않은 '양성론' 이런 것을 들은 적이 있습니다. 단성론적인 신학자들이 양성론자들을 비판하기를 '너희가 지금 그렇게 말하는 것은 헬레니즘적인 사고를 받아들여서 그렇게 된 것이다' 라고 했다는데...

[답]

아닙니다. 반대입니다. 왜 반대냐 하면 양성이라고 하는 것은 예수님의 신성과 인성을 다 인정하는 것이죠. 단성론이라는 것은 예수님의 신성만 인정하는 거예요. 그러면 그 사람들은 예수의 인성을 왜 인정하지 않을까요? 육체 자체를 부정하다고 생각하기 때문입니다. 사실은 단성론자들이 헬레니즘의 이원론의 지배를 받는 것이죠. 영만 거룩한 것이고 육은 천하다는 것입니다. 그런데 우리 복음서는 뭐라고 하냐면 예수님이 실제 인간의 몸을 입고 이 땅에 태어나셨음을 강조하죠. 그러니까 복음서의 진술 자체가 헬레니즘의 이원론에 대한 반박입니다.

[질문]

제가 이슬람에 관해서 공부하다 보니, 기독교가 양성론을 신학적으로 정통이라고 이론을 세웠는데 이슬람이 '너희가 지금 헬레니즘 사고를 받아들여서 그것을 인정하는 것이지'라고 비판하는 것을 제가 어디 책에서 봤거든요.

[답]

이슬람이 7세기에 등장한 중요한 배경과 연관된 문제입니다. 유대교와 이슬람의 공통점은 일신론입니다. 유대교와 이슬람은 하나님을 한 분으로 봅니다. 그런데 초대 교회는 오랜 종교 회의를 통해서 삼위일체를 확립했습니다. 이슬람은 이것을 반대합니다. 그들은 일신론을 말합니다.

[질문]

초대 교회 시대에 헬레니즘 교육을 많이 받은 분들이 신학적으로 이론들을 정립해 갈 때, 헬라 사상에 선함이 있다는 것을 굉장히 긍정하며 그런 신학을 많이 발전시켰다고 어떤 책에서 읽었습니다. 그런 사상이 어거스틴에게 연결되고 결국은 아퀴나스까지 연결되고 그것이 장 칼뱅의 조직 신학에도 들어오면서 현대까지 헬레니즘적 사고방식의 신학이 발전한 것인가요?

[답]

지금 말씀하신 것과 거의 마찬가지입니다. 이렇게 정립하시면 됩니다. 초대 교회 당시에 헬레니즘이 당시 세계를 지배하고 있던 진리 체계였습니다. 헬레니즘이 당시 어떤 사상의 한 줄기가 아니라 그것이 사상의 토대였습니다. 그 당시의 주류 사상이 바로 헬레니즘이었죠. 21세기를 살고 있는 오늘날 대한민국을 지배하고 있는 어떤 진리의 체계가 있는데, 그 진리의 체계와 기독교 신앙이 안 맞으면 전도가 얼마나 힘들겠습니까? 그래서 오늘날 신앙인들 중에 이 시대 사람들이 이해할 수 있도록 기독교 신앙을 어떻게 설명할 것인가를 고민하는 분들이 많이 계십니다.

초대 교회 당시 헬레니즘적인 세계관을 가지고 기독교 신앙을 말하려고 하는 것은 그 시대의 진리 체계와 소통하고 싶은 것입니다. 특히 이집트의 알렉산드리아 지방이 헬레니즘 철학을 가지고 기독교 신앙을 강조하였던 곳이었습니다. 사실 이스라엘 백성이 갖고 있었던 헤브라이즘이 독특한 것이고 고대 근동 사회의 주류 세계관이 헬레니즘이었다고 이해하면 됩니다. 그래서 '헤브라이즘 또는 예수 사건을 헬레니즘적 세계관을 가지고 어떻게 설명해 낼 것인가'라는 점에서 소위 영지주의도 나오게 된 것이고, 다양한 내용들이 나오게 되었습니다. '헬레니즘이 고대 근동의 주류 세계관이었지만, 이스라엘 백성이 갖고 있었던 헤브라이즘은 그것과 전혀 달랐다.' 이 정도까지만 오늘은 이해하시면 좋을 것 같습니다.

[질문]

일부 목사님들이 '영계' 이야기를 많이 합니다. '영계'에 들어가는 것을 상급과 연결시키면서 영계는 12개 등급이 있고 순교하면 2등급이라는 식의 설명이 있습니다. 이에 대한 목사님의 생각이 궁금합니다.

[답]

영적인 것에 대해서 이야기 할 때 조심해야 할 것이 있습니다. 인간의 이성으로 설명할 수 없는 일이 일어난다고 해서 그것이 다 성령의 역사는 아니라는 것입니다. 악령의 역사도 굉장히 많습니다. 그래서 성경에도 '영을 다 믿지 말고 분별하라'는 말이 나옵니다. 많은 신앙인들이 속임 당하는 지점이 있습니다. 주의 이름으로 병자를 고치면 이것을 다 성령의 역사라고 생각을 하는 것이죠. 절대 그렇지 않습니다. 악령의 역사일 수도 있습니다.

병자가 치유 받은 것이 중요한 것이 아니고, 그 다음이 중요합니다. 병치유의 결과 하나님에 대한 순종으로 우리를 인도한다면 그것은 성령의 역사가 맞죠. 그런데 병자 치유하고 나서 치유한 그 사람을 교주처럼 섬기게 만든다거나, 치유 받은 사람으로부터 거액의 후원을 받아 개인적인 부귀영화를 누린다면 그것은 악령의 역사입니다. 이 말씀을 꼭 드리고 싶어요. 너무나 많은 신앙인들이 이성적으로 설명할 수 없는 놀라운 일이 일어나게 되면 그것을 너무 쉽게 성령의 역사라고 받아들입니다. 그러나 그건 성령의 역사일 수도 있고 악령의 역사일 수도 있습니다. 그것을 잘 분별하셔야 합니다.

장로님이 질문하신 것은 천국에도 차등적 질서가 있다고 보는 거예요. 단테의 신곡의 연장선상에 있는 개념입니다. 그런 주장을 왜 할까요? 결국 성도를 어떤 방식으로 지배하려는 것 아닙니까? '당신이 하나님께 금면류관 받으려면 충성 많이 하라'는 개념이죠. 결국 성도들로 하여금 이 땅에서 충성 경쟁을 시킬 때 그런 식의 논리가 많이 사용되고 있습니다. 만약 천국이 그런 차등적 질서가 있는 곳이라고 한다면 그러면 9등급에 있는 사람들에게 그곳이 과연 천국이겠습니까? 천국 안에 차등적 질서가 있다면 우리가 다 1등급 장소로 갈 것이라고 생각하시면 안 됩니다. 우리 가운데 7등급 가는 사람도 있고 9등급 가는 사람도 있을 것 아닙니까? 그렇다면 9등급으로 가는 사람에게 그곳이 과연 천국이겠냐고요. 그래서 저는 '천국을 보고 왔다', '영계가 이렇다' 등의 주장은 99%가 사이비라고 확신합니다.

제가 왜 그렇게 확신할까요? 성경은 의외로 하나님의 나라가 어떤 곳인가에 대해 거의 말하지 않습니다. 요한계시록에서 말하고 있는 것은 2가지입니다. 보석이 있는 너무나 화려한 곳이고, 물이 흐르는 곳이라고 합니다. 이 두 가지밖에 없습니다. 이 두 가지의 의미는 무엇일까요? 이스라엘 백성들에게 물은 생명입니다. 물이 흐른다는 것은 그곳이 생명이 풍성한 곳임을 나타내는 것입니다. 그리고 금은보석으로 반짝거리는 곳이라는 것은 인간이 설명할 수 있는 가장 화려하고 아름다운 곳이라는 표현입니다.

왜 성경에 하나님 나라에 대한 언급이 이 정도 밖에 없을까요? 우리가 발 딛고 살아가는 이 땅과 하나님 나라는 차원이 다른 세상입니다. 인간이 발 딛고 살아가는 곳은 기껏해야 2차원, 3차원의 세계라면 천국은 제가 볼 때 10차원의 세계라는 생각이 듭니다. 예를 들어 이런 겁니다. '우리가 나중에 부활하고 나서 천국 갔을 때 이 땅에 있는 시각 장애인은 어떤 모습으로 천국에서 생활할까요?'라고 질문하는 분이 있습니다. 시각 장애인이 이 땅에서는 왜 힘들죠? 이 땅에서는 육안으로 모든 것을 바라봐야 되기 때문입니다. 그런데 마음의 눈으로 모든 것을 바라본다면 시력이 좋건, 시각 장애를 갖고 있건 그것이 전혀 문제가 안 되겠죠. 하나님 나라는 그런 곳이 아닐까 싶습니다.

이 땅에서는 우리가 직립보행을 하니까 다리가 불편하면 힘듭니다. 그런데 우리가 모두 날아 다닌다면 지체 장애를 갖고 있어도 아무 문제가 되지 않겠죠. 제가 상상하는 하나님 나라는 이런 곳입니다. 하나님이 정 중앙에 계십니다. 그리고 하나님 나라에 들어가는 수억 명의 사람들이 모두가 다 하나님 옆에 있는 것이라고 봅니다. 수억 명의 사람들이 자신이 모두 하나님 옆에 있다고 느끼는 곳이 천국이 아닐까요?

충성, 봉사 많이 한 사람은 바로 하나님 옆에 있고, 교회 자주 빠지고 헌신 봉사 안 했던 사람들은 저 멀리 있어서 까치 발을 해도 하나님이 보일까 말까 하는 곳이 천국이라는 것은 우리가 살고 있는 현실 세계에 근거해서 하나님 나라를 너무 저차원적으로 설명하는 것이라고 봅니다. 하나님 나라를 설명할 수 없는 이유는 차원이 다르기 때문입니다. 그런데 소위 하나님 나라를 보고 왔다는 사람들이 말하는 모든 내용은 하나님 나라가 이 땅의 연장입니다. 그래서 저는 신뢰하지 않습니다. 저는 하나님 나라가 차원이 완전히 다른 세계라고 확신합니다.

나중에 상급에 대한 이야기를 하겠습니다만, 성경이 말하는 상급은 구원을 말하는 것이지 일반적으로 생각하는 차등적 상급이 아닙니다. 옛날에 목사님들이 하나님께 헌신 봉사 충성 많이 한 사람은 금 면류관 쓰고 그렇지 않은 사람은 개털 모자 쓴다는 얘기를 많이 하셨는데, 성경이 말하는 상은 구원과 별개로 받는 차등적인 선물이 아닙니다. 우리 한국 교인들은 큰 착각을 하고 있습니다. 교회 다니거나 세례 받으면 구원은 이미 확보된 것이고 구원 받은 다음에 우리가 했던 모든 수고와 공로는 상급으로 따로 받는다고 생각을 해요. 그렇지 않습니다. 그러면 '두렵고 떨림으로 너희 구원을 이루라', '내가 이미 얻었다 함도 아니고 푯대를 향해 달려간다', '선 줄로 생각한 자는 넘어질까 조심해라'는 말씀은 도대체 무슨 의미입니까? 왜 바울은 그런 말을 하는거죠?

한국 교회가 거의 말하지 않는 것 가운데 하나가 구원의 상실 가능성입니다. 우리는 구원받았지만 아직까지 온전한 구원을 성취한 것은 아닙니다. 우리는 지금 구원의 여정에 있는 것입니다. 그런데 많은 한국 교회는 구원 세일즈업을 하고 있습니다. 구원 도매업을 하고 있는 것입니다. 너무 쉽게 구원 받았다고 말하고 구원 받은 다음에 행하는 모든 행위는 상급이라고 말해서, 구원 다음에 다시 뭔가를 얻어낼 수 있는 것처럼 말하는데, 절대 그렇지 않습니다. 성경이 말하는 상급이라는 것은 구원을 말하는 겁니다. 이것은 이후에 자세히 또 설명드리도록 하겠습니다.

[질문]
창세기 9장에 함이 아버지 하체를 본 사건이 사실 처음에는 잘 이해가 되지 않았거든요. '하체 본 것이 그렇게 큰 잘못인가?' 하는 생각이 들었

습니다. 그런데 저주를 받는데 함이 아니라 그 아들이 받잖아요. 하나님이 셈, 함, 야벳을 축복하셨기 때문에 노아가 함이 아닌 아들을 저주한 것이 첫 번째 이해되지 않는 내용이고요, 두 번째는 하체를 보았다는 것이 레위기 18장의 근친상간이라는 뜻으로 이어지더라고요. 그렇게 성적인 범죄로 이해해도 되는 것인지요? 그냥 하체를 봤다고 저주 받을 것까지는 없지 않나요? 언어로 봤을 때 '하체를 범한 일이다'라고 이야기하시는 분들이 있더군요. 어떻게 생각하시는지 궁금합니다.

[답]

여기 '하체'는 생명의 근원을 말합니다. 생명의 근원은 굉장히 신성한 것입니다. 이 부분은 아버지의 부끄러움을 덮어주지 못한 것에 대한 책망을 받았다고 이해하시면 됩니다. 노아의 사건은 크게 두 가지 관점에서 봐야 합니다. 노아의 관점으로 보면, '어떻게 하면 나의 행동으로 인해서 누군가를 실족시키지 않을 수 있겠는가?'라는 맥락에서 해석할 수 있는 것이고, 자녀들의 관점으로 본다면 '우리를 실족시키는 사람에 대해서 우리가 어떻게 그를 도울 수 있겠는가?'라는 관점으로 해석할 수 있는 것입니다.

함이라는 존재는 아버지의 부끄러운 면을 덮어주지 못했습니다. 도리어 형제들에게 고발해서 아버지의 수치를 덮어주지 않았을 뿐 아니라, 아버지의 수치를 널리 알린 것입니다. 그러나 정말 중요한 점은, 제가 강의 중에도 말씀드린 것처럼 노아가 했던 그 모든 말이 실제 효력을 갖는 하나님의 말씀이 아닐 수도 있다는 점입니다. 제가 볼 때는 노아가 아직 술이 덜 깬 것입니다. 아무리 아들이 그랬다고 해도 아들을 저주하는 것이 정상적인 아버지의 모습은 아니라고 봐야 합니다.

창세기 9장에서 노아의 그 말로 진짜 함과 가나안이 저주 받았다고 이해하시면 안 됩니다. 노아의 그 말이 실제적 효력을 갖는 것이 아닙니다. 그런 맥락에서 9장을 봐야지, 실제 함이 저주를 받았다거나 가나안이 저주를 받았다는 문자적 해석에만 집착하실 필요는 없을 것 같습니다.

다음 시간에는 믿음의 족장들, 아브라함, 이삭, 야곱, 요셉 이야기 하고 출애굽기를 보도록 하겠습니다.

말씀과 함께 모세오경 3-1

창세기 강의안의 '믿음의 족장들'부터 보겠습니다. 보통 아브라함, 이삭, 야곱, 요셉 이 4명을 믿음의 족장이라고 얘기합니다. 먼저, 성경에서 믿음이라는 단어가 나올 때 성경이 말하는 믿음과 헬레니즘이 말하는 믿음이 많이 다르다는 것을 기억하셔야 합니다. 한국교회안에서 '믿음으로 구원 받았다, 믿음이 중요하다'라고 할 때, 성경이 말하는 믿음이 아니라 헬레니즘이 말하는 믿음을 말하는 경우가 많습니다. 성경이 말하는 믿음은 하나님께 자기 인생을 투신하는 것입니다. 하나님만을 내 인생의 주인 삼는 겁니다. 하나님만을 내 인생의 주인 삼는다는 것은, 하나님이 가라고 명하시면 가고 떠나라고 명하시면 떠나는 것입니다. 하나님이 하지 말라고 명하시면 하지 않는 겁니다. 이처럼 하나님만을 내 인생의 주인 삼고 하나님이 원하시는 바대로 내 인생을 내어 던지는 것을 성경은 믿음이라고 합니다.

그런데 헬레니즘이 말하는 믿음은 인지적 동의입니다. 인지적 동의는 어떤 것일까요? '하나님은 천지의 창조자이다. 이것을 믿느냐?'라고 했을 때, '하나님은 천지의 창조자이다'라는 그 문장을 인지적으로 수용하는 것을 믿음이라고 생각하는 것이 헬레니즘에서 말하는 믿음입니다. '예수가 우리의 구원자이다'라는 문장이 있습니다. '이것을 믿느냐?'라고 할 때, '예수가 우리의 구원자이다'라는 그 문장을 인지적으로 동의하고 수용하는 것을 헬레니즘에서는 믿음이라고 생각을 합니다.

'믿음이 있냐, 없냐?'라고 질문했을 때, 많은 한국 교인들이 생각하는 믿음은 '하나님의 창조자 되심, 예수 그리스도의 구원자 되심을 내가 동의하고 수용하는가?'입니다. 그래서 많은 경우에 머리와 입술로는 믿지만 삶으로 믿지 않는 크리스천들이 많은 것입니다. 성경이 말하는 믿음은 그 이상입니다. 머리로만 믿는 것이 아니고 입술로만 고백하는 것도 아닙니다. 삶으로 하나님께 자기 인생을 투신하는 것을 성경은 믿음이라고 합니다.

헤브라이즘과 헬레니즘의 차이를 강의할 때 제가 자세히 설명을 드릴 텐데, 예를 들어 호세아에 보면 이런 말씀이 나옵니다. '힘써 여호와를 알자'라는 말씀이 있습니다. 그리고 '내 백성이 여호와를 모르기 때문에 멸망을 당한다, 하나님을 알아야 된다'라는 표현이 자주 나옵니다. '안다'라는 의미에 대한 두 문화의 개념이 다릅니다. 헤브라이즘이 말하는 '안다'는 개념과 헬레니즘이 말하는 '안다'는 개념이 완전히 다릅니다. 헤브라이즘이 말하는 '안다'는 히브리어로 '야다'라는 동사입니다. '야다'는 젊은 남녀가 잠자리를 갖는 것입니다. 쉽게 얘기하면 성경이 말하는 안다는 것은 인격적 관계를 맺는 것입니다.

예를 들어, 누가 여러분에게 '윤석열 대통령을 아세요?'라고 했을 때, 우리 대부분은 안다고 할 것입니다. 어떻게 아는 겁니까? 미디어를 통해 아는 거예요. 그런데 성경이 말하는 안다는 개념은, 그 존재를 수십 번은 만나고 식사도 같이 하고 차 마시며 대화도 여러 번 나누는 정도로 아는 것을 말합니다. 그런데 헬레니즘이 말하는 '안다'는 개념은 정보를 아는 것입니다. 그 존재의 얼굴이 어떻게 생겼고 키가 어느 정도이고 신체적 특징은 무엇이고... 이런 정보를 아는 것을 헬레니즘에서는 '안다'라고 합니다.

이처럼 헤브라이즘과 헬레니즘은 굉장히 많이 다릅니다. 특별히 믿음과 관련해서도 헤브라이즘이 말하는 믿음, 성경이 말하는 믿음은 하나님만을 내 인생의 주인 삼는 것, 그분이 명하신 대로 인생의 한 걸음 한 걸음을 내딛는 것, 그분에게 내 인생을 투신하는 것을 의미합니다. 그런데 헬레니즘이 말하는 믿음은 인지적 동의와 수용입니다. 성경 한 곳 보겠습니다. 야고보서 2장 19절입니다. 야고보 사도가 헬레니즘의 믿음을 성경의 믿음인 것처럼 착각하는 사람들에게 이렇게 말씀하고 있습니다.

"네가 하나님은 한 분이신 줄을 믿느냐 잘하는도다 귀신들도 믿고 떠느니라"

야고보서의 수신자들은 하나님이 한 분이신 줄을 믿고 있습니다. 하나님의 창조자 되심, 예수 그리스도의 구원자 되심에 대해 다 믿고 있습니다. 어떻게 믿는 겁니까? 머리로, 인지적으로 그것을 동의

하고 있는 것입니다. 여기에 대해 야고보가 뭐라고 하냐면 그 정도의 믿음은 귀신들도 다 갖고 있다는 거예요. 귀신은 하나님이 어떤 분이신가를 너무 잘 알고 있습니다. 귀신은 창세기부터 요한계시록까지 하나님이 인간에게 어떤 말씀을 주셨는지에 대해 너무 잘 알고 있어요. 심지어 야고보는 귀신이 인지적으로 하나님에 대한 모든 정보를 알고 있을 뿐만 아니라 하나님에 대해서 두려워 떤다고 말합니다. 그런데 귀신들의 이런 모습에 대해 '귀신들이 하나님에 대한 참된 믿음을 가지고 있다'라고 말할 수 있습니까?

마가복음 5장을 보세요. 예수님이 거라사 지방에 가셨을 때 군대 귀신 들린 사람을 만납니다. 6절과 7절입니다.

"그가 멀리서 예수를 보고 달려와 절하며 큰 소리로 부르짖어 이르되 지극히 높으신 하나님의 아들 예수여 나와 당신이 무슨 상관이 있나이까"

예수님이 거라사 지방에 갔다는 것을 아무도 몰라요. 그런데 군대 귀신은 알고 있는 거예요. 어떻게 알았을까요? 귀신같이 아는 거죠. 예수님의 동선에 대해서 귀신은 너무 정확하게 알고 있단 말이에요. 그리고 놀라운 것이 여기 6절과 7절에 보면 '멀리서 예수를 보고' 군대 귀신이 달려와서 절을 해요. 그리고 큰 소리로 뭐라고까지 고백하냐 하면 '지극히 높은 하나님의 아들 예수여' 이렇게 고백했습니다.

본문을 통해서 일반적인 크리스천이 귀신에게 안 되는 세 가지가 있음을 알 수 있습니다. 이 세 가지에서 귀신에게 이기려고 하면 안 됩니다. 귀신에게 '네가 이겼다'라고 인정을 해줘야 합니다. 우리가 귀신에게 안 되는 첫 번째가 뭐냐면 하나님의 동선을 파악하는 능력이 귀신이 우리보다 훨씬 탁월합니다. 우리는 '하나님은 역사의 주관자이고 세계 역사의 섭리자이다'라는 고백을 많이 합니다. 그러나 오늘날 하나님께서 세계 역사를 어떻게 주관하고 섭리하시는지 우리는 잘 모를 때가 많죠. 심지어 관심이 없을 때도 많습니다. 그런데 귀신은 하나님이 지금 어디에서 무슨 사역을 행하시는지 하나님의 동선을 파악하는 능력이 정말 탁월합니다. 귀신이 예수의 동선을 정확히 파악하고 있단 말이에요.

두 번째 우리가 귀신에게 안 되는 것이 뭐냐면 귀신은 멀리서 예수를 보고 달려와 절을 하잖아요. 경배의 자세에 있어서 우리가 귀신에게 안 됩니다. 신앙인들은 더운 여름날 예배 시간에 늦었음에도 불구하고 절대 뛰지 않습니다. 땀이 날 까봐요. 그런데 귀신은 멀리서 예수를 보고 뛰어와요. 그리고 절을 해요. 경배의 자세에 있어서 우리가 귀신에게 안 됩니다. 그리고 세 번째, 귀신은 예수가 어떤 존재인가를 정확히 알 뿐만 아니라 담대히 고백하고 있습니다. '하나님의 아들 예수여'라고 예수가 누구인지 그 정체를 정확히 간파했을 뿐만 아니라 큰 소리로 고백까지 하고 있잖아요. 이것은 귀신에게 우리가 안 되는 겁니다. 이 세 가지는 귀신이 우리보다 월등히 탁월합니다.

그러나 귀신의 신앙과 기독교인의 신앙이 갈라서는 지점이 있습니다. 그것이 무엇일까요? 귀신은 예수가 어떤 분인지를 다 알고 있고 하나님의 뜻이 무엇인지를 다 알고 있지만 '나와 당신이 무슨 상관이 있나이까?'라고 고백합니다. 이것이 귀신 수준의 신앙입니다. 진짜 하나님의 백성은 비록 알고 있는 말씀은 몇 개 안 된다 하더라도 창세기부터 요한계시록까지의 그 무수한 말씀이 나의 순종을 기대하시면서 하나님이 주신, 나와 상관있는 말씀이라고 고백합니다. 이웃을 사랑하라는 말씀은 누구의 순종을 기대하며 하나님이 주신 겁니까? 나의 순종을 기대하며 주신 나와 상관있는 말씀이죠. 이런 자세가 바로 진짜 믿음을 가진 사람의 모습입니다. 헤브라이즘이 말하는 믿음하고 헬레니즘이 말하는 믿음은 다릅니다. 인지적인 동의와 수용은 헬레니즘이 말하는 믿음이지 결코 성경이 말하는 믿음이 아닙니다.

이제 믿음의 족장들에 대해 한 명씩 보도록 하겠습니다. 먼저 아브라함입니다. 창세기 12장 2절과 3절을 보겠습니다.

"내가 너로 큰 민족을 이루고 네게 복을 주어 네 이름을 창대하게 하리니 너는 복이 될지라 너를 축복하는 자에게는 내가 복을 내리고 너를 저주하는 자에게는 내가 저주하리니 땅의 모든 족속이 너로 말미암아 복을 얻을 것이라 하신지라"

하나님이 아브라함을 선택하실 때부터 '땅의 모든 족속이 아브라함으로 말미암아 복을 얻을 것이다'라고 말씀하십니다. 아브라함과 그의 후손을 선택하실 때부터 하나님은 만민의 구원을 위해서 선민을 선택하신 것입니다. 이스라엘이 실패했던 지점이 바로 여기에 있습니다. 이스라엘이 선민으로 부름 받은 것은 맞습니다. 그런데 어떤 선민으로 부름 받은 겁니까? 만민을 위한 선민으로 부름 받은 것입니다. 그런데 이스라엘은 이를 망각하고 배타적 선민사상에 빠져 버립니다. 이것을 비판하는 예언서가 바로 요나서입니다. 15장 6절을 보시면 하나님이 아브라함을 의롭다고 하십니다.

"아브람이 여호와를 믿으니 여호와께서 이를 그의 의로 여기시고"

성경을 읽다 보면 '의롭다' 또는 로마서에 '불의하다', '칭의'라는 말이 나옵니다. 칭의는 의롭다 칭함을 받는다는 것입니다. 신앙인들이 의, 불의, 칭의 이런 개념들에 대해서 이야기할 때가 많이 있는데 이것을 꼭 기억해 주셔야 합니다. 성경이 말하는 의롭다는 말은 윤리 도덕적인 판단이 아닙니다. 하나님이 우리를 의롭다고 할 때 우리가 윤리 도덕적으로 깨끗하고 윤리 도덕적으로 죄가 없기 때문에 우리를 의롭다고 하시는 것이 아닙니다. 성경이 말하는 의롭다는 것은 일차적으로 관계적인 용어입니다. 성경이 말하는 의롭다고 하는 것은 일차적으로 관계적 용어라는 것을 꼭 기억하시기를 바랍니다.

관계적 용어라고 하는 것은 이런 것입니다. A와 B라고 하는 쌍방이 있습니다. A가 B에게 마땅히 행해야 할 바를 신실하게 감당할 때 이것을 '의롭다'라고 합니다. 그런데 A가 B에게 마땅히 행해야 될 것을 행하지 않으면 이것을 '불의하다'라고 하는 것입니다. 어떤 고용주가 있고 노동자가 있다고 생각해 보세요. 처음에 이렇게 계약을 맺습니다. '당신이 성실히 한 달 동안 일하게 되면 얼마를 월급으로 주겠다'라고 했습니다. 이 사장이 맨날 일하시는 분들에게 커피도 타주고 안마도 해주고 너무 잘해줍니다. 그런데 월급을 안 주면 이 사장은 불의한 겁니다. 원래 하기로 약속했던 것을 신실하게 잘 감당하는 것, 관계 안에서 마땅히 행해야 될 바를 신실하게 감당하는 것을 성경은 의롭다고 합니다.

그럼 하나님과의 관계에서 하나님이 우리에게 기대하시는 바가 무엇이겠습니까? 우리가 하나님과의 관계에서 마땅히 행해야 할 바는, 하나님의 뜻을 알 수 없는 순간에도 하나님을 신뢰하고 믿는 것입니다. 그것을 아브라함이 했습니다. 이때 하나님이 아브라함을 의롭다 여겨 주신 것입니다. 그런데 관계 안에서 마땅히 행해야 될 바를 하지 않는 것, 이것을 성경은 '불의하다'라고 말합니다. 하나님의 뜻에 순종해야 할 사람들이 하나님께 순종하지 아니하고 죄를 범하게 되는 순간 하나님과 사람들의 관계가 깨집니다. 그런데 로마서 5장 6, 8, 10절을 보면 예수 그리스도로 말미암아 하나님께서 깨어진 우리와의 관계를 회복시켜 주시는 것을 '칭의'라고 합니다. 오늘은 일단 성경이 말하는 의롭다고 하는 것은 관계적 용어라고 하는 것을 기억해두시기 바랍니다.

창세기를 읽다 보면 조금 이해하기 어려운 구절이 하나 있습니다. 바로 창세기 38장 26절입니다. 창세기 38장이 약간 막장드라마 같은 내용입니다. 야곱의 아들이었던 유다에게 엘과 오난과 셀라라는 세 아들이 있었습니다. 유다는 엘이라는 아들을 위해서 다말이라는 며느리를 맞이합니다. 그런데 하나님께서 엘을 심판하셔서 엘이 죽었습니다. 엘이 죽은 이후에 형사취수제에 근거해서 둘째였던 오난이 형수와 결혼을 하게 됩니다. 그런데 오난은 형수와 잠자리는 갖지만 임신을 못하게 하기 위해서 땅에 사정을 합니다. 이것 때문에 하나님이 오난도 죽이십니다. 그러니까 유다 입장에서는 다말이라고 하는 며느리를 맞이한 후에 두 아들을 잃게 된 겁니다.

옛날에 이런 일이 벌어지면 사람들이 그 여인을 '아들 잡아먹는 며느리'라고 했습니다. 이런 상황이 벌어지게 되자 유다가 덜컥 겁이 나기 시작합니다. 막내인 셀라까지 다말과 결혼시키게 되면 셀라도 죽을지 모른다는 두려움이 생겼습니다. 그래서 며느리 다말에게 '셀라가 아직 어리니까 친정에 가 있어라. 셀라가 장성하게 되면 그때 셀라를 네 남편으로 줄게'라고 말하고 다말을 친정으로 보냅니다. 그런데 셀라가 장성한 이후에도 셀라를 주지 않았습니다. 그래서 다말이라는 며느리가 창녀로 변장해서 시아버지인 유다와 하룻밤을 자고 임신을 하게 됩니다. 이후에 며느리가 임신을 했다는 것을 유다가 듣습니다. 며느리가 불륜을 저질렀다고 생각하고 심판하러 갔는데 며느리가 '나를 임신 시킨 사람의 도장과 지팡이입니다'라고 도장과 지팡이를 보여주었죠. 그 도장과 지팡이는 바로 유다 자신의 것이었습니다. 이때 유다가 했던 말이 38장 26절입니다.

"유다가 그것들을 알아보고 이르되 그는 나보다 옳도다"

이 구절에서 '그는 나보다 옳도다'라는 말이 '그는 나보다 의롭다'라는 말입니다. 여러분은 이 말이 이해가 되십니까?

창세기 38장은 완전히 막장 드라마 같은 사건을 기록하고 있습니다. 먼저 오난이라고 하는 동생은 왜 형수를 임신시키지 못하게 했을까요? 오난은 머리를 쓴 겁니다. 형수와 잠자리는 가집니다. 형사취수제에 따라 동생으로서의 의무는 다 행하는 것처럼 보이는 거예요. 그런데 형수가 임신하지 못하게 되면 오난은 '나는 의무를 다하였지만 하나님이 생명을 주지 않았다'라고 핑계를 댈 수 있죠. 그래서 다말이 임신을 하지 못하게 되면 형이 남긴 모든 재산과 장자의 권위를 오난이 차지할 수 있단 말이에요. 그것 때문에 하나님께서 오난을 치신 거예요. 그리고 시아버지 유다는 장성한 아들 셀라를 다말에게 주지 않았어요. 그래서 다말이 시아버지와 하룻밤을 자고 나서 임신을 합니다. 오늘날 우리의 도덕관념으로 볼 때는 엄청난 막장입니다. 그런데 유다는 '그는 나보다 의롭다'라고 말합니다. 이 말을 이해하실 수 있으십니까?

제가 앞에서 '의'라는 것이 관계적 용어라고 말씀드렸습니다. 어떤 사람이 의롭죠? 관계 가운데 행해야 될 바를 신실하게 행하는 사람이 의로운 것이라고 말씀드렸습니다. 유다와 다말과의 관계 속에서 다말이 유다 집안의 며느리로 올 때 며느리로서 마땅히 행할 것으로 요청된 것이 무엇입니까? 이 집안의 대를 이어주는 것, 대를 이을 자녀를 낳는 것이 고대 사회에서 며느리들이 관계 안에서 마땅히 감당해야 될 책임의 몫입니다. 유다는 다말과의 관계에서 마땅히 장성한 셀라를 다말과 결혼하게 해야 합니다. 그런데 유다는 그렇게 하지 않았고 다말은 우리가 생각할 때는 말도 안 되는 방식이지만 이집의 며느리로 왔을 때 관계 안에서 마땅히 행해야 될 바를 행한 것입니다. 이것이 성경이 말하는 의롭다는 것입니다.

이것을 꼭 기억해 주십시오. 의롭다는 말을 들으면 자꾸 윤리 도덕적인 개념으로 이해하기 쉬운데 그렇지 않다는 점입니다. 성경이 말하는 의롭다는 것은 일차적으로 관계적 개념입니다. 어떤 사람이 의로운 사람입니까? 관계 안에서 마땅히 행해야 될 바를 신실하게 감당하는 사람이 의로운 사람입니다. 관계 안에서 마땅히 행해야 될 바를 신실하게 감당하지 않는 것이 불의한 것입니다. 성경이 말하는 의, 불의라고 하는 것이 관계적 개념이라는 것을 꼭 기억하시기 바랍니다. 아브라함은 믿을 수 없는 상황 속에서도 하나님에 대한 신뢰를 포기하지 않습니다. 하나님과의 관계 속에서 마땅히 행해야 될 신의를 지킨 것입니다. 여기에 대해서 하나님이 아브라함을 의롭다고 인정해주신 겁니다.

창세기 17장에는 아브라함과 그 집 안에 있는 모든 남자들이 할례를 받는 내용이 나옵니다. 구약의 할례는 신약의 세례와 유사합니다. 할례와 세례의 가장 중요한 특징은 하나님의 백성으로 살아가겠다는 출발이라는 점입니다. 한국교회 안에 만연한 잘못된 생각이 하나 있습니다. 세례를 받으면 구원은 확보했다고 은연중에 생각한다는 점입니다. 이렇게 생각하시는 분들이 은근히 많습니다. 그래서 가족 가운데 큰 병에 걸린 분이 예수를 믿지 않고 있으면 꼭 목사님을 불러서 임종의 자리에서라도 세례를 주고자 합니다. 그분이 임종 전에 세례를 받으면 유가족들이 마음에 위로를 받습니다. '세례 받으셨으니까 지옥은 가지 않겠지'라고 생각합니다. 이처럼 일단 세례는 받으면 구원의 티켓은 확보한 것으로 이해하는 크리스천이 은연중에 많습니다.

　그런데 우리가 기억해야 할 사실이 있습니다. 구약의 할례나 신약의 세례는 한 존재가 평생 하나님의 백성답게 신실하게 살았다는 확증의 표시가 아니라는 사실입니다. 하나님의 백성으로 살아가겠다는 출발의 표시입니다. 할례를 받은 것이 중요한 것이 아니라, 할례 받은 이후에 할례를 받았을 때의 다짐과 결단을 신실하게 살아내는 것이 중요합니다. 세례를 받은 것이 중요한 것이 아니라, 세례 받았을 때의 다짐과 결단에 걸맞게 하나님의 백성으로 신실하게 살아가고 있는가가 중요합니다. 세례 받음 자체가 중요한 것이 아닙니다.

　이것은 결혼관계에 비유할 수 있습니다. 젊은 남녀가 결혼을 합니다. 결혼할 때 신랑과 신부가 서로에게 고백을 많이 하잖아요. 결혼식에서 상대방을 향해 얼마나 멋진 고백을 했는가가 중요합니까, 아니면 부부가 된 이후에 그 고백에 걸맞게 한 존재에게만 배타적인 사랑을 온전히 쏟아 내는 것이 중요합니까? 고백이 아니라 그 고백에 걸맞은 삶이 더 중요하죠.

　안타깝게도 구약의 이스라엘이 실패한 지점이 바로 여기에 있습니다. 예언자들이 매 시대마다 등장해서 죄악으로 충만한 이스라엘에 대한 심판을 경고했을 때 대다수 이스라엘 백성은 그 예언자의 경고를 무시했습니다. '하나님의 언약 백성을 하나님이 심판하시겠냐?'라고 생각했기 때문입니다. 이스라엘은 결국 예언자의 경고를 무시하다가 하나님의 심판을 받았습니다. 자신들은 할례 받은 언약백성이기에 하나님의 심판으로부터 자유할 것이라고 이스라엘이 착각한 것입니다. 절대 그렇지 않습니다. 할례나 세례는 하나님의 백성답게 살아가겠다는 출발의 표시이지, 한평생을 하나님의 백성답게 신실하게 살았다는 최종적인 인정의 표시가 아니라는 것을 기억하셔야 합니다. 할례를 받는 것보다 훨씬 중요한 것은 할례 받은 이후의 삶입니다. 세례 받은 것보다 훨씬 중요한 것은 세례 받았을 때의 다짐과 결단을 실제 살아내는 것입니다.

창세기 22장에 아브라함이 모리아 산에서 이삭을 바치는 이야기가 나옵니다. 창세기 22장은 마가복음 10장에 나오는 재물이 많은 부자 이야기와 연관시켜 해석하시면 좋습니다. 창세기 22장과 마가복음 10장은 매우 유사합니다. 대다수 유대인들에게 자녀는 하나님이 주시는 선물입니다. 예수님 당시에 유대교는 한 사람이 가진 부를 하나님이 주신 선물로 이해했습니다. 아브라함에게 이삭이라는 아들이 하나님의 선물인 것처럼, 한 사람이 소유하고 있는 부유함도 하나님이 허락하신 선물로 이해했던 것이죠.

창세기 22장과 마가복음 10장에 보면, 그 선물을 주신 하나님께서 어느 날 그 선물을 다시 당신에게 돌려달라고 하십니다. 하나님께서 아브라함에게 이삭을 선물을 주셨습니다. 그런데 어느 날 하나님께서 자신이 주신 선물인 이삭을 자신에게 돌려달라고 하신 것입니다. 마가복음 10장에 보면 재물이라는 선물을 주신 하나님께서 '네가 가지고 있는 모든 것을 팔아 가난한 자에게 주고 너는 나를 따르라'라고 명하십니다. 아브라함에게 주어진 요청과 마가복음 10장의 재물이 많은 사람에게 주어진 요청은 똑같습니다. 핵심은 '하나님이냐, 하나님이 주신 선물이냐' 이 둘 사이에서 하나를 선택하라는 것입니다. 여기서 아브라함은 기꺼이 하나님을 선택합니다. 하나님이 주신 선물을 기꺼이 하나님께 다시 돌려 드리겠다고 결심한 것입니다. 그러나 마가복음 10장에 나오는 재물이 많은 사람은 하나님이 주신 선물에 대한 집착 때문에 결국 하나님에 대해서 등을 돌려 버립니다.

오늘날에도 신앙인들이 하나님께 온전히 순종하지 못하는 중요한 이유 가운데 하나가 하나님이 주신 선물에 대한 집착때문입니다. 참 역설적입니다. 마가복음 10장 17절을 보겠습니다. 제가 볼 때 여기 나오는 재물이 많은 사람의 가장 큰 실수는, 예수님을 주도적으로 만났다는 사실입니다. 괜히 예수님께 가서 대화를 시작한 것이 이 사람 인생의 가장 큰 실수라는 생각이 듭니다. 17절부터 22절까지 보겠습니다.

"예수께서 길에 나가실새 한 사람이 달려와서 꿇어 앉아 묻자오되 선한 선생님이여 내가 무엇을 하여야 영생을 얻으리이까 예수께서 이르시되 네가 어찌하여 나를 선하다 일컫느냐 하나님 한 분 외에는 선한 이가 없느니라 네가 계명을 아나니 살인하지 말라, 간음하지 말라, 도둑질하지 말라, 거짓 증언 하지 말라, 속여 빼앗지 말라, 네 부모를 공경하라 하였느니라 그가 여짜오되 선생님이여 이것은 내가 어려서부터 다 지켰나이다 예수께서 그를 보시고 사랑하사 이르시되 네게 아직도 한 가지 부족한 것이 있으니 가서 네게 있는 것을 다 팔아 가난한 자들에게 주라 그리하면 하늘에서 보화가 네게 있으리라 그리고 와서 나를 따르라 하시니 그 사람은 재물이 많은 고로 이 말씀으로 인하여 슬픈 기색을 띠고 근심 하며 가니라"

여기 22절에 '재물이 많다'라고 할 때 '재물'은 '땅'입니다. 헬라어로 '크테마타'라고 하는 단어인데요. 땅이 많은 거예요. 이것을 돈으로 이해하시면 안 됩니다. 돈을 어떻게 팝니까? 이 사람은 땅이 많은 거예요. 땅이 많다는 것은 이 사람이 희년을 지키지 않았다는 사실을 보여줍니다. 희년의 말씀에 순종하지 않은 거죠. 그런데 당시 유대교 안에서는 이렇게 재물이 많은 것을 하나님께 복을 많이 받은 것으로 이해했습니다. 그런데 예수님께서 이 사람에게 무엇을 요청하셨습니까? '내가 너에게 준 복을 가난한 자에게 흘려 주고 너는 나를 따르라'라고 하셨습니다. 안타깝게도 이 사람은 하나님이 주신 선물에 대한 집착 때문에 결국 하나님께 등을 돌려 버렸습니다. 하나님이냐, 하나님이 주신 선물이냐의 맥락 속에서 창세기 22장과 마가복음 10장을 연결해서 보시면 좋겠습니다.

이제 이삭을 보도록 하겠습니다. 아브라함의 아들이었던 이삭에게서는 믿음의 모델을 찾기가 쉽지 않습니다. 성경을 자세히 보면 이삭은 약 70년 이상 굉장히 무기력한 삶을 살아갑니다. 왜 이삭이 무기력한 삶을 살게 되었을까요? 어떤 심리학자들은 모리아 산에서 너무 큰 충격에 휩싸여서 그 트라우마 때문에 이삭의 삶이 이렇게 망가졌다고 보기도 합니다. 안타까운 점은 이삭이 하나님에 대해 큰 오해를 하고 있었다는 점입니다. 하나님에 대한 이삭의 오해가 잘 드러나고 있는 곳이 창세기 27장입니다.

이삭 집안에서 2대2의 매치가 이뤄지고 있습니다. 아버지인 이삭과 큰아들 에서가 한 편이고 엄마인 리브가와 둘째 아들 야곱이 한 편입니다. 같은 편인 이삭과 에서의 공통점이 있는데 두 사람 모두 먹는 것에 대한 집착이 크다는 점입니다. 27장 1절이 중요합니다. '이삭이 나이가 많아 눈이 어두워 잘 보지 못하더니'라고 되어 있습니다. 여기 '눈이 어두워'라는 단순히 시력이 안 좋았다는 것이 아니라 '분별력을 상실했다'는 말입니다. 27장의 사건 자체가 이삭이 분별력을 상실하였을 때 발생한 사건임을 아셔야 합니다.

이삭이 에서를 몰래 불러서 뭐라고 합니까? '내가 언제 죽을지 모르는데 내가 좋아하는 별미를 만들어 오면 그것을 먹고 내가 힘을 내어서 너를 힘껏 축복하겠다'라고 하잖아요. 그것을 리브가가 몰래 듣고 야곱을 변장하게 해서, 에서의 복을 가로채었습니다. 잘 보시면 이 모든 사건은 이삭의 분별없음을 폭로하고 있는 내용입니다. '야곱이 속이긴 속였지만 에서의 복을 결국은 가로 챈 것이 아닌가?'라고 생각하시면 안 됩니다. 전혀 그렇지 않습니다. 중요한 것은 이삭이라는 사람이 하나님을 완전히 오해했을 뿐만 아니라 하나님의 말씀을 완전히 망각하고 있었다는 점입니다.

이삭의 오해는 무엇일까요? 두 아들이 있는 경우, 한 아들만 하나님의 축복을 받을 수 있고 한 아들은 저주를 받는다고 생각했습니다. 나중에 에서가 사냥해서 별미를 만들어 와서 자기에게도 복을 빌어

달라고 합니다. 이때 이삭이 뭐라고 했습니까? 동생이 와서 복을 다 받았다라고 하면서 에서에게는 저주의 말을 퍼붓습니다. 이삭은 A 와 B라는 존재가 있을 때 하나님은 A에게는 복을 주시고 B는 저주하는 분으로 이해했습니다. 하나님을 제로섬의 하나님으로 오해한 것입니다. 제로섬이 무엇일까요? 가지고 있는 자원이 한정적이어서 A에게 플러스 5만큼을 줬다면 어쩔 수 없이 제로를 맞추기 위해 B에게는 마이너스 5를 주는 거예요. 이스라엘에게 복을 주셨다면 이방 백성들에게는 심판을 하실 수밖에 없다는 사고가 바로 하나님을 제로섬의 하나님으로 오해하는 겁니다.

하나님은 그런 분이 아니십니다. 이삭은 하나님을 완전히 오해했을 뿐 아니라, 하나님이 주신 말씀을 기억하지도 못했습니다. 에서와 야곱이 태어나기 전에 하나님이 이삭과 리브가에게 주신 말씀이 있습니다. 창세기 25장 23절입니다. 이삭과 리브가가 결혼한 지 20년 만에 쌍둥이를 임신합니다. 그런데 리브가의 태내에서 두 아이가 맨날 싸우는 겁니다. 맨날 싸우는 아이들로 인해 이삭과 리브가는 이 아이들이 앞으로 어떻게 될지에 대해 하나님께 기도를 드립니다. 그때 주어진 하나님의 응답이 25장 23절의 말씀입니다.

"여호와께서 그에게 이르시되 두 국민이 네 태중에 있구나 두 민족이 네 복중에서부터 나누이리라 이 족속이 저 족속보다 강하겠고 큰 자가 어린 자를 섬기리라 하셨더라."

'두 국민, 두 민족'이라고 하나님이 말씀하셨습니다. 그 당시에 하나님으로부터 받을 수 있는 가장 큰 복이 후손의 번성이었습니다. 리브가가 쌍둥이를 잉태했는데 쌍둥이가 각각 한 민족의 조상이 된다고 하나님이 말씀을 주신 것입니다. 쌍둥이가 각각 하나의 국가를 건설하는 조상이 된다는 거예요. 둘 다 엄청난 후손의 번성이라고 하는 복을 받는다는 거죠. 절대 하나님은 A라고 하는 사람에게 복을 주기 위해서 B를 저주하거나 심판하는 하나님이 아니에요. A와 B 모두에게 복을 주시는 하나님입니다.

오늘날 한국의 크리스천들이 오해하고 있는 것 가운데 하나가 있습니다. '이삭의 후예가 오늘날 기독교인이고 이스마엘의 후예가 오늘날 무슬림이다'라고 생각하면서 이삭은 하나님이 선택하시고 이스마엘은 버린 것처럼 생각합니다. 야곱은 선택하시고 에서는 버린 것처럼 이해하는 분들이 굉장히 많은데 성경을 제대로 읽지 않은 결과입니다. 성경을 자세히 보면 하나님이 이삭을 선택했다고 해서 이스마엘을 버리십니까? 절대 그렇지 않습니다. 하나님이 하갈에게 뭘 말씀하시냐면 이스마엘에게도 복을 주겠다고 분명히 약속하십니다.

25장 23절에도 잘 나와 있는 것처럼 야곱을 복 주기 위해서 에서는 어쩔 수 없이 심판을 받는 것이 아닙니다. 에서와 야곱 모두 국가를 이루고 민족의 시조가 됩니다. 둘 다 복을 받습니다. 다만 25장 23절에 '큰 자가 어린 자를 섬긴다'고 합니다. 이 내용은 당시에 일반적인 장자 우선주의에 대한 거부 선언입니다. 창세기의 중요한 특징 가운데 하나가 차자 우선주의입니다. 가인과 아벨 가운데 아벨, 이스마엘과 이삭 가운데 이삭, 에서와 야곱 가운데 야곱이죠. 야곱의

12아들 가운데 장자는 르우벤입니다. 그런데 하나님은 유다와 요셉 지파에게 더 큰 복을 주십니다. 요셉의 아들인 므낫세와 에브라임이 12지파 가운데 두 지파의 몫을 가져갑니다. 그다음에 므낫세와 에브라임 가운데 동생인 에브라임을 선택하십니다. 이처럼 창세기의 중요한 특징 가운데 하나가 장자와 차자 가운데 하나님은 항상 차자를 선택하신다는 것입니다.

이것은 세상의 주류 문화와 주류 가치를 뒤집어엎는 하나님의 판단입니다. 핵심은 이것입니다. 하나님은 두 아이 가운데 한 아이는 복을 주시고 한 아이는 저주하시는 분이 아니라 두 아이 모두에게 복을 주시는 분이라는 것입니다. 그런데 이삭은 27장에서 에서를 몰래 불러서 '내가 너에게 복을 빌어주겠다'라고 말합니다. 이 말 자체가 하나님의 말씀을 전혀 기억하고 있지 못한 행위입니다.

하나님은 분명히 '큰 자가 작은 자를 섬기리라'고 말씀하셨습니다. 작은 아들에게 더 큰 복을 주고자 한 것이 하나님의 뜻이었습니다. 그런데 이삭은 이를 망각하고 장자인 에서에게 모든 복을 몰아주려고 했습니다. 크리스천인 우리가 조심해야 할 점이 있습니다. 이삭처럼 하나님을 오해하기 쉽다는 점입니다. 하나님을 제로섬의 하나님으로 이해하기 쉽습니다. 하나님은 절대 그런 분이 아니십니다. 하나님을 그렇게 오해하게 만든 성경 말씀이 있습니다. 바로 말라기 1장 2-3절입니다.

"여호와께서 이르시되 내가 너희를 사랑하였노라 하나 너희는 이르기를 주께서 어떻게 우리를 사랑하셨나이까 하는도다 나 여호와가 말하노라 에서는 야곱의 형이 아니냐 그러나 내가 야곱을 사랑하였고 에서는 미워하였으며"

이 번역이 사람들을 오해하도록 만들고 있습니다. 말라기 1장의 말씀에 근거하여 하나님이 야곱은 사랑했고 에서는 미워했다고 사람들은 생각합니다. 이것은 창세기 본문에 비춰 봤을 때 완전히 잘못된 번역입니다. '미워한다'라는 의미의 히브리어는 미워한다는 의미보다는 '덜 사랑한다'는 의미입니다. 이렇게 번역하셔야 합니다. '하나님은 야곱을 더 사랑하였고 에서는 덜 사랑했다.' 하나님은 한 존재를 사랑하기 위해서 다른 한 존재를 미워하시지 않습니다. 두 존재 모두를 사랑하십니다. 그런데 둘에 대한 사랑이 기계적으로 균등하지는 않습니다.

그러면 이런 질문이 나올 수 있습니다. '야곱은 더 사랑하고 에서는 덜 사랑했으면 에서 입장에서는 기분이 나쁜 것 아닌가요?'라는 질문이죠. 이것을 해결할 수 있는 중요한 이야기가 바로 달란트 비유입니다. 달란트 비유를 보면, 주인이 종들에게 똑같은 달란트를 주지 않고 종에 따라 1달란트, 2달란트, 5달란트 등 차등적으로 달란트를 지급합니다. 여기서 '달란트'가 내가 소유하는 것이라면 적게 받은 종은 매우 기분이 나쁠 것입니다. 화가 나겠죠. 그런데 달란트의 의미는 무엇인가요? 내가 그것을 받아 소유하고 끝나는 것이 아니라 내가 받은 만큼의 몫을 남기는 것이 달란트의 핵심입니다.

'하나님께서 야곱을 더 사랑하고 에서를 덜 사랑했다'라고 했을 때 여기서 사랑이 내가 받고 끝나는 사랑이라면 덜 사랑받은 존재는 기분이 나쁠 수밖에 없습니다. 그런데 하나님으로부터 은혜를 받는 것은 은혜 받음에서 끝나는 것이 아니라 은혜 받은 자답게 살아가야 할 책임을 요청받는 것입니다. 5달란트 받은 존재는 5달란트만큼의 삶을 살아내야 합니다. 2달란트 받은 존재는 2달란트만큼의 삶을 살아내야 합니다. 우리는 신앙인들 사이에 비교 경쟁을 할 필요가 없습니다. 각자가 하나님으로부터 몇 달란트를 받았는지 우리는 알 수가 없기 때문입니다.

예를 들어서 어떤 사람이 인생에서 3달란트를 남겼습니다. 어떤 사람은 1달란트를 남겼습니다. 우리가 볼 때는 3달란트를 남긴 사람이 더 대단해 보일 수 있습니다. 그런데 3달란트를 남긴 사람은 5달란트를 받았어요. 그런데 남긴 것은 3달란트 밖에 되지 않아요. 그러면 하나님으로부터 '악하고 게으른 종'이라는 책망을 받겠죠. 1달란트 받은 사람은 1달란트를 받은 사람이에요. 그 사람은 '착하고 충성된 종'이라는 평가를 받을 것입니다.

우리가 신앙인들 사이에 대해 함부로 비교하거나 평가하면 안 되는 이유가 여기에 있습니다. 우리는 현재의 그의 모습만 알고 있지 그가 하나님으로부터 얼마큼의 달란트를 받았는지를 알지 못합니다. 저는 직업적인 목사들은 하나님으로부터 한 10달란트를 받았다고 생각합니다. 누구보다도 자신들이 받은 만큼의 달란트를 남기기 위해 더 애를 써야 되겠죠. 하나님께 은혜를 적게 받았다고 해서 기분 나쁠 것이 없습니다. 적게 받은 것 자체가 소유하고 끝나는 것이라면 기분 나쁠 수 있겠지만, 받은 만큼의 몫을 남겨야 된다는 맥락 속에서는 많이 받았다고 우쭐거릴 필요도 없고 적게 받았다고 해서 위축될 필요도 없는 것입니다. 하나님은 제로섬의 하나님이 아닙니다. 그런데 이삭은 이것을 완전히 망각하고 있습니다. 그것을 27장 1절에서는 '눈이 어두워' 즉 분별력을 상실했다고 합니다. 이삭은 하나님의 말씀을 전혀 기억하지 못하고 자기 뜻대로 행한 것입니다.

이제 야곱 이야기를 하겠습니다. 야곱이 밧단아람으로 도망갔을 때 그의 나이가 젊었을 거라고 생각을 많이 합니다. 얍복강가에서 천사와 밤새 격투기를 할 때 야곱이 젊은 나이었을 것이라고 생각하는 분들이 많은데 저는 그렇게 보지 않습니다. 김회권 교수님이 책을 쓰시면서 양진일 가설이라고 하신 것이 있습니다. 제가 야곱의 나이에 대해서 창세기에 나와 있는 것을 문자 그대로 계산을 해서 교수님께 보내드린 적이 있는데 그분이 책의 각주에다가 양진일 가설이라고 쓰셨습니다. 어려운 내용은 아니고 간단히 산수만 하신다면 쉽게 이해할 수 있습니다.

창세기를 읽어 보면, 야곱이 몇 살에 요셉을 낳았는지를 알 수 있습니다. 창세기 47장 9절에 보시면 야곱이 바로를 만날 때 바로가 야곱에게 나이가 어떻게 되냐고 물어봅니다. 그때 야곱은 자신의 나이가 130세라고 대답을 합니다. 야곱이 130세 일 때 요셉이 39세였습니다. 그것을 어떻게 알 수 있을까요? 요셉은 30세에 총리가 됩니다. 그리고 7년 동안 풍년이 있었죠. 흉년 2년 차에 야곱 집안이 애굽으로 집단이주를 합니다. 그러니까 요셉은 30세에 총리 등극, 7년 간의 풍년과 2년차 흉년 때 야곱이 애굽으로 이주한 것이니까, 요셉 39세 때 야곱이 애굽에 간 것입니다. 그때 야곱의 나이가 130세입니다. 그러니까 야곱이 요셉을 91세에 낳았다는 것을 알 수 있습니다. 야곱이 91세에 요셉을 낳은 겁니다. 창세기 37장 3절을 보세요.

> "요셉은 노년에 얻은 아들이므로 이스라엘이 여러 아들들보다 그를 더 사랑하므로"

91세에 낳은 아들이니 진짜 노년에 얻은 아들이 맞죠. 그런데 이 말씀이 또 어떤 착각에 빠지게 합니다. 요셉이 야곱의 11번째 아들인데, 첫 번째부터 열 번째 아들은 야곱이 젊었을 때 낳았고 11번째 아들인 요셉은 노년에 얻은 것처럼 착각하기 쉬운데 결코 그렇지 않습니다. 첫 번째 아들이었던 르우벤과 11번째 아들인 요셉은 나이 차이가 7살을 넘지 않습니다. 첫째 아들과 열한 번째 아들이 7년 안에 다 태어난 겁니다. 엄마가 한 명이었다면 불가능한 일입니다. 그런데 네 명의 여인이 동시다발적으로 자녀 낳기 경쟁을 한 것이니 충분히 가능한 일이 될 것입니다.

7년이라는 것을 어떻게 알 수 있을까요? 창세기 30장 25절에 보세요.

> "라헬이 요셉을 낳았을 때에 야곱이 라반에게 이르되 나를 보내어 내 고향 나의 땅으로 가게 하시되"

이 말은 야곱과 라반이 약속했던 결혼 지참금의 노동 기간이 끝났다는 말입니다. 그 기간이 총 14년입니다. 31장 41절을 보세요. 야곱이 라반에게 한 말입니다.

"내가 외삼촌의 집에 있는 이 이십 년 동안 외삼촌의 두 딸을 위하여 십사 년, 외삼촌의 양 떼를 위하여 육 년을 외삼촌에게 봉사하였거니와"

야곱이 라반의 집에 머물렀던 총 기간이 20년입니다. 그 가운데 14년은 라반의 두 딸을 아내로 맞이하기 위해서 노동을 한 것이고, 이후 6년은 정당한 임금을 받고 노동을 했습니다. 총 20년입니다.

정리를 해볼게요. 야곱이 밧단아람으로 도망칠 때 나이가 77세입니다. 요셉이 태어났을 때 야곱은 결혼 지참금의 기간을 끝내고 자기 고향으로 돌아가겠다고 말합니다. 77세를 어떻게 알 수 있나요? 91세에 요셉을 낳았잖아요. 거기에 결혼 지참금 14년을 빼면 77이 됩니다. 당시 대부분의 남자들 결혼 연령이 30~40세 사이였습니다. 아브라함과 사라를 볼 때 아내가 남편보다 10살이 적은 것을 보면, 당시 여성은 20~30세 사이에 결혼했다고 봐야 합니다. 남자보다 10살이 어리죠.

야곱이 77세에 라반의 집에 갔다는 것은 레아와 라헬이 자기 아버지뻘 되는 사람과 결혼한 것입니다. 야곱이 굉장히 노총각이었던 것이죠. 이것을 어떻게 알 수 있을까요? 당시 일반적인 결혼 지참금이 보통 1년 연봉입니다. 그런데 야곱은 라헬이라는 아내를 얻기 위해서 7년 노동을 했습니다. 그런데 삼촌이 속이고 레아를 첫 번째 아내로 주었죠. 그리고 일주일 후에 라헬을 부인으로 또 주었습니다. 야곱은 일주일 간격으로 레아와 라헬이라는 두 여인을 아내로 맞이한 것입니다. 그러니까 7년 노동하고 나서 첫 번째 아내를 얻게 된 것이고 그리고 일주일 있다가 두 번째 아내를 얻은 다음에 결혼 지참금인 7년 노동을 다시 한 것입니다. 이것이 총 14년이에요. 당시 일반적인 결혼 지참금과 비교했을 때 야곱은 굉장히 과도하게 결혼 지참금을 지불하였습니다. 이유가 뭘까 생각했을 때, 창세기에 나와 있는 것을 문자 그대로 본다면, 야곱은 77세에 라반의 집에 가게 되었고 77세라는 나이는 레아나 라헬 입장에서는 아버지뻘 되는 남자와 결혼하는 것이었기에, 조금은 과도한 결혼 지참금을 지불하게 된 것이 아닌가로 추측할 수 있습니다.

야곱이 두 명의 아내를 얻기 위한 결혼지참금으로 14년의 노동을 하였을 때 요셉이 태어납니다. 그때 야곱은 라반의 집을 떠나겠다고 말합니다. 약속한 노동의 시간이 끝났기에 집을 떠나겠다고 말했다고 볼 수 있습니다. 그때 라반은 정당한 임금을 줄 것을 약속하고 야곱에게 계속해서 노동을 시킵니다. 야곱은 6년을 더 라반의 집에 있게 됩니다. 총 20년의 세월을 라반의 집에서 지낸 후에 그는 그 집을 나옵니다. 그때 야곱의 나이가 97세입니다. 그때 얍복강에서 천사와 씨름한 것이니까 결코 젊은 나이가 아니죠. 11장 26절을 보세요.

"데라는 칠십 세에 아브람과 나홀과 하란을 낳았더라."

아브라함이 제일 먼저 나오니까 당연히 아브라함이 장자라고 생각하기 쉬운데, 꼭 그런 것은 아닙니다. 도리어 아브라함은 장자가 아닐 가능성이 높습니다. 창세기에 나오는 내용과 사도행전 7장에 나오는 내용을 연결해 보면 아브라함이 갈대아 우르를 떠난 후에 하란에 머무릅니다. 이때 아버지가 죽습니다. 아버지가 죽은 다음에 아브라함은 가나안 땅에 옵니다. 창세기 11장 32절에 데라는 205세에 하란에서 죽습니다. 아버지가 죽은 다음에 아브라함이 하란을 떠나게 되는데 그때 아브라함의 나이가 75세니까 아브라함이 장자일 수는 없는 것입니다. 데라가 130세경에 아브라함을 출생했다고 봐야 합니다.

이스라엘의 족보는 혈통적으로는 세 번째, 네 번째 태어났다 하더라도 부모의 신앙을 계승하는 경우에 장자로 인정해주기도 합니다. 야곱의 열한 번째 아들이었던 요셉이 장자의 권리를 가져간 것도 그런 맥락에서 이해해야 합니다. 족보에 맨 앞에 기술되어 있다고 해서 그 사람이 꼭 육신의 장자는 아닐 수 있습니다. 많은 신앙인들이 야곱이 밧단아람으로 갔을 때를 젊은 시절로 보고, 요셉을 노년에 얻었다고 해서 요셉과 다른 형제 사이에 나이 차이가 많을 것이라고 생각하는데 그렇지 않다는 것을 설명을 드렸습니다.

야곱이 두 자매와 결혼하고 7년 이후부터 아내들이 자녀를 낳기 시작했습니다. 그런데 요셉이 태어났을 때 약속한 결혼 지참금의 기간이 끝나면서 고향으로 돌아가겠다고 한 것이니까, 후반부 7년 사이에 첫째부터 11번째 아들이 다 태어난 것입니다. 여섯 번째 아들과 일곱 번째 아들은 동갑일 가능성이 높다고 생각합니다. 4명의 부인에게서 동시다발적으로 아이들이 태어났기 때문에 같은 해에 태어난 아이들도 분명 있었을 것입니다. 요셉만 노년에 얻은 아들이 아니라 사실은 야곱의 아들들 모두가 다 노년에 얻은 아들입니다.

말씀과 함께 모세오경 3-2

야곱에 대한 이야기를 좀 더 해보겠습니다. 창세기 28장은 야곱이 밧단아람으로 도망가는 과정에서 있었던 사건인데요. 루스라는 곳에서 야곱이 하룻밤 노숙을 하게 됩니다. 그런데 자다가 깨어서 하늘과 땅 사이에 사닥다리가 있고 천사가 오르락내리락 하는 것을 보게 됩니다. 그리고 16절에 이런 고백을 합니다.

"야곱이 잠이 깨어 이르되 여호와께서 과연 여기 계시거늘 내가 알지 못하였도다"

이 고백이 이스라엘의 가장 원초적인 신앙 고백이라고 할 수 있습니다. 그런데 성전 건축 이후부터는 새로운 신앙적 사고가 강조됩니다. 성전이 건축되고 나서부터 강조된 것이 소위 '신전 신학'입니다.

신전 신학이라는 것은 '신전은 신의 집이다', '신을 만나기 위해서는 신전에 가야 한다', '신전이 아닌 곳에서는 신을 만날 수 없다'는 삼단 논법으로 전개가 됩니다. 이것을 거부하는 것이 바로 반신전 신학입니다. 특정한 곳에 가야만 신을 만날 수 있는 것이 아니라 그의 백성이 있는 곳에 하나님은 함께 하신다는 것입니다. 이것이 소위 반신전 신학입니다. 우리가 어디에 있건 하나님의 심방, 하나님의 찾아오심이 가능하다는 것입니다. 특정한 공간에서만 하나님을 만날 수 있는 것이 아니라는 거죠. 그 최초의 고백이 바로 창세기 28장 16절에 나옵니다. 야곱은 하나님이 여기 계셨는데 자신이 알지 못했다고 말합니다. 그런데 이런 반신전 신학이 이후에 솔로몬의 성전 건축 이후에는 신전 신학으로 변화됩니다. 그런데 사실 이것은 솔로몬도 의도하지 않았습니다. 열왕기상 8장 27절을 보겠습니다.

"하나님이 참으로 땅에 거하시리이까 하늘과 하늘들의 하늘이라도 주를 용납하지 못하겠거든 하물며 내가 건축한 이 성전이오리이까"

솔로몬이 성전을 봉헌하면서 하나님께 '하늘과 하늘들의 하늘이라도 하나님을 모실 수 없다'고 기도합니다. '하물며 내가 지은 이 조그만 건물 안에 하나님을 모실 수 없다'고 분명히 합니다. 한번 생각해 보세요. 어떤 신전을 짓고 나서 '여기가 하나님의 집이다, 하나님이 이 신전에 계신다'고 한다면 신전이 큰 겁니까, 하나님이 큰 겁니까? 당연히 신전이 큰 거죠. 천하만국을 창조하신 크고 위대하신 하나님을 이 지상 어디에 모실 수 있다는 말입니까? 솔로몬조차도 성전을 봉헌할 때 자기가 지은 조그만 건물 안에 하나님을 모시는 것이 아님을 분명히 했습니다. 그는 다만 하나님께 하나님의 이름만이라도 이 성전에 허락해 달라고 간구합니다. 그 이름에 의지하여 기도할 수 있도록 해달라고 한 것입니다.

그런데 성전이 건축되고 나니까 성전을 통해서 생계를 유지했던 종교 지도자들은 사람들이 자주 성전에 와서 제물을 많이 바쳐야 자기들의 생활이 보장될 것 아닙니까? 이때부터 소위 이원론 신학이 강화되기 시작합니다. 성전은 하나님의 집이고 하나님을 만나기 위해서는 성전에 와야 된다는 식의 이원론적인 신학이 성전 건축 후에 강조됩니다. 원래 이스라엘의 가장 근원적인 신앙 고백은 창세기 28장 16절입니다. 특정한 곳에 하나님이 계신 것이 아니라 그의 백성이 있는 곳에 하나님이 함께 하신다는 것입니다. 그것을 우리가 분별하느냐 분별하지 못하느냐, 하나님과 동행하느냐 동행하지 못하느냐의 문제인 것이지, 특정 시공간에 하나님을 가둘 수 없다는 것이 이스라엘의 가장 근원적인 신앙 고백인 것입니다.

창세기 32장 27절과 28절에 얍복강 씨름 사건이 나오는데 이것은 좀 가볍게 설명하고 넘어 가겠습니다. 교회 주일학교 공과를 보니까 야곱하고 날개 달린 천사가 샅바 붙잡고 씨름 하는 그림이 있던데 여기 나오는 씨름은 너무나 한국식 번역입니다. 요즘 유행하는 격투기라고 이해하시면 되겠습니다. 한밤에 자신을 찾아 온 낯선 존재와 야곱이 밤새 격투를 한 것입니다. 그런데 한참 격투를 하다가 야곱과 싸우던 그 존재가 야곱에게 갑자기 질문을 합니다.

"그 사람이 그에게 이르되 네 이름이 무엇이냐 그가 이르되 야곱이니이다 그가 이르되 네 이름을 다시는 야곱이라 부를 것이 아니요 이스라엘이라 부를 것이니"

이 구절을 읽다 보면 뭔가 이상하지 않으세요? 이것을 문자 그대로 받아들이면 이런 겁니다. 혹시 영화에서 그런 장면 보신 적 있으세요? 두 사람이 밤새 싸우다가 어느 순간 둘 다 기진맥진해서 땅에 드러눕습니다. 그리고 한 사람이 이런 얘기를 합니다. '그런데 우리가 왜 싸웠지?' 창세기 32장의 이 본문도 마치 이런 질문을 하는 것과 비슷합니다. 밤새 야곱과 싸운 존재가 갑자기 야곱에게 '너의 이름이 뭐냐?'고 묻습니다. 지금까지 밤새 치고 받고 싸웠는데 그럼 자기가 싸운 상대방이 누군지도 모르고 지금까지 싸웠단 말입니까? 원래 싸움하기 전에 통성명해야 하는 것 아니에요? 밤새 싸우고 나서 갑자기 '너 이름이 뭐냐?'라고 묻는다는 것은 참 이해하기 어려운 상황입니다.

창세기 32장 27~28절 말씀은 이렇게도 번역할 수 있습니다. 유대인들에게 이름이라고 하는 것은 존재와 같은 것이고, 존재는 정체성과 같은 겁니다. 쉽게 얘기하면 '네 이름이 무엇이냐?'라는 것은 '너는 어떤 존재냐?', '너는 어떤 삶을 살아왔냐?'라는 질문으로 이해할 수 있습니다. 이때 '나는 야곱입니다'라는 대답에서 야곱이라는 이름의 뜻을 풀어보세요. 그러면 '나는 남의 발을 걸려 넘어지게 한 사람입니다', '나는 남을 속이는 인생을 살아왔습니다'로 해석이 가능합니다. 그때 야곱과 싸운 존재가 '너는 더 이상 야곱이라고 하지 마라'라고 말합니다. '더 이상 남을 속이고 남의 발목을 걸려 넘어지게 하는 존재로 살지 마라'는 것입니다. 그리고 새로운 이름 '이스라엘'로 살아가라고 합니다. 여기 이스라엘이라는 것은 여러 의미가 있습니다. '하나님과 겨루어 이긴다'는 의미도 있고 출애굽 이후에 이스라엘 공동체가 탄생할 때는 '하나님을 경외한다'는 의미도 있습니다.

'너는 어떤 존재이냐?', '너는 어떤 삶을 살아왔냐?'라는 질문은 야곱이 그동안 걸어온 인생에 대한 질문으로 해석할 수 있고, 여기에 대해 야곱은 지금까지 자기가 걸어온 인생에 대해 회개를 한 것입니다. '나는 남의 발목을 걸려 넘어지게 하는 삶을 살아왔습니다', '나는 남을 속이는 삶을 살아왔습니다.' 이렇게 되면 이것은 회개의 고백이 되는 것이고 그 회개의 고백에 대한 하나님의 축복으로서 '너는 더 이상 남의 발목을 걸려 넘어지게 하는 속이는 삶이 아니라 하나님과 동행하고 하나님을 경외하는 이스라엘의 삶을 살아라'라고 말씀하셨다고 해석할 수 있습니다. 저에게는 이런 해석이 더 타당해 보이는데 여러분은 어떠신지요? 앞으로 성경을 읽을 때 본문에 이름이 나오면 그 이름을 한번 풀어보시기 바랍니다. '나는 야곱입니다'라는 것을 풀면 뭐에요? '나는 남을 속이는 삶, 남의 발목을 걸려 넘어지게 하는 존재입니다'로 풀어집니다. 성경 읽을 때 고유명사로서의 이름이 나올 경우에 그 이름의 의미를 풀어서 해석하면 조금 색다른 성경 읽기가 가능해지고 의미가 보다 구체화되는 본문들도 많이 있을 것입니다.

야곱은 원하는 모든 것을 이뤄냈지만 매우 험난한 인생을 살았습니다. 바로에게 그런 얘기를 하죠. '내 나이가 130세인데 조상들에 비해서는 얼마 되지 못하지만 매우 험악한 인생을 살았습니다.' 저는 야곱을 보면 현대인의 표상 같다는 느낌이 듭니다. 야곱은 자기가 원하는 모든 것을 이뤄낸 사람입니다. 야곱은 한 번도 자기가 원하는 것을 성취하는데 있어서 실패하지 않은 존재입니다. 예를 들어, 장자권을 빼앗겠다고 하면 빼앗죠. 아버지의 축복을 가로채겠다고 하면 가로채죠. 라헬과 결혼하겠다고 하면 결혼하죠. 삼촌의 양떼를 빼앗겠다고 하면 빼앗습니다. 야곱은 원하는 모든 것을 이뤄낸 사람이고 성취한 사람입니다.

그런데 야곱은 자기 인생에 대해서 뭐라고 하냐면 '나는 행복하다, 즐겁다' 이렇게 말하는 것이 아니라 자기가 '굉장히 험악한 인생을 살았다'라고 고백합니다. 저는 야곱의 고백을 볼 때마다 현재 대한민국의 많은 사람들의 표상 같다는 느낌이 들어요. 한국 사람들만큼 이렇게 열심히 성실하게 살아가는 사람들이 세상에 어디 있어요? 이렇게 짧은 기간 안에 엄청난 경제 성장을 맛보고 부유한 삶을 누려 가고 있는데, 안타깝게도 자기 삶에 대해 만족하는 사람이 거의 없습니다. 원하는 많은 것을 소유하고 있고 먹고 싶은 많은 것을 먹고 있지만, 정말 '내 삶이 행복하고 즐겁다'라고 고백하는 사람은 많지 않습니다. 모든 것을 이뤄냈지만 험악한 인생을 산 것 같은, 삶이 하나도 즐겁지 않고 행복하지 않은 현대인의 표상 같은 존재가 야곱이 아닌가라는 생각이 듭니다.

마지막은 요셉입니다. 우리 인생에도 이해할 수 없는 고난을 경험하게 되는 경우들이 많이 있는데 저는 요셉과 다윗을 보면서 정말 생의 의지가 강한 사람이라는 느낌을 갖게 됩니다. 요셉이라는 사람이 17살에 노예로 팔려갔거든요. 보디발의 집에서 일을 하게 되었는데 성실하게 일한 결과 가정 총무가 되었습니다. 그런데 어느 날 보디

발의 아내가 요셉을 유혹했잖아요. 요셉이 하나님을 경외하는 마음
으로 보디발의 아내의 유혹을 뿌리쳤습니다. 하나님께 순종한 거예
요. 하나님을 경외한 거예요. 그런데 하나님께 순종한 결과 우리가
생각하는 복을 받거나 상을 받은 것이 아니라 요셉은 감옥에 수감됩
니다. 이럴 수 있는 것입니다.

　죄악으로 충만한 이 땅에서는 하나님의 백성답게 정직하게 진실
하게 거룩하게 살아간다고 해서 우리가 기대하는 은혜와 복을 받는
것이 아니라, 때로는 하나님의 백성답게 살아가는 삶이 우리를 고난
으로 인도할 수도 있습니다. 요셉이 그러한 경우입니다. 감옥에서도
요셉은 열심히 살았어요. 어느 날 떡 맡은 관원장과 술 맡은 관원장
의 꿈도 해몽해 줍니다. 요셉이 얼마나 생의 의지가 강하냐면 꿈을
해몽해 준 다음에 '당신이 복직하면 나를 기억해달라'고 간절히 요
청을 합니다. 그런데 복직된 관원장이 완전히 요셉을 망각합니다.

　요셉만큼이나 생의 의지가 강한 사람이 다윗이에요. 이후에 사무
엘상을 공부할 때 말씀드리겠지만 다윗은 이새의 정부인의 아들이
아닐 가능성이 높습니다. 왜냐하면, 일단 성경에 보면 대부분의 왕
들은 어머니의 이름이 나오는데 다윗은 어머니의 이름이 한 번도 나
오지 않습니다. 그리고 사무엘상 16장에 보면 당시 최고의 종교 지
도자였던 사무엘이 이새에게 아들들을 다 소집시켜 놓으라고 하면
서 그 아들들 가운데서 한 명에게 기름을 붓겠다고 하는데 이새가
생각할 때 다윗은 소집시켜야 될 아들 안에 포함되지 않습니다. 한
마디로 다윗은 홍길동과 비슷한 서자입니다. 다윗은 서자의 아들로

서 밑바닥에서 출발하여 이후에는 사울 왕의 사위까지 올라갑니다.

제일 밑바닥에서 최정상까지 올라가서 이제 인생의 꽃길만을 걷게 될 것이라고 생각했는데 그때부터 사울 왕으로부터 끊임없는 박해를 받습니다. 유대 광야를 오랜 세월 유랑하고 나중에는 살기 위해 이스라엘의 원수 국가인 블레셋으로 도망치고 블레셋에서 살기위해 미친 척하고 침을 질질 흘리며 살아간단 말이에요. 제가 볼 때자존심 강한 사람이라면 그렇게 살기 어렵습니다. '내가 지금 여기서 뭐하고 있는 거냐, 이렇게까지 해서 살아야 되냐'라는 마음이 들것 같은데 다윗은 그 모든 수치심을 인내합니다. 요셉과 다윗을 볼때마다 합력하여 선을 이루시는 하나님에 대한 믿음의 모델 같은 느낌이 듭니다. 요셉은 하나님을 경외한 결과 성폭행범이라는 억울한누명을 쓰고 감옥에 수감됩니다. 이처럼 말씀에 대한 순종이 때로는죄악으로 가득한 세상 속에서 고난을 동반할 때가 있다는 것을 기억하시고 각오하셔야 합니다.

제가 강의안에 괄호 열고 주기철 목사님의 면직이라고 써놨습니다. 여러분 아시다시피 우리 한국교회가 주기철 목사님을 얼마나 존경하고 있습니까? 해방 이후에 모든 한국교회가 주기철 목사님을 다존경했습니다. 아마 나이 드신 분들은 기억하실 텐데 옛날에는 금요일에 철야 기도했잖아요. 그래서 교회에서 금요일 밤마다 영화도 많이 보여주고 그랬어요. 저도 어렸을 때 주기철 목사님 영화를 보며감동을 많이 받았습니다. 그런데 1997년 통합측 평양 노회에서 주기철 목사님이 복권이 되었습니다. 1997년에요. 이것이 당시에 굉장한 뉴스가 되었습니다. 1997년에 주기철 목사님이 복권된 것이 왜 사람들에게 뉴스가 되었을까요? 목사가 복권이 되었다는 말은 오랜 세월 동안 그 목사님이 면직 상태에 있었다는 말이기 때문입니다. 목사에게 면직이라고 하는 것은 사형 선고와 똑같은 것입니다. '너는 목사로서의 자격이 없다', '너는 목사로서의 직무를 수행하면 안 된다'는 것이 면직 선언입니다. 주기철 목사님이 복권이 되었는데 그때가 언제냐면 1997년이었습니다. 그러면 1997년 그때까지 주기철 목사님의 공식적 신분 상태는 뭐였다는 말입니까? 목사 면직 상태였던 것입니다.

그런데 1945년부터 모든 한국 교회가 주기철 목사님을 존경했는데 주기철 목사님의 공식적 신분은 면직 상태였단 말이에요. 주기철 목사님의 복권 소식을 듣고 사람들은 질문하기 시작합니다. '왜 주기철 목사님이 면직이 되었어?', '신사 참배도 하지 않고 가장 목사다운 목사님인데 왜 면직이 되었어?' 알고 보니까 주기철 목사님의 면직 사유가 뭐냐면 총회 지시 불이행입니다. 총회의 지시를 따르지 않았다는 거예요. 그럼 총회의 지시가 뭐였죠? 신사 참배하라는 거였어요. 신사 참배하라는 총회의 지시를 따르지 않았다고 '너는 목사가 아니야'라고 하면서 주기철 목사님을 1940년에 면직시킨 것입니다.

우리가 백번 양보해서 그때는 일제 시대였으니까 어쩔 수 없이 일제의 강압에 의해 주기철 목사를 면직시켰다고 이해할 수 있습니다. 그런데 해방된 이후에 대한민국의 모든 교회가 주기철 목사님을 존경했는데 왜 해방되고 나서 주기철 목사님을 바로 복권시키지 않았을까요? 왜 1997년에서야 복권시켰을까요? 주기철 목사님을 복권시켰다고 하면 사람들이 이런 질문을 하겠죠. '도대체 어떤 미친놈들이 주기철 목사님을 면직시킨 거야?', '어떤 놈들이 재판한 거야?'라고 따질 것 아닙니까? 주기철 목사 면직 재판에 참여했던 사람들이 해방된 이후에 다 노회장하고 총회장하고 기관장을 했습니다. 그럼 왜 1997년이었을까요? 재판에 참여했던 사람들이 다 돌아가신 시점이 그때입니다. 그래서 주기철 목사님이 1997년에 복직이 된 것입니다.

제가 지금 실례를 하나 든 것인데 이것이 과거의 어떤 사건으로 끝나는 것이 아니라 여전히 현재 진행형의 사건들도 많이 있다는 것을 아셔야 합니다. 그래서 우리가 이런 신앙의 주장을 정말 조심하셔야 합니다. 우리가 하나님께 순종 많이 하면 복을 받고, 우리가 순종 많이 하면 어떤 근심 걱정도 우리 삶에 존재하지 않는다는 그런 말을 경계해야 합니다. 도리어 죄악으로 충만하고 거짓이 만연한 땅에서는 하나님의 백성답게 정직하게 진실하게 거룩하게 살아간다는 것 자체가 진짜 고난의 길을 걸어갈 결단이 없으면 불가능한 것입니다. 말씀에 순종하는 삶이 우리를 고난으로 이끌 수 있습니다. 신앙은 그 좁은 문을 통과해서 협착한 길을 걸어가는 것입니다. 신앙을 이렇게 이해하셔야지 우리가 예수 믿는 순간부터 어떤 인생의 근심 걱정도 없어지고 원하는 모든 것을 다 응답받을 수 있다는 것은 성경이 말하는 기독교 신앙의 내용이 아닙니다.

그것을 잘 보여주는 것이 요셉의 고난이야기입니다. 감사하게도 요셉은 인생의 추락 속에서도 믿음을 지켰어요. 히브리어로 '믿음'이라는 것을 '에무나'라고 하는데 '하나님의 뜻을 알 수 없는 그 순간에도 하나님에 대한 신뢰를 포기하지 않은 것'입니다. 이것이 에무나의 뜻이에요. 믿음이라고 하는 것은 어떤 문장을 인지적으로 동의하거나 수용하는 것 이상입니다. 하나님의 뜻을 알 수 없는 그 순간에도 하나님에 대한 신뢰를 포기하지 않는 것입니다. 내가 지금은 이해할 수 없지만 하나님의 선한 뜻이 있을 것이라는 믿음 안에서 하나님의 통치 안에 신실하게 거하는 것입니다. 이것을 성경은 믿음이라고 하고 그 믿음의 길을 신실하게 걸어갔던 모델이 바로 요셉이라 할 수 있습니다. 우리가 아브라함과 이삭과 야곱, 요셉에 대해 짧게 살펴봤습니다.

이제 출애굽기로 넘어가겠습니다. 창세기가 50장까지 있고 출애굽기가 40장까지 있는데요, 창세기 50장과 출애굽기 1장 사이에는 약 430년이라는 시간적 간격이 있습니다. 한 장 사이에 엄청난 시간적인 간격이 있는 것입니다. 창세기를 보면, 하나님이 아브라함을 믿음의 사람으로 부르시면서 두 가지 약속을 하십니다. 하나가 후손의 번성이고 또 하나가 가나안 땅을 주시겠다는 약속입니다. 놀랍게도 후손의 번성이라는 약속이 어디에서 성취되냐 하면 애굽에서 성취가 됩니다. 약 430년이라고 하는 그 기간 가운데 엄청난 후손의 번성을 맛보게 된 겁니다. 그렇다면, 이제는 어떤 약속이 성취가 되어야 합니까? 가나안 땅을 주시겠다고 하는 하나님의 약속이 성취되어야겠죠. 그러니까 자연스럽게 출애굽이 있어야 된단 말이에요.

하나님께서 허락하셨던 두 가지 약속에 근거할 때 후손의 번성이라고 하는 약속은 애굽에서 성취가 되었습니다. 그러면 이제 유일하게 남은 것은 가나안 땅을 주시겠다는 약속이니까, 이제는 애굽의 압제로부터 벗어나서 하나님의 약속의 땅 가나안으로 이동하여 정착을 해야 합니다. 출애굽 사건이 필연적으로 요청되고 있는 것이라고 이해하시면 됩니다. 출애굽기가 정말 중요한 것이 이스라엘의 가장 원초적인 신앙 고백인 '하나님은 어떤 분이신가?'에서 '하나님은 우리가 바로의 압제 가운데 신음할 때 우리를 구원해주신 분이시다'를 알려주는 본문입니다.

하나님에 대한 이 고백이 이스라엘의 가장 원초적인 신앙 고백입니다. 출애굽 사건은 과거의 일회적 사건이 아닙니다. 오늘날에도 여전히 바로와 같은 존재에게 인간의 존엄성을 박탈당한 사람들의 신음과 절규 소리를 들으시는 분이 우리 하나님이십니다. 그리고 하나님은 들으실 뿐만 아니라 고통 가운데서 억압당하는 그들을 해방시켜 주십니다. 이것이 이스라엘 신앙 공동체의 하나님에 대한 가장 원초적인 신앙 고백입니다. 성경에서 애굽과 바로라고 하는 것은 하나님을 대적하는 세력을 상징합니다. 하나님을 대적하는 세력의 압제 가운데에서 우리가 신음하고 절규하고 있을 때 하나님께서는 우리의 신음 소리를 들어주시고 우리를 구원시켜 주신 것입니다. 그 하나님의 은혜에 대한 감격에서 출발한 것이 이스라엘 신앙 공동체입니다.

출애굽기 1장의 배경을 알기 위해서는 1장 10절을 봐야 합니다.

애굽의 왕인 바로가 이런 얘기를 합니다. '바로'는 조선 시대의 왕과 같은 타이틀입니다. 바로는 한 사람의 이름이 아닙니다. 애굽의 왕을 지칭하는 것입니다. 그랄에서는 왕을 '아비멜렉'이라고 합니다. 그랄 왕 아비멜렉이라고 할 때 그것은 한 존재의 이름이 아니라 그랄에 있는 지도자, 왕을 가리키는 것입니다. 애굽에서는 왕을 '바로'라고 합니다. 참고로, 신약 성경을 보시면 예수님이 태어나실 때의 왕이 헤롯입니다.

그런데 사도행전 12장에 보면 야고보를 죽이고 베드로를 감옥에 집어넣은 왕도 헤롯입니다. 그러면 우리는 어떻게 생각하냐면 예수님이 태어나실 때 통치했던 그 헤롯이 야고보를 순교하게 만들고, 베드로를 감옥에 넣었다고 생각하기 쉬운데 그렇지 않습니다. 사도행전 12장에 나오는 헤롯은 헤롯 아그립바 1세라는 사람입니다. 이 사람은 헤롯 대왕의 손자입니다. 다 헤롯 집안이에요. 헤롯 집안의 사람들이 100년 정도 이스라엘을 통치했습니다. 그런데 성경에 다 헤롯이라고 하다 보니까 이 헤롯과 저 헤롯이 헷갈릴 때가 많은데 그들 모두가 헤롯 집안입니다. 애굽의 모든 왕은 '바로'이고 신약에 나오는 '헤롯'이라는 것은 한 가문의 이름입니다. 가문의 이름 외에 각자 자기 이름이 별도로 있습니다. 헤롯 아켈라오, 헤롯 안티파스, 헤롯 아그립바 이런 식으로 자기 이름이 있습니다.

여기 출애굽기 1장의 바로가 신하들을 모아 놓고 뭘 고민하냐면 10절입니다.

"자, 우리가 그들에 대하여 지혜롭게 하자 두렵건대 그들이 더 많게 되면 전쟁이 일어날 때에 우리 대적과 합하여 우리와 싸우고 이 땅에서 나갈까 하노라"

'지혜롭게 하자'는 말이 나옵니다. 출애굽기 1장은 세상 사람들이 추구하는 지혜와 성경이 말하는 참 지혜를 비교하고 있습니다. 1장 10절과 비교되는 말씀이 뭐냐면 1장 17절입니다. 바로가 산파에게 남자 아이들을 죽이라고 명령을 내렸는데 산파들이 거역을 합니다. 그러면서 그 이유를 이렇게 설명합니다.

"그러나 산파들이 하나님을 두려워하여 애굽 왕의 명령을 어기고 남자 아기들을 살린지라"

이 구절에서 '하나님을 두려워하여'라는 말이 '하나님을 경외하여'라는 말입니다. 성경은 무엇을 지혜라고 하죠? 여호와를 경외하는 것이 지혜의 근본이라고 말합니다. 여기 근본이라는 말은 '시작'이란 말입니다. 여호와를 경외하는 것이 지혜의 시작이라는 말입니다.

세상의 모든 부모들은 자기 자녀들이 다 지혜로운 아이가 되기를 원합니다. 지혜로운 아이로 키우기 위해 이 공부 저 공부를 많이 시킵니다. 많은 사람들은 많은 지식을 누적시키면 어느 순간 쌓여 있는 지식을 통해 그 존재가 지혜의 사람으로 변모할 수 있을 것이라고 기대합니다. 그런데 성경은 무엇을 지혜라고 합니까. 아무것도 배우지 못한 사람이라 하더라도 하나님을 경외하는 마음으로 인생의 한 걸음 한 걸음을 내딛는다면 그것이 바로 지혜의 삶입니다. 성경이 말하는 핵심은 어떤 마음 자세와 태도로 인생을 살아가는지가 지혜의 삶을 결정한다는 것입니다. 하나님을 경외함으로 한 걸음, 한 걸음을 내딛는 삶이 지혜의 삶입니다. 그런데 1장 10절에서 바로는 신하들을 모아 놓고 뭐라고 말합니까? '우리가 지혜롭게 하자' 이렇게 말합니다. 이것이 세상 지혜의 가장 중요한 특징입니다. 세상의 지혜는 지금 내가 누리고 있는 유익을 절대 포기하지 않는 범위 안에서 발생할 수 있는 문제를 해결하려고 하는 것이 특징입니다.

지금 바로가 무엇을 고민하고 있는 거죠? 히브리 사람들의 인구가 점점 늘어나는 거예요. 그래서 '어느 이방 민족이 애굽을 공격하게 될 때 애굽을 공격하는 사람들과 히브리인들이 힘을 합쳐서 우리 애굽을 공격하면 어떻게 하지?' 이것을 고민하는 거예요. 이것을 해결하기 위해서 지혜롭게 하자면서 의견을 내놓고 있는 것입니다. 그런데 한번 생각해보세요. 이런 해결책이 나올 수도 있잖아요. 어느 이방 민족이 애굽을 공격할 때 어떻게 히브리인들을 우리 애굽과 한 편되게 만들 것인가, 그래서 히브리인들과 애굽 사람들이 힘을 모으고 마음을 모아서 애굽을 공격하는 사람들과 함께 싸우는 이 방법을 고민할 수도 있잖아요.

그런데 절대 그런 해결책은 모색하지 않습니다. 왜 그런지 아세요? 지금 애굽 사람들은 어느 순간 히브리 사람들이 애굽 사람들을 공격할 것에 대해 두려워하고 있습니다. 왜 그런 두려움을 갖고 있는 것입니까? 자신들이 지금 히브리인을 괴롭히고 있기 때문입니다. 그들의 의사와 무관하게 강제 중노동을 시키고 있으니까요. 당연히 히브리인들이 애굽 사람에 대해 우호적인 감정을 갖기 어렵습니다. 그 히브리인을 부려 먹으면서 애굽 사람들이 얼마나 많은 유익을 누리고 있습니까? 히브리인들을 애굽 편이 되게 만들려면 더 이상 히브리 사람들을 그렇게 부려 먹으면 안 되겠죠. 그렇게 부려 먹지 못하게 되면 지금껏 누려왔던 많은 것을 포기해야겠죠. 그래서 애굽 사람들은 절대 그러한 선택을 할 수가 없는 거예요. 세상의 지혜는 지금 내가 누리고 있는 기득권이나 유익을 절대 포기하지 않는 범위 안에서 우려되는 문제를 어떻게 해결할 것인가를 고민하는 것입니다. 그래서 세상 지혜의 가장 중요한 특징이 뭐냐면 자기 유익 추구적입니다.

성경이 말하는 진짜 지혜는 무엇입니까? 하나님을 경외하는 마음으로 인생의 한 걸음, 한 걸음을 내딛는 것입니다. 이 세상적인 지혜에 근거해보면, 조폭들의 모임에도 지혜로운 사람이 있습니다. 조폭들 중에는 어떤 사람이 지혜로운 사람이겠습니까? 법망을 피해 가면서 남의 것을 갈취 많이 할 수 있도록 아이디어를 내는 사람이 지혜로운 사람이겠죠. 이런 식으로 세상 곳곳에 다양한 의미에서 지혜로운 사람들이 있습니다. 그러나 성경은 그런 것을 지혜라고 하지 않습니다. 여호와를 경외하는 마음으로 인생의 한 걸음 한 걸음을 내딛는 것을 성경은 지혜라고 합니다.

강의안을 보시면, 바로에서 모세로 바뀌는 것을 '회개, 중생, 거듭남'이라고 얘기합니다. 바로와 모세라고 하는 존재는 한 인간이 갖고 있는 두 가지 얼굴이라고 할 수 있습니다. '나'라는 한 존재 안에도 바로와 같은 모습이 있습니다. 바로는 누굽니까? 내가 좀 힘이 있어요, 내가 좀 권력이 있어요, 그러면 이때 나보다 연약한 사람들을 지배하고 착취하고 싶어합니다. 한 마디로 갑질하는 존재가 됩니다. 이 것이 우리 안에 있는 바로의 모습입니다. 모세는 어떤 존재입니까? 이런 갑들에 의해서 을들이 신음하고 있을 때 그 을을 돕기 위해서 기꺼이 피해를 감수하는 사람이 모세입니다. 어떻게 보면 우리 존재 안에 이런 두 가지 얼굴이 다 있는 거죠.

내가 좀 힘이 있을 때는 나보다 연약한 사람들, 내가 배운 것이 많을 때는 나보다 무식한 사람들을 무시하고 하대하고 억압하려고 하고 그들의 것을 빼앗으려고 합니다. 이것이 우리 존재 안에 있는 바로와 같은 모습입니다. 그러나 어느 때는 우리 안에 모세와 같은 모습도 있습니다. 누군가가 부당하게 고난을 받고 있거나 울부짖고 있을 때 그 사람을 돕고자 하는 마음도 있죠. 기독교 신앙은 바로와 같은 삶을 살았던 사람이 모세와 같은 존재로 변화되는 것을 '거듭났다, 중생의 체험을 했다, 회개했다'라고 말합니다.

왜 하나님은 많고 많은 사람 가운데 모세를 출애굽의 지도자로 부르셨을까요? 또한 혈기왕성했던 40세의 모세가 아니라 자기는 아무 것도 할 수 없다고 꽁무니 빼는 80세의 모세를 출애굽의 지도자로 부르셨을까요? 이 문제에 대해 잠깐 살펴보겠습니다. 성경을 읽어 보면 굉장히 중요한 것을 하나 발견하게 되는데, 하나님은 준비된 자를 사용하신다는 것입니다. 가끔 부흥사들이 간증하실 때 자신은 절대로 목사가 안 되려고 여기저기 도망을 다녔는데 하나님이 강권적으로 자기를 목사 되게 만들었다는 이야기를 많이 하시는데 제가 볼 때 우리 하나님은 그런 분이 아니십니다. 목사 안 하겠다는 존재를 억지로 목사 되게 만드는 그런 폭력적이고 강압적인 분이 아니라는 말입니다.

구약에 무수하게 많은 예언자들이 등장하는데 단 한 명의 예언자도 자기가 동의하지도 않는 말씀을 억지로 선포한 예언자는 없습니다. 하나님께서 예언자의 입을 통해서 이스라엘의 정치, 경제, 사회적인 문제들을 질타하실 때, 하나님의 강권적인 역사하심 때문에 어쩔 수 없이 이스라엘 백성들을 책망하지만 속으로는 '나는 그렇게 생각하지 않아', '하나님은 그렇게 생각하실지 몰라도 내가 볼 때 이스라엘은 지금 너무나 좋아'라고 생각한 예언자는 한 명도 없습니다.

어떤 사람들이 예언자로 부름 받은 겁니까? 하나님의 관점을 공유하는 사람들, 이스라엘의 타락에 괴로워하고 분노하는 자들을 예언자로 선택하셔서 하나님의 말씀을 그들의 입에 두신 것이지, 하나님의 생각과 다른 생각을 갖고 있는데 어쩔 수 없이 예언의 말씀을 선포하는 사람으로 부름받은 사람은 없습니다. 그래서 보통 목사님들이나 부흥사들이 자기가 얼마나 대단한 사람인가를 뽐내려고 뻥을 치시는데 전혀 그렇지 않습니다. 목사로서의 길은 대부분 자신들이 선택한 겁니다. 저는 준비된 만큼 하나님이 사용하신다고 봅니다.

'왜 모세가 출애굽의 지도자로 선택이 되었는가'라고 했을 때 몇 가지 이유가 있습니다. 첫 번째로 모세가 40세에 출애굽을 해본 경험이 있습니다. 모세 스스로가 출애굽을 한 경험이 있어요. 두 번째로 40세에 출애굽 한 다음에 미디안 땅에서 40년 동안 모세가 무엇을 했습니까? 양과 염소를 쳤거든요. 여러분 아시겠지만 초식 동물 가운데 가장 고집이 센 동물이 양입니다. 우리가 보통 양의 하얀 털색깔에 속아서 양을 굉장히 유순한 동물이라고 생각하는데 절대 그렇지 않습니다. 양은 태어날 때부터 목자의 말을 듣지 않겠다고 결단하고 나오는 동물입니다. 양은 목자의 말을 거의 듣지 않아요.

중동에 가시게 되면 베두인족들이 양과 염소를 치는 모습을 볼 수 있습니다. 그런데 옛날부터 유목민들의 지혜가 있습니다. 사무엘상 25장에 보면 갈멜의 부자인 나발이라는 사람이 나오는데 그 나발이 소유하고 있는 짐승의 수가 염소 천 마리, 양 3천 마리입니다. 염소와 양의 비율이 정확히 일 대 삼입니다. 지금도 유목민들은 염소 한 마리와 양 세 마리를 칩니다. 1 대 3의 비율로요. 그러니까 아마 옛날부터 1 대 3의 비율을 깨달은 것 같아요. 실제 중동에 가보시면 양과 염소를 구별하는 것이 거의 불가능합니다. 왜냐면 일단 덩치가 보통 큰 것이 아니고 털색이 거의 똑같습니다. 여행객들은 아무리 쳐다봐도 양과 염소를 구분을 못합니다. 그때 가이드하시는 분이 설명을 하시는데 모여 있는 무리 가운데 고개를 처박고 꼬리를 내리고 있는 것은 양이고 고개를 쳐들고 꼬리를 들고 있는 것은 염소라고 합니다. 양은 대부분 고개를 처박고 있어요. 목자가 가라고 해도 못 들은 척하고 고개를 처박고 있어요.

그런데 염소는 목자의 지시 이전에 항상 어딘가를 가려고 해요. 그래서 무리를 이동시키려 할 때 목자가 염소를 먼저 이동시킵니다. 그러면 염소가 이동하는 발을 보고 양이 따라 가요. 양이 가장 말 안 듣는 고집스러운 초식 동물 가운데 하나라는 것을 아셔야 합니다. 그 양을 모세가 40년을 친 겁니다. 제가 볼 때 아마 모세가 양을 40년 동안 치면서 양 몇 마리가 운명을 달리했다고 봐야 합니다. 모세가 원 펀치의 소유자거든요. 주먹이 엄청 셉니다. 애굽 군인을 한 대 때렸는데 바로 죽잖아요. 이렇게 원 펀치의 소유자였던 모세가 유목을 하던 초기에 고집스러운 양 때문에 얼마나 힘들었겠습니까? 양 몇 마리가 분명 죽었을 것입니다.

그런데 그 양을 모세가 40년 동안 친 거예요. 그리고 그 후에 양 만큼이나 고집 세고 목이 곧은 이스라엘 백성을 40년 동안 인도한 것입니다. 40년간의 훈련의 시간이 없었다면 모세가 출애굽의 지도자로서 제대로 역할을 감당할 수 있었을까요? 저는 불가능 했다고 봅니다. 모세가 원래 욱하는 성질이 있었는데 양을 40년 동안 치면서 민수기 12장 3절에 보면 지상에 있는 그 누구보다 가장 온유한 사람으로 변화된 것입니다. 그 40년간의 훈련을 통해서 양 만큼이나 고집 센 이스라엘 백성들을 인도할 수 있는 품성의 소유자가 된 거예요. 세 번째로 모세는 양을 40년 동안 치면서 광야 길을 매일 왔다 갔다 했습니다. 출애굽의 그 경로를 누구보다 지리적으로 잘 알고 있는 사람이 모세인 것입니다.

왜 많고 많은 사람 가운데 모세가 출애굽의 지도자가 될 수밖에 없었는가? 크게 세 가지 이유를 살펴봤습니다. 첫째로 모세 자신이 40세에 이미 출애굽를 한 경험이 있다, 둘째로 양과 염소를 유목하면서 고집 세고 완악한 이스라엘 백성을 40년 동안 인도할 수 있는 훈련을 하였다, 셋째로 출애굽 한 이후에 가나안 땅으로 감에 있어서 그 경로를 누구보다 지리적으로 잘 아는 사람이 모세였다는 것입니다. 그런데 나중에 모세는 요단강 건너 가나안 땅에는 못 들어갑니다. 출애굽 1세대 가운데 가나안 땅에는 누가 들어갑니까? 12정탐꾼 가운데 여호수아와 갈렙만 들어갑니다. 왜 모세는 가나안 땅에 못 들어가고 가나안 땅 이후에는 여호수아가 이스라엘 백성의 지도자가 되었을까요? 그것도 마찬가지인 거예요. 여호수아는 가나안 땅을 밟아본 경험이 있습니다.

그런데 모세는 가나안 땅을 한 번도 가본 적이 없어요. 쉽게 얘기하면 가나안 땅에 들어가기 전까지는 모세가 지리적으로 잘 알고 있지만 모세도 가나안 땅을 들어가 본 적이 없단 말이에요. 여호수아와 갈렙만 가나안 땅을 들어가 본 경험이 있었습니다. 그러니까 하나님께서 여호수아와 모세의 바톤 터치를 하게 한 것이 굉장히 절묘한 거죠. 다 나름대로 의미가 있는 겁니다. '왜 많고 많은 사람 가운데 모세인가?', 그리고 '왜 40세의 모세가 아니고 80세의 모세인가?'라고 했을 때, 40년간 미디안 땅에서 양과 염소를 치는 훈련의 시간이 있었기 때문에 모세는 40년 동안 신실하게 출애굽의 지도자로서의 역할을 잘 감당할 수 있었던 것입니다.

출애굽 사건 때 누가 출애굽을 하였습니까? 하나님의 구원 방식에 순종한 자들이 출애굽을 하게 됩니다. 나중에 여리고 성을 함락할 때도 마찬가지인데 히브리인들이라고 해서 자동 구원을 받게 된 것이 아닙니다. 어떤 사람들이 열 번째 재앙 때 장자의 죽음을 피할 수 있었던 겁니까? 하나님이 지시하신 것처럼 어린 양을 잡고 그 피를 좌우 문설주와 인방에 바른 사람들, 출애굽 해야 될 때 자기의 의지를 내어서 그 애굽을 뛰쳐나왔던 사람들이 구원을 받는 것입니다. '나는 히브리인이니까 하나님께서 알아서 구원해주시겠지'라고 생각하고 아무 것도 하지 않는 사람은 구원을 받지 못합니다.

 여리고 성을 함락할 때도 마찬가지입니다. 하나님께서 여리고 성을 주시겠다고 약속하셨습니다. 그런데 내가 팔짱 끼고 가만히 앉아 있어도 여리고 성이 우리 앞에 택배로 배달되는 것이 아닙니다. 하나님의 약속은 어떻게 성취되는 거냐면 하나님의 약속을 믿는 자들의 능동적인 순종을 통해서 현실이 되는 겁니다. 그런데 하나님의 방식은 뭐였습니까? 6일 동안 한 바퀴씩 돌고 7일째에는 일곱 바퀴를 도는 것, 하나님의 지시가 있기 전까지는 침묵하는 것입니다.

 그런데 이스라엘 백성 가운데 이런 사람이 있었다고 생각해 보세요. 매일 한 바퀴씩 돌고 일곱째 날 일곱 바퀴를 돌아야 하는데 너무 무릎이 아픈 거예요. 그래서 어떤 사람이 손들고 '아니 우리가 꼭 이런 행위를 해야 되냐? 이거 하지 않아도 그냥 하나님이 주실 것을 믿으면 되는 것 아냐?'라고 하면서 아무것도 하지 않았다고 생각해 보세요. 여리고 성을 주시겠다는 하나님의 약속이 성취될 수 있겠습니까? 누가 진짜 믿는 자입니까? 머리로 하나님이 여리고 성을 주실 것이라고 나는 믿는다고 주장하는 자가 진짜 믿는 자입니까, 아니면 하나님의 구원 방식에 순종하는 자가 진짜 믿는 자입니까? 순종하는 자가 진짜 믿는 자입니다. 그럴 때 하나님의 약속의 성취되는 것이지 인지적인 동의와 수용을 믿음이라고 착각하시면 안 됩니다. 온전한 믿음이라고 하는 것은 반드시 순종으로 드러나기 마련입니다. 마지막으로 12장 37~38절을 보겠습니다.

"이스라엘 자손이 라암셋을 떠나서 숙곳에 이르니 유아 외에 보행하는 장정이 육십만 가량이요 수많은 잡족과 양과 소와 심히 많은 가축이 그들과 함께 하였으며"

짧은 시간에 중요한 말씀을 드릴 테니까 집중해 주시길 바랍니다. 엄밀한 의미에서 이스라엘이라는 신앙 공동체는 출애굽 이후에 탄생하는 겁니다. 언제요? 시내산 언약 사건을 통해서요. 이것에 대해서는 다음에 좀 더 자세하게 설명드릴 텐데요, 누가 제 질문에 대답을 해보세요. 아브라함이 이스라엘 사람입니까 아닙니까? 아니죠. 아브라함은 갈대아 우르 사람이잖아요. 이삭은 이스라엘 사람입니까 아닙니까? 아니죠. 아버지가 갈대아 우르 사람이면 당연히 이삭도 메소포타미아 사람이죠. 이해가 되시죠? 그런데 많은 이들이 아브라함과 이삭과 야곱과 요셉이 다 이스라엘 사람이라고 생각을 해요. 아닙니다. 아브라함은 메소포타미아 사람입니다. 그의 아들, 이삭도 메소포타미아 사람인데 태어난 땅이 가나안 땅입니다. 야곱도 혈통적으로는 메소포타미아 사람인데 태어난 곳이 가나안입니다.

우리가 조심해야 할 부분이 있습니다. 이스라엘 사람들이 애굽에 내려가서 강제 종살이에 시달렸다가 하나님이 이스라엘 사람들을 출애굽시켜 주신 것처럼 이해하는 분들이 많이 계신데 그렇지 않습니다. 하나님만을 믿는 신앙 공동체로서의 이스라엘은 출애굽 이후에 탄생한 거예요. 아브라함과 이삭과 야곱과 요셉은 다 메소포타미아 사람입니다. 애굽으로 내려간 야곱의 가족을 우리는 이스라엘 사람이라고 생각하는데 그들은 엄밀한 의미에서 메소포타미아 사람입니다. 출애굽 사건 당시에 야곱의 가족들만 출애굽 한 것은 아닙니다. 12장 38절에 잘 나오는 것처럼 수많은 잡족들이 같이 나옵니다. 그 가운데 대표적인 사람이 누구냐면 갈렙입니다. 갈렙은 이후에 유다 지파를 대표하여 정탐꾼으로 가나안 땅에 가게 되는데 그는 원래 그니스 사람입니다. 그니스 사람은 에돔 사람입니다.

어떤 사람들이 출애굽 했냐면 바로의 통치가 싫은 모든 사람, 애굽이 싫은 모든 사람이 출애굽 한 겁니다. 그런데 출애굽 한 사람을 자세히 보니까 크게 두 부류가 있는 거예요. 하나가 야곱의 후손들, 또 하나가 수많은 잡족들인 겁니다. 이들을 하나 되게 만든 공통분모가 뭐냐면 반 애굽, 반 바로였습니다. 그런데 이들의 정체성이 달라진 것이 바로 시내산 언약 사건 이후입니다. 그들은 출애굽기 19장 이후에 나오는 시내산 언약을 체결하면서 이스라엘이 되었습니다. 이때 이스라엘의 뜻이 '하나님을 섬기는'이라는 뜻입니다. 하나님을 섬기는 신앙 공동체로서의 이스라엘은 출애굽 이후에 시내산 언약 사건 때부터 등장하게 됩니다. 오늘은 여기까지 하고 다음 시간에 600 엘레프에 대해 설명 드리겠습니다. 질문을 받겠습니다.

[질문]

출애굽기 4장 24~26절에 모세와 십보라가 애굽으로 갈 때 하나님이 나타나셔서 모세를 죽이려고 해서 십보라가 돌칼로 아들들에게 할례를 행하잖아요. 그런데 왜 하나님이 그렇게 보내시고선 거기서 죽이려고 했을까요?

[답]

이 본문에 대한 학자들의 해석이 매우 다양한데 제가 볼 때는 어떤 것도 100% 설득력을 갖춘 것은 없는 것 같습니다. 가장 단순하게 이해할 수 있는 것은 모세가 출애굽의 지도자로 가고 있는데 중요한 결격사유가 있는 것입니다. 야곱의 후손들은 다 할례를 받고 있는데 출애굽의 지도자라고 하는 사람이 자기 아들에게 할례를 행하지 않았다면 지도자로서의 큰 결격 사유가 아니겠습니까? 이 문제를 하나님께서 해결해주신 사건으로 이해하는 겁니다.

무엇과 같은 것이냐 하면, 사도행전에 사도 바울이 2차전도 여행을 할 때 디모데라는 사람을 함께 데리고 가거든요. 그런데 디모데는 아버지는 헬라 사람이고 어머니는 유대 사람인데 할례를 안 받았어요. 그런데 사도행전에 보시면 바울이 이방 지역 전도를 할 때 항상 이방 지역에 있는 회당에 들어간단 말이에요. 그 회당에 들어가면 디아스포라 유대인들을 만나게 되는데 그들을 대상으로 말씀을 전하는 자가 만약 할례를 받지 않았다면 유대인들이 그의 주장을 경청할 이유가 없는 것입니다. 권위를 확보할 수 없는 것이죠. 그래서 바울은 디모데에게 할례를 받게 합니다. 모세가 출애굽의 지도자가 됨에 있어서 큰 결격 사유가 될 수 있었던 사유를

극적으로 해소해 주신 사건으로 이해하시면 될 것 같습니다. 학자들이 이 본문과 관련하여 정말 다양한 해석을 많이 합니다. 아들을 할례 시키고 나서 엄마가 그 아들을 '피남편'이라고 부르는 것이 당대의 일반적인 관습이라는 주장도 있는데 제가 볼 때 설득력은 별로 없습니다. 본문의 의미를 파악하기 어려운 난해 구절 가운데 하나입니다.

[질문]

다윗의 어머니 이름이 나와 있지 않다고 하셨는데 그 당시 정부인이 아니면 이름이 안 나오나요?

[답]

열왕기나 역대기를 보면 대부분의 이스라엘 왕은 어머니의 이름을 명시하거든요. 그런데 다윗은 어머니 이름이 나오지 않습니다. 그런데 이것 하나만 가지고 다윗은 서자라고 말하는 것은 근거가 좀 약합니다. 이것보다는 사무엘상 16장에서 사무엘이 이새에게 아들들을 소집시키라고 명하는데 이새가 생각할 때 다윗은 소집시켜야 될 아들 안에 포함되지 않았다는 것이 결정적인 근거입니다.

[질문]

아브라함이 하란에서 나올 때 데라가 그 당시에 살아 있었다고 얘기하는 분들이 있거든요. 그것에 대해서는 어떻게 생각하시는지 궁금합니다. 사도행전 7장 4절에 나오는 스데반 설교하고 약간 상충하는 것 같아서 질문 드립니다.

[답]

지금 말씀하신 사도행전 7장 4절은 아브라함이 갈대아 사람의 땅을 떠나서 하란에 거하다가 그의 아버지가 죽은 후에 하나님이 그를 거기서 너희 지금 사는 이 땅으로 옮기셨다고 말합니다. 확실한 것은 아브라함이 가나안 땅에 왔을 때가 아버지가 죽은 이후라는 거죠. 그런데 창세기 11장에서 아버지는 205세에 죽었다고 되어 있거든요. 아브라함이 가나안 땅에 왔을 때는 아버지가 죽은 다음이고 그리고 가나안 땅에 왔을 때가 아브라함의 나이가 75세였으니까 당연히 하란이 130세 정도에 아브라함을 낳았다고 봐야 합니다.

[질문]

만약 숫자적으로 한다면 130세 정도에 낳은 거군요. 그러면 굳이 성경에서 70세에 낳았다고 얘기할 건 아니네요. 그런데 왜 굳이 70세에 데라가 아브라함을 낳았다는 이야기가 있으며 그렇게 숫자 표시를 했으면 아브라함이 75세에 하란에서 나올 때 분명히 데라가 하란 땅에 살아 있어야 되거든요. 그래서 어떤 사람들은 스데반이 잘 몰라서 그렇게 한 거 아니냐, 스데반이 착각한 거 아니냐고 이야기 하시는 분들이 있는데요.

[답]

스데반이 사도행전 7장에 보면 구약을 굉장히 잘 요약하고 있습니다. 혹시 여러분이 구약 성경 일독하시는 것이 부담스러우시면 사도행전 7장을 세 번 정도 정독하시면 됩니다. 그렇게 하시면 거의 일독한 효과가 있습니다. 스데반은 구약에 대한 박사입니다. 사도행전 7장에서 하나 설명 드리고 싶은 것은 창세기에는 야곱의 가족이 애굽으로 내려갈 때 70명이라 되어 있는데 스데반은 75명이라고 합니다. 숫자가 다르죠. 왜 다르냐면 스데반이 인용한 구약은 70인경 창세기입니다. 그런데 우리 창세기는 히브리어 성경을 번역한 거란 말이에요. 히브리어 성경 창세기하고 70인경 창세기가 조금 달라요. 그런데 왜 70인경 번역할 때는 75명이라 했는가? 애굽으로 내려간 야곱의 가족 70명 플러스 창세기 후반부에 보면 에브라임과 므낫세가 야곱의 아들로 입양이 됩니다. 그래서 에브라임, 므낫세 그리고 에브라임과 므낫세의 아들 3명 포함해서 75명이 된 거예요. 그래서 창세기 기록이랑 사도행전 7장의 기록이 다른 것입니다. 신약에 언급된 모든 구약 본문은 70인경입니다.

[질문]

또 하나는 강의 중에 하나님이 준비가 되어 있지 않은 사람은 쓰지 않는다고 하셨는데 하나님의 마음을 품지 않았던 대표적인 선지자가 요나로 나오잖아요. 하나님의 뜻을 따르고 싶지 않아서 다시스로 간 것인데 그것은 어떻게 봐야 되나요? 왜냐면 하나님의 뜻을 따르지 않고 준비되어 있지 않은 사람들이 목회자로 부름 받은 경우들이 이 땅에 너무 많기 때문에 그것을 어떻게 봐야 되는지 궁금합니다.

[답]

요나에 대해서는 지난번에 얘기했었죠. 계시에 대한 이야기 하면서 요나서에 나오는 모든 내용들이 역사 안에서 실제 일어났던 사건일까요? 대부분의 신학자들은 무엇인가를 깨우쳐 주기 위해서 만들어진 문학 작품으로 봅니다. 이것은 이후에 예언서 공부할 때 자세히 설명드리도록 하겠습니다. 대부분의 예언자들은 메시지에 핵심이 있는데 요나서는 메시지가 핵심이 아니에요. 요나가 보이고 있는 태도, 요나가 보이고 있는 자세 이것을 통해서 교훈을 주고자 하는 것이 요나서입니다. 열왕기하 14장 25절에 보면 요나는 국민 예언자입니다. 국민 예언자라는 말은 뭐냐면 모든 국민에게 사랑받고 존경 받는 예언자라는 것입니다. 요나가 예언한 것이 뭔지 아세요? 북이스라엘의 번성입니다. 북이스라엘이 다시 전성기를 맞이한다는 거예요. 그것을 요나가 예언했는데 여로보암 2세 때 진짜 북이스라엘이 또 한 번의 전성기를 맛보게 됩니다. 요나는 이스라엘 백성들이 듣고 싶어 하는 예언을 했고 또 그것이 성취됨으로 말미암아 모든 백성들에게 사랑받고 존경받는 예언자가 됩니다. 그러니까 이사야나 예레미야나 에스겔과는 완전히 다른 거죠. 그 요나를 주인공으로 한 겁니다. 정리하면 요나서 자체가 배타적 선민사상을 붙잡고 있는 이스라엘에 대한 책망의 말씀입니다. 그러니까 요나서는 실제 역사 안에서 있었던 사건에 대한 기술이라기보다는 하나님의 계시의 말씀 가운데 이스라엘 백성들의 잘못된 배타적 선민사상을 책망하기 위한 이야기로 봐야 합니다. 기도하고 마치겠습니다.

하나님. 한 해를 시작하는 1월부터 우리가 말씀과 함께 이 시간을 함께 하고 있습니다. 주의 말씀을 바라볼 때마다 우리가 꼭 알아야 될 것들을 깨우쳐 주시고, 우리의 믿음이 머리와 입술로만 제한되는 것이 아니라 구체적인 우리의 삶을 통해 발현되게 하소서. 하나님의 백성다운 참된 믿음의 길을 신실하게 걸어갈 수 있도록 주의 성령께서 날마다 우리의 일거수일투족을 주관하여 주옵소서. 한 주간의 삶을 시작하는 월요일 저녁입니다. 이 한 주간도 하나님과 신실하게 동행하는 삶이 되길 소망하오니 주의 성령께서 선하고 아름다운 길로 우리를 인도하여 주옵소서. 예수 그리스도의 이름으로 기도드립니다. 아멘.

말씀과 함께 모세오경 4-1

오늘은 출애굽의 수와 관련한 이야기로 시작하겠습니다. 출애굽기 12장 37~38절을 보겠습니다.

> "이스라엘 자손이 라암셋을 떠나서 숙곳에 이르니 유아 외에 보행하는 장정이 육십만 가량이요 수많은 잡족과 양과 소와 심히 많은 가축이 그들과 함께 하였으며"

보행하는 장정이 60만이라고 되어 있는데, 여기서 '장정'은 20세 이상 남성을 가리킵니다. 20세 이상의 남성만 60만 명이라면 여성들과 20세 미만의 사람들까지 포함하면 최소 150만은 된다고 봐야 합니다. 거기에다가 수많은 잡족까지 함께 했으니 최대치로 볼 경우에는 출애굽의 인구를 200만까지 보기도 합니다. 옛날에는 이런 해석이 전혀 문제가 되지 않았습니다. 성경에도 이렇게 쓰여 있고 목사님들이 '장정만 60만 명이고 여성들과 어린 아이들, 수많은 잡족들까지 포함하면 150만에서 200만명이 될 것이다'라고 말씀하시면 교인들은 그것을 믿고 아멘으로 화답을 했습니다.

그런데 21세기를 뭐라고 하죠? 간학문시대, 통섭의 시대라고 합니다. 옛날에는 심리학 따로 철학 따로 신학 따로 과학 따로 이렇게 존재했는데 요즘은 심리학과 과학이 만나고 과학과 신학이 만납니다. 심리학과 미술이 만나기도 합니다. 여러 가지 학문들이 서로 통섭하면서 질문도 하고 대답도 하고 함께 논의도 하면서 예전에는 생각하지 못했던 질문들이 등장하게 되었습니다. 그동안 교회에서는 출애굽 당시에 150만에서 200만 명이 출애굽 했다고 이야기를 해왔는데 예로부터 인구만 전문적으로 연구하는 인구학자들이 있잖아요. 인구학자들은 이러한 주장에 대해 '이스라엘이 출애굽 했을 때가 주전 15세기 경이고 당시의 이집트 인구를 다 합쳐도 100만이 안 될텐데, 어떻게 200만 명의 사람들이 출애굽 할 수 있는가?'라고 질문합니다.

그리고 150~200만 명의 사람들이 출애굽 한 이후에 시내산에서 약 1년간 머무릅니다. 이 시내산이 정확히 어딘가에 대해서는 아직까지도 학자들 사이에 합의된 의견이 없습니다. 중요한 것은 150~200만의 사람들이 시내산에서 1년 동안 머물렀는데, 지리 학자들이 이런 질문을 던진다는 사실입니다. '그 많은 사람들이 머물만한 시내산의 공간이 있는가?'라고 말입니다. 또한 군사 전문가들은 행군과 관련하여 질문을 던집니다. 군대를 가면 행군을 하는데 보통 한 사단이 만 2천명에서 만 3천명 정도 됩니다. 한 사단 전체가 행군을 해도 그 길이가 어마어마하게 깁니다. 그런데 150~200만 명의 사람들이 38년 동안 광야를 행진하잖아요. 군사 전문가들이 제기하는 문제는, 150~200만 명의 사람들이 행군을 하면 처음 애굽을 나왔던 사람들이 가나안 땅에 첫발을 내딛었을 때 여전히 반 이상은 애굽에 머물러 있어야 한다는 점입니다. 각 분야의 전문가들이 이런 식의 다양한 질문들을 제기하고 있는 것입니다.

옛날에는 교회에서 목사님이 어떤 말씀을 하시고 성도들이 아멘으로 화답을 하면 끝나는 문제였는데 요즘은 다양한 분야의 전문가들이 성경에 나오는 내용을 가지고 '과연 진짜 그러한가?'라는 질문을 많이 제기합니다. 그중에 하나가 당시 애굽의 전체 인구가 100만 명이 안 될 텐데 어떻게 200만 명의 사람들이 탈출할 수 있었는지에 대한 문제입니다. 이 문제에 대해 여러분은 어떻게 대답하겠습니까? 이 문제 외에도 오늘날 신앙인들을 혼란스럽게 하는 많은 문제가 있습니다. 한국 교회는 약 97%가 보수적인 교회입니다. 대부분 교회에서는 창세기부터 신명기까지의 오경을 모세가 썼다고 믿습니다. 목사님들도 그렇게 가르쳤습니다. '모세가 히브리어로 창세기부터 신명기까지를 썼다'라고 주장하는데 모세라는 사람이 주전 15세기 인물인데 언어학자들이 이런 질문을 던집니다. '모세가 살았던 주전 15세기에 히브리어라고 하는 문자가 있었습니까?.' 그 전에는 이런 것들이 전혀 문제가 되지 않았습니다. 그러나 지금은 다양한 학문 분야에서 다양한 질문을 던집니다.

문제는 이런 질문 자체가 교인들에게는 너무나 생소하고 낯설다는 것입니다. 우리는 당연히 모세가 히브리어로 오경을 썼을 것이라고 생각하는데 언어 학자들은 '고대 히브리어라고 하는 문자는 솔로몬 이후에 등장한 것이 아닌가, 그런데 어떻게 주전 15세기에 모세가 히브리어로 오경을 쓸 수 있는가?'라고 질문을 던집니다. 이런 이야기를 들으면 신앙인들은 매우 혼란스러워집니다. 출애굽 인구와 관련해서도 여러 분야의 전문가들이 질문을 제기했고 여기에 대해 성서학자들이 고민을 많이 했습니다. 그러면서 찾아낸 것이 하나 있습니다. 먼저, 우리가 기억해야 할 것이 구약 성경에 나오는 숫자는 아라비아 숫자가 아니라는 것입니다. 구약 성경에 나오는 숫자는 '게마트리아'입니다. '게마트리아'라는 것은 히브리어 알파벳으로 숫자를 표기하는 것입니다.

성경에 60만이라는 숫자가 나올 때 그것이 책에 아라비아 숫자로 600,000으로 되어 있는 것이 아닙니다. 히브리어 알파벳이 숫자의 기능을 하는 것입니다. 한글로 예를 들면, 제일 처음에 나오는 'ㄱ'이 '1'입니다. 두 번째 나오는 'ㄴ'이 '2'입니다. 그러면 열 번째 알파벳이 10이 되겠죠. 11번째가 20이 됩니다. 이런 식으로 알파벳 자음 자체가 수의 기능을 갖는 것을 '게마트리아'라고 합니다. 구약 성경에 나와 있는 모든 수는 아라비아 수가 아니라 게마트리아라는 것을 기억하셔야 합니다.

출애굽기 12장 37절에서 출애굽 인구를 말할 때 게마트리아로 600이라고 하는 단어와 엘레프라는 단어가 붙어 있습니다. 이 엘레프라는 단어는 보통 1000을 의미합니다. 그래서 600과 1000이 붙어 있으니까 이것을 곱한 겁니다. 600 곱하기 1000을 하니까 60만이 나온 겁니다. 그래서 60만이라고 해석을 한 것입니다. 그런데 방금 전에 말씀드린 것처럼 당시 이집트의 전체 인구와 비교했을 때 이 숫자는 너무나 과도한 숫자입니다. 장정만 60만이면 모든 인구를 다 합쳤을 때는 150만에서 200만 명이 되는 것인데 과연 이 사람들이 시내산 어디에서 1년간 머물렀을까? 그 많은 사람들이 그곳에서 장막을 칠 수 있었을까? 이들이 과연 하룻밤 사이에 홍해를 건널 수 있었나? 등의 질문들이 나오는 것입니다.

방금 설명드린 것처럼 60만으로 번역하면 인구의 문제에도 걸리고, 그들이 시내산에서 과연 어떻게 지냈는가에 대한 질문에도 걸리고, 그 많은 사람들이 어떻게 하룻밤 사이에 홍해를 건넜는가 하는 점도 걸립니다. 그래서 이런 문제들에 대해 학자들이 연구의 연구를 거듭한 결과 중요한 것을 발견하게 됩니다. 보통은 '엘레프'라는 단어가 1000을 의미하는데 엘레프가 한 가족 단위 또는 15명 정도의 소단위를 뜻할 때도 쓰인다는 것을 발견한 것입니다. 그래서 600을 뜻하는 게마트리아와 한 가족 단위 또는 15명 정도의 소단위를 뜻하는 엘레프를 연결하게 되면 600가족 또는 600 곱하기 15하여 9000명이 되는 것입니다. 그러면 당시 이집트의 인구와도 충돌되지 않고, 그 정도의 인원이 하룻밤 사이에 홍해를 건넜다는 것도 문제가 안 되고, 그 정도의 인원이 시내산에서 장막을 쳤다는 것도 문제가 안 됩니다. 출애굽의 인구와 관련하여 이런 해석도 있다는 것을 기억해 주십시오.

구약을 공부할 때 가장 걸리는 것이 숫자에 대한 문제입니다. 민수기를 보면 민수기 1장과 26장에 인구 조사 이야기가 나옵니다. 사무엘상에도 인구 조사 이야기가 나옵니다. 그런데 당시 일반적인 인구에 비해 굉장히 수가 많습니다. 문제는 이것이 다 게마트리아 인데 우리가 이 게마트리아를 제대로 해석하고 있는 것이 맞는가 싶을 정도로 구약 성경에서 가장 뜨거운 감자 가운데 하나가 수에 대해 어떻게 이해할 것인가 하는 것입니다. 참고로 지금은 전 세계 인구가 80억 명이 넘습니다. 그런데 불과 200년 전만 해도 전 세계 인구가 10억 명 정도였습니다. 100년 전만 해도 20억 명이 안 되었습니다. 불과 100년 사이에 인구의 대폭발이 일어난 것입니다. 아주 옛날에는 진짜 인구가 얼마 안 됩니다. 그런데 성경에 보면 이스라엘 인구가 굉장히 많습니다. 당시의 일반적인 인구와 비교했을 때 약간은 과도한 숫자라는 느낌이 듭니다. 성경에 나오는 숫자에 대해 어떻게 이해해야 하는가 라는 것이 성경을 연구하는 학자들에게 가장 큰 난제 중의 하나입니다.

14장을 보면 출애굽한 사람들이 홍해를 건너는 사건이 나옵니다. 홍해를 건넌 사건을 사도 바울은 고린도전서 10장 2절에서 이스라엘의 집단 세례 사건으로 묘사합니다. 참고로 우리 성경에 세례라고 번역되어 있는 것을 '침례'라고 이해하시는 것이 더 좋습니다. 왜 침례로 이해하시는 것이 좋냐면 우리가 자꾸 세례라고 말하게 되면 물을 몇 방울 뿌리는 것으로 이해하기 쉬운데 성경이 말하는 세례는 진짜 물속에 완전히 잠겼다가 물에서 올라오는 것입니다. 침례가 더 정확한 표현입니다.

그런데 왜 우리 성경에 대부분 세례라고 되어 있을까요? 한국은 장로교가 강세이기 때문입니다. 조선에 개신교 선교가 시작될 때 장로교 선교사님들이 제일 많이 들어오셨습니다. 그들에 의해서 장로교회가 제일 많이 세워지게 되었고 자연스럽게 장로교인들이 한국교회에서 가장 많은 수를 차지하고 있습니다. 재미있는 것은 전세계 개신교인 가운데 장로교인들을 다 합쳐도 2천만 명이 안 됩니다. 그런데 우리나라에만 한 600만명 정도가 있습니다. 사실 전 세계 개신교인 가운데 가장 많은 신앙인을 가지고 있는 교파는 루터교입니다. 그 다음에 옛날에 영국의 식민 지배를 받았던 나라들은 대부분 성공회입니다. 다음에 침례교, 감리교 이런 순서로 신앙인들이 많습니다. 장로교는 전 세계적으로는 신앙인이 그렇게 많지 않은데 유독 우리나라만 절대 강자입니다.

그래서 한글로 성경을 번역할 때 장로교 신학자들과 장로교 관계자들이 가장 많이 참여하게 된 것이고 자연스레 한글 성경 번역시 장로교의 신학적 색채가 많이 가미된 것입니다. 그 가운데 하나가 세례라는 표현입니다. 만약 침례교가 강세였다면 침례라고 번역을 했을 것입니다. 현재 침례교에서 사용하는 성경은 장로교와 똑같은데 세례라는 단어만 침례로 수정되어 있습니다. 그런데 '세례'라고 하면 물을 뿌리는 것으로 생각하기 쉬운데 원래 물을 뿌리는 것은 물이 귀했던 지역에서만 행했던 간소하게 시행된 침례 방식입니다. 제가 볼 때 우리나라는 국토의 삼면이 바다이고 동네에서도 조금만 가면 개천도 있고 강도 있지 않습니까. 아니면 교회 공간에 작은 침례탕을 만들어서 세례식을 할 때 물을 뿌리는 것보다는 세례의 본 의미를 살려서 물에 진짜 잠겼다가 올라오는 것이 훨씬 좋다는 생각이 듭니다.

침례라는 것이 어떤 의미가 있습니까? 왜 물에 잠기는 거죠? 하나님과 무관했던 옛 삶을 죽인다는 의미입니다. 물에서 올라오는 것은 하나님 안에서 새로운 존재로 거듭 태어난다는 의미입니다. 제가 볼 때 이런 의미를 살릴 수 있는 좋은 형식이 침례라는 생각이 듭니다. 출애굽 후 이스라엘 백성들이 홍해를 건넜는데 이는 다시는 애굽으로 돌아가지 않겠다는 결단을 표한 것입니다. 애굽과 단절하겠다는 거죠. '애굽에서 형성된 모든 세계관과 가치관과 삶의 문화를 이제는 내어 던지겠다, 단절하겠다'라는 의미가 홍해를 건넌 사건 속에 있습니다.

고린도전서 10장 2절에서 사도 바울이 이렇게 말합니다. '모세에게 속하여 다 구름과 바다에서 세례를 받고' 사도 바울은 이스라엘 백성이 집단적으로 홍해를 건넌 사건을 집단 세례 사건으로 봅니다. 홍해 도하를 애굽에서의 삶과 단절하고 이제는 하나님의 백성으로 거듭 태어나는 의미가 있다고 보는 것입니다. 그런데 주목해야 할 것은 고린도전서 10장에서 이 말을 사도 바울이 왜 하고 있는가입니다. 바울의 논지를 잘 보시기 바랍니다. 2절에서 '모세에게 속하여 다 구름과 바다에서 세례를 받고' 이것이 홍해를 건넌 사건입니다. 3절에 '다 같이 신령한 음식을 먹으며' 이것은 만나 사건입니다. 4절에 '다 같이 신령한 음료를 마셨다' 이것은 반석에서 하나님이 내어 주신 물을 마신 사건입니다.

중요한 것이 5절입니다. '그러나 그들의 다수를 하나님이 기뻐하지 아니하셨으므로 그들이 광야에서 멸망을 받았느니라' 사도 바울이 고린도전서 10장에서 홍해를 건넌 사건을 집단 세례 사건으로 명시하고 있는 이유가 무엇일까요? 세례를 받는다고 해서 구원이 보장되는 것은 아니라는 것입니다. 여기서 '신령한 음식과 음료'라는 것은 성찬에 참여하는 것을 말합니다. 성찬에 참여한다고 해서 구원을 보장 받는 것은 아니라는 것입니다. 고린도 교회 안에 그런 식으로 오해했던 사람들이 많이 있었던 것입니다. '세례 받았으니까 우리는 당연히 구원받겠지', '성찬에 참여했으니까 우리는 당연히 구원받겠지'라고 생각한 사람들이 있는데 바울이 그들에게 착각하지 말라고 말하는 것입니다. 출애굽 1세대들도 집단 세례도 받고 성찬에도 참여했지만 그들이 광야에서 하나님의 심판을 받아 멸망 당했다는 것을 강조하며, 세례를 받고 성찬에 참여하는 것이 구원을 보장해주는 것이 아님을 분명히 말하는 것이 고린도전서 10장의 핵심적 메시지입니다.

19장부터 24장에 보면 시내산 언약이 나옵니다. 하나님은 먼저 이스라엘을 구원해 주시고 구원받은 이스라엘과 시내산에서 만남을 갖습니다. 그 만남을 통해 이스라엘은 하나님의 백성이 되기를 결단합니다. 출애굽기 19장 5~6절을 보겠습니다.

"세계가 다 내게 속하였나니 너희가 내 말을 잘 듣고 내 언약을 지키면 너희는 모든 민족 중에서 내 소유가 되겠고 너희가 내게 대하여 제사장 나라가 되며 거룩한 백성이 되리라 너는 이 말을 이스라엘 자손에게 전할지니라"

모세가 하나님의 말씀을 이스라엘 백성에게 전합니다. 8절을 보면, 모세의 말을 듣고 나서 백성들이 이렇게 화답합니다.

"여호와께서 명령하신 대로 우리가 다 행하리이다 모세가 백성의 말을
여호와께 전하매"

모세가 하나님과 이스라엘 백성 사이에 중간 매개자가 되어서 하
나님의 말씀을 받아서 백성들에게 전하고 백성들의 말을 모아서 하
나님께 전하는 역할을 합니다. 여기서 순서를 잘 보시기 바랍니다.
이스라엘이 애굽에 있을 때 하나님이 기뻐하시는 순종을 하나, 둘
누적시킨 결과 출애굽이라고 하는 구원 사건을 경험한 것이 아닙니
다. 이스라엘은 애굽에서 탄식한 것밖에 없습니다. 울부짖은 것밖에
없습니다. 하나님께서 이스라엘에게 먼저 은혜를 베푸십니다. 성경
의 중요한 공식 가운데 하나가 뭐냐면 선 은총입니다. 하나님의 은
총이 항상 먼저 임합니다. 하나님의 은혜가 항상 먼저 임합니다. 그
리고 이 은혜에 감격 감동한 자들이 하나님께 순종할 것을 결단하는
겁니다. 선 은총 후 응답입니다. 이것을 잘 보여주는 것이 로마서 5
장 6, 8, 10절입니다.

<롬 5:6, 개정> 우리가 아직 연약할 때에 기약대로 그리스도께서 경건
하지 않은 자를 위하여 죽으셨도다

<롬 5:8, 개정> 우리가 아직 죄인 되었을 때에 그리스도께서 우리를 위
하여 죽으심으로 하나님께서 우리에 대한 자기의 사랑을 확증하셨느니
라

<롬 5:10, 개정> 곧 우리가 원수 되었을 때에 그의 아들의 죽으심으로 말미암아 하나님과 화목하게 되었은즉 화목하게 된 자로서는 더욱 그의 살아나심으로 말미암아 구원을 받을 것이니라

이 구절들에 의하면 '우리가 여전히 연약할 때', '우리가 여전히 죄인이었을 때', '우리가 여전히 하나님과 원수 관계였을 때' 하나님께서 그리스도 예수를 통하여서 우리와의 관계를 회복시켜 주셨습니다. 신구약 성경 전체에 끊임없이 지속되는 하나의 공식이 하나님의 은혜가 먼저 임하고 그 은혜에 감격한 자들이 하나님의 백성이 될 것을 응답하는 것입니다. 선 은총 후 응답입니다. 출애굽 구원 사건이 먼저 있었던 겁니다. 출애굽 구원 사건이 먼저 있은 다음에 하나님과 이스라엘 백성이 시내산에서 만남을 갖게 된 것이고 이때 하나님께서 '너희가 나의 말을 잘 듣게 되면 너희는 거룩한 백성이 될 것이고 제사장 나라가 될 것이다'라고 말씀하셨습니다. 하나님의 그 말씀에 대한 이스라엘 백성의 응답이 뭡니까? '우리가 당신의 백성이 되겠습니다'라는 것입니다. 그래서 하나님과 이스라엘 백성이 언약을 체결했습니다. 이것이 '시내산 언약'입니다.

순서가 중요합니다. 이스라엘이 '하나님의 말씀에 온전히 순종하겠습니다'라고 응답을 했기 때문에 하나님께서 '내가 원하는 것은 이것이다'라고 알려주신 것이 십계명과 율법입니다. 말씀에 순종하고자 하는 마음이 전혀 없는 사람들에게 '이것을 지켜라'고 먼저 명하신 것이 아닙니다. '하나님의 말씀에 온전히 순종하겠습니다'라고 이스라엘이 먼저 다짐하고 결단했기 때문에 하나님께서 '내가 원하

는 것이 이것이다'라고 알려주신 것이 십계명과 율법이라는 사실을
기억해야 합니다.

　출애굽의 시간표를 한번 보겠습니다. 히브리인들은 1월 14일에
애굽을 탈출했습니다. 출애굽 하고 나서 3월 1일에 시내산에 도착합
니다. 그리고 시내산에서 하나님과 언약을 체결하고 약 1년간 시내
산에서 머뭅니다. 그리고 그다음 해 2월 20일에 시내산을 떠납니다.
3월 1일에 와서 그다음 해 2월 20일에 시내산을 떠났으니 약 1년간
을 시내산에서 체류한 것입니다. 시내산에 머물렀던 1년의 시간이
이스라엘에게는 신앙 수련회였습니다.

　이 신앙수련회에는 크게 세 가지 프로그램이 있습니다. 첫째가 하
나님과 언약을 체결하는 것이고 두 번째가 하나님의 말씀을 배우는
것이고 세 번째가 하나님의 임재를 상징하는 성막을 건설하는 것입
니다. 그동안 오랜 세월 애굽에서 생활했던 사람들의 가치관과 세계
관과 삶의 문화가 다 애굽의 것 아니었겠습니까? 그래서 이들은 하
나님의 백성으로 탈바꿈하기 위한 신앙 수련회를 1년 동안 시내산에
서 가진 것입니다. 하나님과 언약도 체결하고 그 언약 체결에서 하나
님께 온전히 순종하겠다고 다짐했기 때문에 하나님의 말씀을 배우
게 되고 하나님의 임재를 상징하게 되는 성막도 건설하게 됩니다. 그
리고 출애굽 2년 2월 20일에 시내산을 떠나게 됩니다.

　시내산 언약의 핵심은 무엇일까요? 하나님만을 섬길 것을 다짐했
다는 것입니다. 십계명의 제 1계명이 무엇입니까? 20장 3절을 보면

'너는 나 외에는 다른 신들을 네게 두지 말라'라고 되어 있잖아요. 여기서 '너'는 누구냐면 '하나님만을 믿겠다고 다짐하고 결단한 너'입니다. 무신론자나 불교 신자를 말하는 것이 아닙니다. 무당을 불러 굿하는 사람들을 가리켜서 '1계명을 위반했다'라고 말하면 안 됩니다. 여기의 '너'는 하나님만을 믿겠다고 다짐하고 결단한 사람입니다. 오늘날로 말하면 기독교 신앙인입니다.

하나님만을 믿겠다는 사람들에게 하나님이 무엇을 요청하고 계십니까? '나 외에 다른 신을 두지 말라'는 것입니다. 다른 말로 하자면 하나님과 다른 신을 겸하여 섬기지 말라는 것입니다. 이후에 우리가 예언서를 보겠지만 구약 이스라엘 백성들의 가장 치명적 문제가 뭐냐면 우상 숭배입니다. 우상 숭배라는 단어를 들으면 '하나님을 믿어야 될 이스라엘이 하나님을 안 믿고 다른 신을 섬겼구나'라고 생각하기 쉬운데 절대 그렇지 않습니다. 구약의 이스라엘은 늘 하나님을 믿었고 늘 하나님께 예배를 드렸습니다. 그런데 하나님은 예언자를 보내셔서 이스라엘이 우상을 숭배하고 있다고 책망하십니다. 왜 그럴까요?

성경이 말하는 우상 숭배의 핵심은 하나님과 다른 신을 겸하여 섬기는 것이기 때문입니다. 왜 이것이 중요한 죄가 되느냐 하면, 하나님은 하나님 외에 다른 신을 두지 말라고 하셨기 때문입니다. 하나님은 하나님과 다른 것을 겸하여 섬기지 말라고 하셨습니다. 쉽게 얘기하자면 하나님은 다신교의 신 가운데 하나가 되기를 원치 않으셨던 것입니다. 하나님께서 이스라엘 백성들에게 요청하신 것은 유일신 신앙입니다. 그런데 이스라엘은 하나님을 믿기는 믿었지만 하나님 만을 믿지 못했습니다. 하나님과 바알을 겸하여 섬기고 하나님과 그 모스를 겸하여 섬겼습니다. 이것을 우상 숭배라고 합니다.

구약 이스라엘의 문제를 예수님께서 한 문장으로 정리하신 것이 마태복음 6장 24절에 나옵니다. '너희가 하나님과 맘몬을 겸하여 섬 길 수 없다'는 것입니다. 맘몬이 구약의 무엇입니까? 풍요의 신인 바 알입니다. 이스라엘은 하나님과 바알을 겸하여 섬겼습니다. 하나님 의 자리에 바알을 앉혀 놓았습니다. 하나님의 자리에 하나님 아닌 것 을 올려 놓는 것이 우상 숭배입니다. 절대자이신 하나님 앞에 모든 것들은 상대화되어야 합니다. 하나님 앞에 나라는 존재도 나의 가족 도 나의 능력도 나의 부유함도 모든 것들이 하나님 앞에서 상대화되 어야 합니다. 하나님의 자리에 무엇인가를 대신 올려놓는 그것이 바 로 우상입니다.

구약 이스라엘 백성들이 예언자의 경고를 무시했던 이유가 있습 니다. 예언자들은 땅 신학에 근거하여 이스라엘 백성들에게 경고합 니다. '당신들이 지금의 죄된 삶을 지속하게 되면 이 땅에서 내어 쫓 김을 당하게 되고, 예루살렘 성전도 무너지고 시온도 멸망 당할 것 이다'라고 경고했는데 이스라엘 백성들은 예언자의 경고를 귓등으 로 듣습니다. 심각하게 받아들이지 않았어요. 왜 그랬을까요? 당시 이스라엘을 지배하던 왜곡된 신학을 붙잡고 있었기 때문입니다. 그 왜곡된 신학은 크게 세 가지인데 바로 '성전 신학', '왕정 신학', '시 온 신학'입니다.

'성전 신학'은 성전은 하나님의 집이라는 것입니다. 하나님의 집이 무너진다는 것은 하나님이 무너진다는 것과 똑같은 겁니다. 하나님이 무너질 수 있습니까? 없습니다. 따라서 성전은 절대 무너지지 않는다는 것이 바로 성전 신학입니다. '시온 신학'은 무엇일까요? 시온은 예루살렘의 별칭입니다. 예루살렘은 하나님의 도성이라는 거예요. 하나님의 도성이 무너진다는 것은 하나님이 무너진다는 것과 똑같은 거예요. 하나님이 무너질 수 있습니까? 없어요. 따라서 하나님의 도성인 예루살렘도 무너지지 않는다는 것이 시온 신학입니다. '왕정 신학'이라는 것은 사무엘하 7장에 근거하여 하나님께서는 다윗의 후손들을 통해서 세계를 통치하고 있다는 것입니다. 그런데 다윗의 후손들이 다스리는 남유다 왕조가 무너지게 되면 하나님의 세계 통치가 끝장난다는 거예요. 하나님의 세계 통치가 중단될 수 있습니까? 없어요. 따라서 북이스라엘은 멸망한다 하더라도 남유다는 절대로 멸망하지 않는다는 것이 바로 왕정 신학입니다.

하나님과 성전을 동일시 한 것이 성전 신학이고 하나님과 다윗 왕조를 동일시 한 것이 왕정 신학이고 하나님과 예루살렘을 동일시 한 것이 시온 신학입니다. 이것이 바로 우상입니다. 하나님의 자리에 성전과 다윗 왕조와 예루살렘을 올려놓고 있는 것입니다. 하나님을 떠나겠다는 나쁜 마음으로만 우상을 만드는 것이 아닙니다. 좋은 마음으로도 얼마든지 우상을 만들 수 있는 거예요. 현대에 그런 우상들이 있습니다. 그 중에 '기독교 우상', '교회 우상', '목회자 우상'이 있습니다.

'기독교 우상'이라는 것은 무엇입니까? 기독교의 많은 문제가 노출된다고 하더라도 마치 기독교라는 종교가 무너지면 하나님이 무너지는 것처럼 이해하는 거예요. 그래서 기독교라는 종교가 많은 문제를 드러냄에도 불구하고 다른 사람들이 기독교를 비판하게 되면 어떻게든 기독교를 보호하려고 합니다. 이것이 바로 기독교 우상입니다. 여러분, 기독교라는 종교가 무너진다고 해서 하나님이 무너지는 겁니까? 천만의 말씀입니다. '교회 우상'도 있습니다. 어떤 교회에 많은 문제가 있습니다. 그 교회 목회자가 많은 문제를 드러내고 있습니다. 그래서 그 교회를 비판하거나 목회자를 비판하면 너무나 순진한 많은 한국의 크리스천들은 그 교회가 무너지면 하나님이 무너지는 것처럼, 그 목사님이 무너지면 하나님이 무너지는 것처럼 생각하고 교회와 목사들을 보호하기 위해 애를 씁니다.

타락하고 부패한 교회가 무너지는 것이 하나님의 무너짐과 동일한 건가요? 삯꾼 목사가 무너지는 것이 하나님의 무너짐과 동일한 건가요? 절대 그렇지 않습니다. 우리가 보면 정말 착한 마음으로 시작하는 것이지만 하나님 아닌 것을 하나님의 자리에 올려놓는 것, 절대화시키는 것 그것 자체가 우상 숭배라는 것을 아셔야 합니다. 구약의 이스라엘이 결국 예언자의 경고를 무시했던 가장 중요한 이유가 이 잘못된 신학을 너무 고집스럽게 붙잡고 있었기 때문입니다. 성전 신학, 왕정 신학, 시온 신학이라는 우상을 그들은 붙잡고 있었습니다. 하나님 앞에 모든 것들을 상대화시켜야 되는데 하나님의 자리에 하나님 아닌 것을 올려놓고 그것을 절대화하는 것이 바로 우상 숭배입니다.

출애굽기 25장부터 40장을 보면, 하나님의 현존을 상징하는 이동식 성소인 성막을 건설합니다. 성막은 이후에 솔로몬이 짓게 되는 성전과 뚜렷한 차별성이 하나 있습니다. 성막과 성전의 가장 중요한 차이가 뭘까요? 성막은 이동식 성소이고 성전은 고정식 건물입니다. 또한 성막은 하나님이 먼저 지으라고 명하신 것이고 성막의 설계도도 직접 주십니다. 성전은 다윗이 먼저 짓겠다고 한 것입니다. 흥미로운 점은 하나님이 지으라고 명하신 성막은 외형적으로 보면 굉장히 초라합니다. 우리나라에도 성경에 나오는 성막을 그대로 재현한 곳이 두 군데 있는데 가서 보시면 제일 첫 느낌이 뭐냐면 '너무 초라한 것 아닌가'라는 것입니다. 성막이라고 해서 굉장히 휘황찬란하고 거대한 형태를 생각했는데 실제 가보면 가로 길이가 50미터, 세로 길이가 25미터인데 가로 길이 50미터 가운데 35미터는 맨땅입니다. 그러니까 성막을 보시면 일단 초라하다는 느낌이 듭니다.

그렇다면 왜 성막은 외형적으로 초라해 보일까요? 성막은 고정된 건물이 아닙니다. 한 곳에 설치했다가 시간이 지나면 분해를 해서 다른 곳으로 이동해야 합니다. 철거가 용이할 수 있도록 구성되어 있습니다. 그런데 성전은 그렇지 않습니다. 성전은 고정식 건물입니다. 여기서 문제가 발생합니다. 성막은 하나님의 임재를 상징하는 것입니다. 하나님은 어디에 계십니까? 그의 백성이 있는 곳에 함께 하십니다. 하나님은 그의 백성이 있는 곳에 늘 함께하십니다. 이것을 상징하는 것이 성막입니다. 성막은 내가 생활하는 그곳에서 바로 보이는 것으로서 하나님이 나와 함께 하신다는 것을 매순간마다 느끼도록 만들어 줍니다. 그런데 성전은 고정식 건물이기 때문에 하나님의 임재를 내가 매순간마다 느끼는 것이 쉽지 않습니다. 하나님이 계시다고 생각되는 성전에 가야만 하나님을 만날 수 있다고 생각하게 만듭니다. 하나님이 계신 거룩한 곳과 하나님을 만날 수 없는 일상의 영역이 구분이 되는 것입니다.

성전을 처음 건축했던 솔로몬도 열왕기상 8장 27절에서 '하늘과 하늘들의 하늘이라도 하나님을 모실 수 없겠거늘 하물며 내가 지은 이 조그만 건물 안에 하나님을 모실 수 없다'고 분명히 선언합니다. 이 말씀이 너무나 중요합니다. 오늘날에도 여전히 예배당을 성전이라고 착각하는 신앙인들이 너무 많습니다. 하나님을 만나기 위해서는 건물로서의 교회를 가야 된다고 생각하는 분들이 너무 많습니다. 마태복음 18장 20절에서 주님은 '교회는 예수 그리스도의 이름으로 모여 있는 두세 사람'이라고 분명히 말씀하셨습니다. 그런데도 여전히 교회를 건물이라고 이해하고 교회라는 건물 안에 하나님이 계신다고 생각하며 하나님을 만나기 위해서는 건물로서의 교회에 가야 된다는 분들이 많이 계십니다.

그렇지 않습니다. 성전을 건축했던 솔로몬조차도 성전을 봉헌할 때 뭐라고 했습니까? '하늘과 하늘들의 하늘이라도 하나님을 모실 수 없는데 내가 지은 이 조그만 건물 안에 어떻게 하나님을 모실 수 있겠느냐'라고 했습니다. 생각해 보세요. 건물로서의 교회 안에 하나님을 모실 수 있다면 하나님이 크신 겁니까, 그 건물이 큰 겁니까? 건물이 큰 거죠. 이 땅 어디에 하나님을 모실 수 있겠습니까? 하나님은 천하 만물보다 크신 분이신데 그분을 어디에 모실 수 있단 말입니까?

솔로몬이 했던 말을 그대로 반복한 사람이 있습니다. 바로 스데반 입니다. 스데반은 사도행전 7장 48절에서 이렇게 말합니다. '하나님은 사람들이 손으로 지은 건물 안에 계시지 아니한다'고 선포합니다. 솔로몬이 했던 말을 그대로 따라 한것인데, 스데반은 이 말로 인해 성전 모독죄로 돌에 맞아 죽게 됩니다. 솔로몬이 한 말을 그대로 따라한 것인데 왜 스데반은 죽임을 당하게 된 것일까요? 솔로몬과 스데반 사이에는 천년의 기간이 있습니다. 이 천년의 세월 동안 이스라엘 공동체 안에 이원론 신앙이 득세하게 된 것입니다.

이원론은 무엇이죠? 성전은 거룩한 하나님의 공간이고 성전을 제외한 모든 곳은 속된 곳이고, 성전에서 행하는 기도와 제사와 찬양은 거룩한 하나님의 일이고 세상에서 행해지는 모든 것들은 다 세상의 일이고, 성전에서 제사와 예배와 찬양을 집례하는 제사장들은 거룩한 하나님의 사람들이고 세상에서 직장 생활하고 가사 노동하는 사람들은 세상 일을 하는 세상 사람이다는 식의 논리입니다. 이런 식의 이원론이 천년의 세월 동안 이스라엘 공동체 안에 득세하게 됩니다. 이런 이원론 신앙을 강조하게 되면 누가 유익을 누리게 될까요? 성전을 통해 생계를 유지하는 제사장들이 유익을 누리게 됩니다. 이원론 신앙을 강조해야만 사람들이 하나님을 만나기 위해 성전에 자주 오게 될 것이고 성전에 올 때에도 빈손으로 오지 아니하고 귀한 예물을 들고 올 것 아닙니까? 그래서 제사를 드리는 사람들이 많아지고 십일조를 드리는 사람들이 많아지게 되면 직업적 종교인들의 삶이 윤택해질 것 아닙니까? 그러니까 제사장들을 중심으로 해서 이원론적인 신앙이 강조될 수밖에 없는 것입니다.

주목해야 하는 것은 직업적 종교인들만이 이원론 신앙을 좋아하는 것이 아니라는 것입니다. 일반 성도들도 이원론 신앙을 좋아합니다. 왜 그럴까요? 이원론 신앙의 반대는 일상의 모든 순간이 거룩하고 하나님과의 만남의 장이 되어야 한다는 것입니다. 이러한 일상의 신학을 강조하게 되면 매순간 깨어 있어야 합니다. '일상의 삶이 하나님과의 동행이 되어야 한다', '하나님 앞에서 깨어 살아가야 한다'라는 것은 멋진 고백이기는 하지만 그렇게 살아가는 것이 결코 쉽지는 않습니다. 그래서 일반 성도들도 6일 동안은 죄악된 세상에서 살아가다가 거룩한 주일날 하나님의 현존 앞에 나아와 예배 한번 잘 드리게 되면 모든 죄가 사함 받는다는 식의 이원론적인 신앙이 더 좋은 것입니다. 이원론 신앙이 자신들의 죄악을 정당화해주는 논리가 되는 것입니다.

'세상에서는 죄를 범할 수밖에 없다. 대신 주일날 거룩한 예배를 드리게 되면 그동안에 지었던 모든 죄가 사함 받는다'는 것이 얼마나 큰 위로가 되겠습니까? 이처럼 직업적인 종교인들과 하나님 앞에 깨어 살아가지 않으려고 하는 일반 성도들의 합작품이 이원론 신앙의 강화입니다. 야곱의 벧엘 이야기에서 본 것처럼, 원래 이스라엘은 '여기 하나님이 계셨거늘 내가 알지 못하였다'는 것이 원초적 고백입니다. 하나님을 만나기 위해서 특정한 공간에 가야 된다는 것을 '신전 신학'이라고 합니다. 신을 만나기 위해서는 특정한 공간에 가야 된다는 신전 신학은 일반 종교가 주장하는 것이고, 성경은 처음부터 '반 신전 신학'입니다. 그의 백성이 있는 곳에 하나님은 찾아오십니다. 하나님을 만나기 위해 우리가 특정 공간에 가야 하는 것이 아닙니다.

이것이 올바른 신학적 사고임에도 불구하고 이스라엘은 오랜 시간 왜곡된 이해를 가지고 있었습니다. 하나님을 특정한 공간 안에 가두어 두었습니다. 그렇게 한 이유 중 하나가 이스라엘이 실제적으로는 다신교 사회였기 때문입니다. 그들은 다신교적 이해 속에서 하나님을 가나안 땅만을 다스리는 분으로 이해했습니다. 성경을 보겠습니다. 룻기 1장 15절입니다. 나오미가 룻에게 이런 얘기를 합니다.

"나오미가 또 이르되 보라 네 동서는 그의 백성과 그의 신들에게로 돌아가나니 너도 너의 동서를 따라 돌아가라"

이 말씀을 보면 어느 땅에서 생활한다는 것이 어느 신을 섬기는 것과 연동되어 있습니다. 다음에는 사무엘상 26장 19절입니다. 사울이 다윗을 죽이려고 계속 추격을 합니다. 이때 다윗이 도리어 사울을 죽일 수 있는 두 번의 기회가 있었는데 죽이지 않습니다. 그리고 안전거리를 확보한 다윗은 사울을 책망합니다. 그때 한 말이 26장 19절입니다.

"원하건대 내 주 왕은 이제 종의 말을 들으소서 만일 왕을 충동시켜 나를 해하려 하는 이가 여호와시면 여호와께서는 제물을 받으시기를 원하나

이다마는 만일 사람들이면 그들이 여호와 앞에 저주를 받으리니 이는 그
들이 이르기를 너는 가서 다른 신들을 섬기라 하고 오늘 나를 쫓아내어
여호와의 기업에 참여하지 못하게 함이니이다"

여기서 '그들'은 사울의 추종자들입니다. 사울의 신하들입니다.
'그들이 이르기를 너는 가서 다른 신들을 섬기라 하고 오늘 나를 쫓
아내어 여호와의 기업에 참여하지 못하게 함이니이다' 이 말은 다윗
이 가나안 땅에 존재하는 한 하나님의 돌보심과 보호를 받는다는 것
입니다. 그래서 사울의 추종자들은 다윗을 끊임없이 가나안 땅 바깥
으로 몰아내고 싶은 것입니다. 가나안 땅 바깥으로 나가게 되면 더
이상 다윗이 하나님의 도우심을 받을 수 없다고 생각한 겁니다. 왜
요? 하나님은 가나안 땅을 통치하시는 신이기 때문이죠. 이것이 사
울 추종자들이 가진 신앙입니다.

그리고 또 하나가 요나서입니다. 요나서에 보면 하나님이 요나에
게 니느웨로 가라고 명하십니다. 그런데 요나는 니느웨로 가지 않고
욥바로 내려가서 반대 방향인 다시스로 가는 배를 탑니다. 여러분,
이런 질문 안 해보셨어요? 그냥 요나가 니느웨로 가지 않고 가나안
땅에 계속 있어도 되잖아요. 그런데 왜 굳이 욥바에 내려가서 다시
스로 가는 배를 탑니까? 요나의 생각 속에 가나안 땅에 계속 머물러
있는 한 하나님의 지시와 간섭과 명령으로부터 자유할 수 없다는 생
각이 있었던 것입니다. 당시 이스라엘 백성들의 신학적 인식을 여기
서 엿볼 수 있는 것입니다. 가나안 땅 안에서는 하나님과의 동행, 하
나님의 돌보심과 통치를 받음이 가능한데 가나안 땅을 벗어나게 되

면 하나님과의 관계가 단절된다고 생각했습니다.

그런 의미에서 남유다 백성들이 바벨론에 패망하고 나서 바벨론에 포로로 끌려갔을 때 그들에게 가장 큰 슬픔이 무엇이었을까요? 바로 하나님과의 관계 단절입니다. 바벨론에 패망하여 바벨론에 포로로 끌려가기 전까지 이스라엘은 하나님만을 믿는다고 하면서도 그 하나님을 가나안 땅만을 통치하고 다스리는 가나안의 신으로 이해하였습니다. 입으로는 하나님을 세계의 창조자, 역사의 주관자, 천하 만물보다 크신 분으로 고백했지만 실제로는 가나안 땅을 다스리는 신, 이스라엘만의 하나님, 성전에 계신 분으로 생각한 것입니다.

그러다가 이스라엘이 바벨론에 포로로 끌려간 다음에 놀라운 사건을 경험하게 됩니다. 그것이 바로 에스겔 1장에 나옵니다. 에스겔이 그발 강가에 있을 때 무엇을 목격합니까? 하나님께서 불 병거를 타고 포로된 이스라엘을 심방 오시고, 여전히 세계 만국을 통치하고 계심을 보게 됩니다. 이스라엘은 멸망하였지만 그것이 하나님의 멸망은 아님을 깨닫게 됩니다. 부정하다고 생각한 이방 땅에서도 하나님과의 만남이 가능하다는 것을 깨닫게 됩니다. 그래서 이때 바벨론에 포로로 끌려온 사람들이 바벨론에 회당을 세우게 됩니다. 이방땅에서도 하나님과의 만남이 가능하다는 것을 깨닫게 된 것입니다.

흥미로운 것이 이후에 페르시아의 왕인 고레스가 포로로 잡혀와 있던 사람들에게 자기 고국으로 돌아가기 원하는 사람들은 돌아가도 좋다고 했을 때 많은 사람들이 안 돌아옵니다. 안 돌아온 사람들의 후손이 누구죠? 에스라, 느헤미야, 모르드개, 에스더입니다. 이들 모두가 돌아오지 않은 사람들의 후손입니다. 에스라와 느헤미야는 가나안 땅으로 완전히 귀환한 것이 아니라 페르시아의 고위 관료로 파견이 된 것입니다. 대다수의 사람들이 돌아오지 않은 가장 중요한 이유는 신학적 인식이 전환되었기 때문입니다. 여전히 가나안 땅에서만 하나님과의 만남이 가능하다고 생각했다면 그들 모두가 목숨을 걸고 돌아왔을 것입니다. 그런데 왜 상당수의 디아스포라 유대인들이 돌아오지 않았을까요? 에스겔 1장의 사건을 통해서 이방 땅에서도 하나님과의 만남이 가능하다는 것을 깨닫게 되었기 때문입니다. 하나님이 가나안 땅, 예루살렘, 성전에만 계신 분이 아니라는 신학적 인식의 전환이 이루어졌기 때문입니다.

말씀과 함께 모세오경 4-2

레위기를 보겠습니다. 성경을 통독하려고 할 때 몇 번의 걸림돌을 만나게 됩니다. 출애굽기 25장 이하에 나오는 성막 건설 내용이 첫 번째 고비이고, 그 고비를 하나 넘으면 바로 나오는 것이 레위기에 나오는 5대 제사입니다. 레위기에서 대부분 성경 통독이 멈춰지는 것 같습니다. 그만큼 힘든 본문인데요. 레위기가 힘들 수밖에 없는 몇 가지 이유가 있습니다. 우리가 지금은 제사를 드리지 않습니다. 또한 레위기에 나오는 많은 절기들을 준수하지 않습니다. 현재 한국 교회를 어지럽히는 최고의 이단 중 하나가 하나님의 교회인데 하나님의 교회는 이것을 여전히 다 준수합니다. 유월절이나 초막절을 다 지키는데 우리는 구약의 절기를 지키는 것도 아니고 제사를 지내는 것도 아니기 때문에 '레위기에 나오는 말씀들이 우리와 무슨 상관이 있는가?'라는 느낌이 듭니다. 사실 문자적으로는 우리와 상관이 없는 말씀입니다. 그러나 그때 거기에서 이런 말씀을 주셨던 의미들을 잘 새기면서 '오늘 우리 시대에 그 의미들을 어떻게 재현할 수 있겠는가?'라는 고민을 가지고 레위기를 보면 좋겠습니다.

본문의 제목은 레위기인데 실제는 제사와 제사장에 대한 내용들이 대부분입니다. 레위인들 안에 물론 제사장이 있기는 하지만 레위인에 대한 이야기는 별로 없고 대부분 제사 아니면 제사장과 연관된 내용들이 많이 나옵니다. 하나님께서 이스라엘이 출애굽 한 이후에 시내산 언약을 체결할 때 이스라엘에게 기대하셨던 정치 체제가 '제사장 나라'입니다. 출애굽기 19장 6절에 '제사장 나라가 되며'라는 말이 나오죠.

"너희가 내게 대하여 제사장 나라가 되며 거룩한 백성이 되리라 너는 이 말을 이스라엘 자손에게 전할지니라"

제사장 나라가 되는 것의 첫 번째 의미는 제사장이 다스리는 나라입니다. 하나님은 이스라엘이 출애굽 했을 때 다른 민족들처럼 왕이 다스리는 체제가 아니라 제사장이 다스리는 나라가 되길 원하셨습니다. 사무엘 시대 때 이스라엘은 왕정 제도를 도입하는데 왕이 다스리게 되면 왕을 보필하는 많은 관료가 필요하겠죠. 그리고 왕의 지시와 명령에 순응하지 않는 사람들을 처벌할 수 있는 공권력이 필요합니다. 왕정은 관료제와 공권력과 한 쌍입니다. 하나님께서는 이스라엘이 왕이 다스리는 나라가 아닌 제사장이 다스리는 나라가 되기를 원하셨습니다. 그렇다면 제사장은 무엇으로 다스립니까? 제사장은 '모범적인 삶'을 통해 다스립니다. 이것을 거룩의 위계질서 사회라고 합니다.

레위기에 나오는 속죄제를 보면 일반 백성과 족장이 바치는 제물의 종류가 다릅니다. 지도자들에게는 더 과도한 책임을 요청하십니다. 우리가 흔히 쓰는 표현대로 하자면 노블리스 오블리제입니다. 위에 있는 사람들이 아래 있는 사람들을 지배하고 억압하고 착취하고 군림하는 것이 아니라 위에 있는 사람일수록 하나님의 백성답게 산다는 것이 무엇인가를 보여줘야 될 책임이 있는 것입니다. 그것을 아래 있는 사람들이 보고 배우는 것입니다.

이스라엘도 다른 나라처럼 위계질서 사회입니다. 이스라엘도 절대 모든 사람들이 평등하다고 말하지 않습니다. 다른 나라도 위계질서 사회이고 이스라엘도 위계 질서 사회인데 다른 나라의 위계란 것은 위에 있는 자들이 아래 있는 자들을 지배하고 억압하고 착취하는 위계입니다. 그런데 이스라엘의 위계는 그런 것이 아닙니다. 이스라엘의 위계 질서에서 가장 위에 있는 사람이 대제사장입니다. 그 아래 제사장이 있고 그 아래 레위인이 있고 그 아래에 일반 백성이 있습니다. 일반 백성 아래에는 이스라엘의 종들이 있고 제일 밑바닥에 이방인들이 있습니다. 이처럼 이스라엘도 다른 나라들처럼 위계 구조가 있는 사회입니다. 그러나 이스라엘의 위계는 위에 있는 사람일수록 하나님의 백성답게 살아가는 것이 무엇인가를 몸소 삶으로 보여주어야 할 책임이 있는 위계입니다. 그래서 아래 있는 사람들이 그것을 보고 모방하고 따라가도록 해야 합니다.

원래 가장 건강한 신앙 교육은 모방입니다. 고린도전서 11장 1절에서 사도 바울이 이렇게 말합니다.

"내가 그리스도를 본받는 자가 된 것 같이 너희는 나를 본받는 자가 되라"

바울이 예수 그리스도를 모방한 것처럼 고린도 교회 성도들은 바울을 모방하라는 말입니다. 베드로전서 1장 15절과 2장 21절에서 사도 베드로는 신앙은 예수 모방이라고 말합니다.

<벧전 1:15, 개정> 오직 너희를 부르신 거룩한 이처럼 너희도 모든 행실에 거룩한 자가 되라

<벧전 2:21, 개정> 이를 위하여 너희가 부르심을 받았으니 그리스도도 너희를 위하여 고난을 받으사 너희에게 본을 끼쳐 그 자취를 따라오게 하려 하셨느니라

그런 의미에서 각 가정의 부모님들은 신앙의 선생으로 부름 받은 존재입니다. 어떤 선생입니까? 인생을 어떻게 살아야 될지, 하나님을 어떻게 믿어야 될지의 모습을 보여주어서 자녀들로 하여금 모방하도록 만들어야 합니다. 이스라엘 위계는 하나님의 백성다운 정직함, 진실함, 이웃을 사랑함, 자비로움이 어떤 것인지를 가장 위에 있는 자들이 몸소 보여주는 것입니다. 그것을 아래 있는 사람들이 보고 배우고 따라하고 모방하도록 만드는 것입니다.

갈렙과 여호수아 이야기를 통해 거룩의 위계질서에 대해 짧게 이야기하도록 하겠습니다. 사사기를 보면 갈렙은 85세의 고령임에도 불구하고 아무도 싸우고자 하지 않는 아낙 자손들과 자기가 싸우겠다고 합니다. '저 산지를 내게 달라'고 했습니다. 여기에서 '저 산지'는 이미 정복한 땅이 아닙니다. 이스라엘이 가나안 땅에 들어가서 땅을 차지하게 될 때의 대원칙이 있습니다. 어느 한 지파가 그 땅에 살고 있는 사람들과 싸워 이기게 되면 그 지파가 그 땅을 차지하는 것입니다. 유다 지파, 베냐민 지파, 에브라임 지파는 원주민들과의 싸움을 통해 가나안 땅을 차지합니다. 그러나 대부분의 지파들은 원주민들과 싸울 엄두를 내지 못했습니다. 그들이 볼 때, 가나안 사람들은 너무나 강해 보였습니다.

이스라엘이 두려워 떨고 있던 그때, 갈렙은 누구도 싸우고 싶어 하지 않는 가장 강력한 대적인 아낙 자손들과 자기가 싸우겠다고 나섭니다. 가나안 땅을 하나님이 주실 것이라는 것을 믿는 자가 용기를 낸 것입니다. 모든 이들이 두려워 떨고 있는 그때, 하나님의 약속을 믿는 자가 선도적으로 걸음을 내딛는 것, 이것이 바로 거룩의 위계질서에서 위에 있는 자들이 보여주어야 할 모습입니다.

여호수아 13장부터 땅 분배 이야기가 나옵니다. 땅 분배의 책임자가 여호수아입니다. 너무나 놀라운 것이 모든 지파들이 자신들이 원하는 땅을 갖도록 하고 나서 땅 분배의 책임자였던 여호수아가 제일 마지막으로 땅을 차지합니다. 그가 차지한 땅이 딤낫세라입니다. 딤낫세라는 '가파른 경사지'란 뜻입니다. 왜 다른 지파들이 그 땅을 차지하지 않았을까요? 가파른 경사지이기 때문에 아무 지파도 그 땅에 눈독을 들이지 않았던 것입니다. 여호수아는 자신이 땅 분배 책임자였음에도 불구하고 다른 지파들로 하여금 자신들이 원하는 땅을 먼저 차지하게 합니다. 그리고 자신은 아무도 눈독 들이지 않은 가파른 경사지를 차지합니다.

우리 같으면 어떻게 하겠어요? 내가 땅 분배 책임자라면 노른자위 땅을 먼저 확보해 놓았을지 모릅니다. '그 땅은 내것이다'라고 한 다음에 나머지 땅을 분배했을 가능성이 높습니다. 그러나 이스라엘의 지도자인 여호수아는 그렇게 하지 않았습니다. 이것이 바로 하나님이 이스라엘에게 기대하셨던 거룩의 위계 질서 사회입니다. 제사장은 무엇으로 다스립니까? 말씀으로 다스리고 순종의 모범으로 다스립니다. 하나님은 이스라엘이 그런 나라가 되기를 기대하셨습니다. 그러나 이스라엘은 사무엘 시대 때 이방 나라들처럼 왕을 세워달라고 요청합니다. 왕이 존재하게 되면 관료가 필요하고 왕정을 지켜내기 위한 공권력이 필요합니다. 그러면 왕과 관료와 공권력을 유지하기 위해서 엄청나게 많은 세금을 거둬들일 수밖에 없습니다. 결국 이스라엘은 자신들이 구한 왕으로 인해 엄청난 고난을 경험하게 됩니다.

레위기는 거룩의 위계질서 사회인 이스라엘이 어떤 삶을 살아야 하는가를 잘 보여주는 본문입니다. 레위기의 주제 성구라고 할 수 있는 것이 '내가 거룩하니 너희도 거룩하라'라는 말씀입니다. 이 말씀이 레위기에 계속 반복됩니다. '내가 거룩하니 너희도 거룩하라.' 여기서 '거룩'이라는 단어는 '구별', '분리'라는 뜻입니다. '내가 거룩하다'는 말은 이스라엘 백성이 섬기는 하나님은 이방 사람들이 섬기는 다른 신들과 구별된다는 것입니다.

제가 첫 시간에 말씀드린 대로 당시의 대부분의 주신들은 아내 신이 있었습니다. 남신과 여신 사이에 성적 결합을 통한 풍요와 다산을 약속했습니다. 종교 제의도 매우 음란합니다. 예배자들을 향한 윤리 도덕적 삶에 대한 요청도 거의 없습니다. 그런데 우리 하나님은 이방 백성들이 섬기는 그런 신들과 완전히 구별된 분이십니다. 하나님은 내가 그런 거룩한 존재인 것처럼 너희도 거룩한 삶, 즉 구별되고 분리된 삶을 살라고 명하십니다.

또한 '거룩'이란 말은 하나님께 속했다는 것입니다. 하나님께 속했기 때문에 그 땅을 지배하는 주류 문화와 주류 가치에 동화되지 않는다는 것입니다. 성경이 말하는 거룩이라고 하는 것은 구별, 분리라는 의미이고 그 땅의 주류 문화와 주류 가치에 동화되지 않는다는 것입니다. 왜 동화되지 않을 수 있을까요? 우리는 이 땅에 속한 자가 아니라 하나님께 속한 자이기 때문입니다. 거룩한 하나님의 백성을 우리는 '성도'라고 하는데 성도라는 말은 하나님께 속한 자라는 말입니다.

하나님께 속했기 때문에 대한민국의 주류 문화와 주류 가치에 지배를 받지 않는 자가 성도입니다. 그 성도의 모임이 교회입니다. 그렇다면 당연히 교회 공동체에서는 이 땅을 지배하고 있는 주류 문화와 주류 가치가 조금이라도 힘을 발휘할 수 없어야 합니다. 교회는 하나님의 말씀에 근거해서 새로운 문화를 창조하여 살아내야 합니다. 그런 거룩한 삶을 하나님은 원하십니다.

하나님이 원하시는 거룩한 삶을 좀 더 구체적으로 보겠습니다. 레위기 19장 2절입니다.

"너는 이스라엘 자손의 온 회중에게 말하여 이르라 너희는 거룩하라 이는 나 여호와 너희 하나님이 거룩함이니라"

만약 이 말씀으로만 끝난다면 우리는 거룩이라는 것을 종교적인 것으로만 이해할 가능성이 높습니다. 그래서 거룩한 삶을 위해서 새벽 기도를 열심히 드려야겠다, 매일 큐티를 해야겠다거나, 예배에 성실하게 참여해야겠다는 생각을 하게 될 가능성이 높아집니다. 다행스럽게도 3절 이하부터 37절까지 하나님이 원하시는 거룩한 삶이 무엇인가에 대해 구체적인 내용이 기록되어 있습니다. 한번 보겠습니다. 여러분이 만약 농사를 짓는 농민이라면 무엇이 거룩한 삶인지에 대해 9절과 10절에 나와 있습니다.

"너희가 너희의 땅에서 곡식을 거둘 때에 너는 밭 모퉁이까지 다 거두지 말고 네 떨어진 이삭도 줍지 말며 네 포도원의 열매를 다 따지 말며 네 포도원에 떨어진 열매도 줍지 말고 가난한 사람과 거류민을 위하여 버려두라 나는 너희의 하나님 여호와이니라"

이 말씀들은 19장 2절과 연결되어 있습니다. '너희는 거룩하라 나 여호와 너희 하나님이 거룩하다'고 하시면서 하나님이 원하시는 거룩한 삶이 무엇인가를 3절 이하가 설명하고 있습니다. 9절과 10절은 자기 땅을 경영하고 있는 농민들에게 주신 말씀입니다. 여기서 농민들이 지켜야 할 거룩한 삶은 무엇입니까? 열심히 농사 짓고 나서 곡식을 거둘 때 자기 땅에 있는 모든 것들을 다 거두지 않는 것입니다. 추수하다 보면 떨어지는 것 있잖아요. 그것들과 모퉁이에 있는 것들은 내버려 두라는 것입니다. 왜요? 가난한 이웃과 나그네 된 거류민을 위해서요. 여기서 가난한 이웃들과 거류민은 자기 땅이 없는 자들을 가리킵니다. 그런 사람들이 먹고 살 수 있도록 모퉁이에 있는 것들을 모두 수확하지는 말라는 것입니다. 이것이 자기 땅에서 농사를 짓는 사람이 지켜야 될 거룩한 삶입니다. 13절을 보면, 경영을 하는 고용주가 지킬 거룩의 내용이 나옵니다.

> "너는 네 이웃을 억압하지 말며 착취하지 말며 품꾼의 삯을 아침까지 밤새도록 네게 두지 말며"

경영자가 지켜야 할 거룩한 삶은 노동자와 약속한 월급을 꼬박꼬박 잘 주는 것이라고 합니다. 15절은 재판관이 지켜야 할 거룩의 내용이 나옵니다.

> "너희는 재판할 때에 불의를 행하지 말며 가난한 자의 편을 들지 말며 세력 있는 자라고 두둔하지 말고 공의로 사람을 재판할지며"

재판관으로서 지켜야 할 거룩은 공의로 재판을 하는 것입니다. 그것이 재판관이 지켜야 할 거룩한 삶입니다. 35절을 보면 사업을 하는 사람이 지켜야 할 거룩의 내용이 나옵니다.

"너희는 길이나 무게나 양을 잴 때 불의를 행하지 말고 공평한 저울과 공평한 추와 공평한 에바와 공평한 힌을 사용하라"

소비자를 속이지 않고 정직하게 장사하는 것이 사업가가 지켜야할 거룩입니다. 더 많은 이윤을 얻기 위해서 소비자들을 속이지 말라는 것입니다. 우리가 그동안 생각했던 거룩이라는 것은 예배 시간에 떠들지 않는 것, 매일 큐티하는 것, 기도하는 것과 같은 것이었는데 성경은 이것 자체를 거룩이라고 말하지 않습니다.

예를 들어, 매일 새벽 기도에 열심히 참여하는 재판관이 있다고 생각해 보세요. 그분이 매일 큐티도 열심히 합니다. 그런데 재판할 때마다 뇌물을 받고 자기에게 뇌물을 제공해 준 사람에게 매번 무죄를 선고한다면 이 사람은 전혀 거룩한 삶을 살고 있지 못한 것입니다. 거룩은 세상의 주류문화에 동화되지 않는 것입니다. 대부분의 재판관들은 자신이 얻을 이익을 생각하면서 힘 있는 사람들을 두둔합니다. 그러나 하나님의 백성인 너희는 그런 문화에 동화되지 말라는 것입니다. 공의로 재판하라는 것입니다. 대부분의 장사하는 사람들은 저울을 속여 가면서 더 많은 이윤을 챙깁니다. 그러나 하나님의 백성은 그렇게 할 수 없습니다. 하나님께서 거룩한 삶으로 그를 부르셨기 때문입니다.

거룩이 무엇입니까? 주류 문화와 주류 가치와 구별되어 살아가는 것입니다. 대부분의 사람들이 그렇게 한다고 하더라도 우리는 하나님께 속한 자이기 때문에 그렇게 하지 말라는 것입니다. 구별된 삶을 살라는 것입니다. 그런데 이것이 말처럼 쉬운 것이 아닙니다. 그래서 이런 거룩한 삶을 살기 위해서라도 신실한 기도 생활이 필요합니다. 하나님의 말씀을 지속적으로 공급받는 것이 필요합니다. 내가 기도를 하고 말씀을 읽는 것 자체가 거룩한 삶이 아니라 진짜 거룩한 삶을 살아내기 위해서 기도하고 말씀을 묵상해야 하는 것입니다.

기도와 말씀 묵상과 예배는 신앙인답게 살아갈 수 있도록 기름을 주유하는 것과 똑같은 것입니다. 기름을 주유하는 목적은 어디에 있습니까? 도로에 나가서 열심히 달리기 위해서입니다. 기름을 주유하는 것 자체가 목적이 아니라는 것을 기억하셔야 합니다. 진짜 하나님이 원하시는 거룩한 삶은 일상에서 드러나야 합니다. 절대 종교적 예식으로 국한될 수 없습니다. 일상의 삶에서 대부분의 사람들이 A라는 길로 걸어간다고 하더라도 나는 세상에 속하지 않고 하나님께 속하였기 때문에 A라는 길로 가지 않는 것입니다. 하나님께 속한 자이기 때문에 세상의 주류 문화와 주류 가치와 다른 삶을 살아내는 것입니다.

이런 거룩한 삶을 살기 위해서는 얼마나 많은 용기가 필요하고 얼마나 많은 지혜가 필요하겠습니까? 그 용기와 지혜를 얻기 위해서라도 하나님과의 신실한 만남이 필요한 것이고 믿음의 지체들과의 아름다운 교제가 필요한 것입니다. 기도와 예배와 찬양과 교제는 기름을 넣는 것과 같습니다. 그것 자체를 목적으로 이해해서는 안 됩니다. 중요한 것은 세상 한복판에 나가서 하나님의 백성답게 거룩하게 살아내는 것입니다. 그것이 하나님이 우리에게 요청하시는 하나님의 뜻입니다. 거룩한 삶이 중요한 것이지 거룩한 종교 의식 자체가 목적이 아니라는 것을 꼭 기억하시기 바랍니다.

초대 교회 당시에 고대 근동의 대부분의 나라는 철저히 남성 중심의 사회였습니다. 그런데 교회는 하나님의 거룩하심을 따라 남녀가 한 자리에 모여 그리스도 안의 평등을 고백하는 새로운 공동체를 만들었습니다. 이 땅에 복음이 처음 들어왔을 때 조선 사회는 철저히 가부장제 사회였고 신분제 사회였습니다. 그런데 교회는 무엇을 주장하고 실천했습니까? 주인이나 노비나 양반이나 천민이나, 남자나 여자나, 어른이나 어린 아이나 그리스도 안에서 하나임을 선포했습니다. 서로를 형제라 부르는 새로운 공동체를 탄생시켜 낸 것입니다. 이것이 세상과 다른 거룩한 삶입니다. 레위기가 강조하는 거룩한 삶이 바로 이것입니다.

참고로, 레위기 17~26장을 '성결 법전'이라고 합니다. 19장도 성결 법전 안에 있는 본문입니다. 성결 법전에는 하나님이 원하시는 거룩한 삶에 대한 내용이 나옵니다. 레위기 앞부분에는 5대 제사가 나옵니다. 5대 제사는 번제, 소제, 화목제, 속죄제, 속건제입니다. 5대 제사 중에서 여러분에게 가장 익숙한 것은 번제일 것입니다. 여전히 많은 교회에서 일천 번제 또는 그것을 축소한 일백 번제 헌금이 있습니다. 그래서 번제라고 하는 용어가 가장 익숙하실 것입니다. 이것은 지극히 주관적인 판단인데 제가 참 교회와 거짓 교회를 분별하는 기준 가운데 하나가 뭐냐면 일천번제 헌금이 있는 교회는 장사하는 교회, 일천번제 헌금이 없는 교회는 참 교회입니다.

일반적으로 한국 교회에서 드려지고 있는 일천 번제라는 것은 똑같은 헌금을 일천 번 드리는 것입니다. 교인들에게 그 일천 번제 헌금의 근거가 뭐냐고 물어보면 대부분 열왕기상 3장에 나오는 솔로몬이 드렸던 일천 번제라고 이야기합니다. 과연 한국교회에 존재하는 일천 번제 헌금하고 솔로몬이 드린 일천 번제가 같은 것일까요?. 솔로몬이 드렸던 일천 번제에서의 번제는 레위기 1장에 나오는 번제입니다. 여기 번은 한문으로 태울 번(燔)입니다. 한 번, 두 번, 세 번 할 때의 숫자를 나타내는 '번'이 아닙니다. 짐승의 가죽을 벗기고 통째로 태워드리는 것입니다. 번제의 가장 중요한 의미는 전적인 헌신입니다. 가죽은 벗겨서 제사를 집례한 제사장에게 주고 가죽을 제외한 나머지 모든 것들은 다 태우는 것입니다. 솔로몬이 바쳤다는 일천 번제에서 일천이라는 것은 많은 수를 상징하는 것이고 번제는 레위기 1장이 말하는 번제를 가리킵니다. 똑같은 액수의 헌금을 한 번, 두 번, 세 번, 일천 번을 드린 것이 아닙니다.

우리 한국 교회 안에는 부정적인 의미에서 종교 천재들이 많이 있습니다. 어떻게 하면 성도들의 주머니를 털 수 있을까? 온통 거기에 올인하는 사람들이 많습니다. 제가 볼 때 일천 번제 헌금을 만든 사람도 천재인 것 같습니다. 10년 전부터 인천의 모 교회에서 거제 헌금이라는 것을 만들었습니다. 거제라고 하는 것은 뭡니까? 레위기 7장 32절에 잘 나옵니다.

"또 너희는 그 화목제물의 오른쪽 뒷다리를 제사장에게 주어 거제를 삼을지니"

한 마디로 제사장의 몫이 거제입니다. 이 말씀을 가지고 그 교회에서 거제 헌금이라는 것을 만들었어요. 성도들이 거제 헌금이라고 써서 헌금을 바치면 그것은 재정부에 계신 분들이 액수도 확인하지 않고 무조건 목사님께 그대로 드린다고 합니다. 지금 제 강의 들으시는 목사님들 중에 우리 교회에도 이 헌금을 도입해야겠다고 생각하시는 분은 없으시겠죠. 목회자들이 교회가 성도들의 삶을 어떻게 도울 것인가를 고민해야 하는데 여전히 성도들의 헌신을 통해 교회를 키우고 자기들의 삶을 윤택하게 만드는 것에만 정신을 쏟고 있으니 참으로 안타깝습니다.

교회의 헌금은 두 개로 충분하다고 봅니다. 십일조와 주일 헌금입니다. 제일 황당한 것이 뭐냐면 십일조 헌금을 내게 하면서 구제 헌금을 따로 걷는 교회입니다. 그런 교회는 진짜 나쁜 교회입니다. 원래 십일조의 용도가 구제 아닙니까? 자기 땅이 없는 레위인과 고아와 과부들을 돕기 위해서 십일조라는 세금을 걷은 것인데 십일조라는 헌금을 따로 걷으면서 구제 헌금을 따로 거두는 것은 말이 안됩니다.

또 하나 안타까운 것은 우리 한국교회가 십일조를 내라는 것은 많이 강조하지만 교인들이 낸 십일조를 십일조의 용도 대로 전혀 사용하고 있지 않다는 것입니다. 원래 십일조가 용도 대로 집행이 되면 이런 것입니다. 어떤 사람이 한 달에 10만원을 벌면 만원을 십일조로 냅니다. 100만원을 벌면 10만원을 내겠죠. 천만원을 벌면 100만원을 냅니다. 그렇게 교인들이 바친 십일조를 모읍니다. 이때 한 달에 10만원을 버는 사람이 십일조로 만원을 내게 되면 그 사람은 9만원만 소유하게 됩니다. 그가 9만원을 가지고 한 달을 살 수 있습니까? 못 삽니다. 그러면 이 사람이 살 수 있도록 모여진 십일조에서 100만원을 지원해주는 것이 원래 십일조의 용도입니다.

오늘날 교회가 헌금을 거두는 일에는 열심을 다하지만 지체들의 삶을 살피는 일에는 참으로 무심합니다. 그가 헌금을 내고 있는가에만 관심이 있지 그 사람의 생활이 가능한가에 대해서는 잘 살피지 않습니다. 저는 공동체 목회하면서 지체들이 내는 헌금에 대해 '왜 이렇게 헌금을 적게 내냐?'고 말해 본 적은 없지만 한 열 번 정도 '너무 헌금을 많이 내는 것 같다'고 뭐라고 한 적은 있습니다. 제가 그렇게 말한 이유는 제가 그 지체의 삶을 알기 때문입니다. 우리가 성경대로 한다고 할 때 가장 중요한 것은 성경에서 원래 그것이 말하는 의미가 무엇인가를 제대로 아는 것입니다. 오늘날 한국 교회에서 십일조에 대한 강조는 많이 하지만 십일조가 뭔지에 대해서는 너무 의미를 제대로 설명하지를 않습니다. 어떤 분의 글에서 현재 한국 교회 안에 있는 헌금의 종류가 40개 정도 된다고 하는데 이것은 정말 아니라는 생각이 듭니다.

두 번째의 제사인 소제는 농산물로 바치는 것으로서 수확한 그대로가 아닌 가루로 빻아서 바쳐야 합니다. 그 가루에 누룩과 꿀을 넣어서는 안 되고 대신 소금은 쳐야 합니다. 가루를 빻아 가지고 오면 한 움큼은 제단에 태우고 나머지는 레위인들의 식량으로 제공됩니다. 소제에서 볼 수 있는 것처럼, 하나님은 농산물도 제물로 받으십니다. 가인이 농산물로 제사를 드렸기 때문에 그의 제사가 열납되지 않았다는 말은 틀린 것입니다. 농산물로도 하나님께 제사를 드릴 수 있었습니다. 가인의 제사가 열납되지 않은 것은 그가 바친 제물 때문이 아닙니다. 제사를 드리기까지의 그의 삶이 하나님께 열납되지 못했기 때문에 그의 제사도 하나님께 열납되지 못한 것입니다.

세 번째의 제사인 화목제는 제물로 바친 것을 사람들과 나누어 먹는 것이 특징입니다. 화목제는 공동의 식사를 위한 제사입니다. 예언서에 보시면 이스라엘 백성들이 제사와 관련하여 그릇되게 머리를 굴리는 모습이 보입니다. 그들은 가죽만 벗기고 통째로 태워드리는 번제에는 병들거나 장애가 있는 짐승들을 바칩니다. 그러나 자기들이 먹는 화목제는 살찐 것을 바칩니다. 제사라고 하는 거룩한 의식 안에서도 인간의 간사하고 죄된 모습이 유감없이 발휘된 것입니다.

네 번째의 제사는 속죄제인데 이는 죄를 사함 받기 위한 것입니다. 레위기가 말하는 속죄제는 크게 두 가지가 있습니다. 하나는 제의적으로 부정한 것을 정결하게 하기 위해서 바치는 것이고 다른 하나는 내가 알지 못하는 가운데 범한 것에 대해 사함을 받는 것입니다. 한글 번역에 보면 '그릇', '부지 중'이라는 표현이 자주 나옵니다. 그 의미는 내가 의식하지 못하는 가운데 하나님이 하지 말라고 한 것을 위반한 것입니다. 그것을 행할 때에는 전혀 몰랐는데 이후에 내가 잘못한 것을 알게 된 것입니다. 이때 내가 잘못한 것을 사함받을 수 있는 제사가 속죄제입니다. 마지막으로 속건제라는 것은 속죄제와 비슷하지만 누군가에게 피해 보상을 해야 되는 제사입니다.

정리하면, 번제는 가죽만 벗기고 통째로 다 태워드리는 제사입니다. 소제는 농산물로 바치는 제사입니다. 농산물을 수확한 그대로가 아니라 빻아서 가져와야 합니다. 빻는다는 것은 자기 자신을 가루처럼 하나님 앞에서 온전히 부순다는 의미가 있습니다. 성경에 '하나님이 원하시는 것은 상한 심령이다'는 말씀이 있는데 여기서 '상한' 심령이라는 것이 무슨 의미일까요? '상한 심령'이라는 것은 '깨져 있는', '깨진' 이라는 의미입니다. 소제에서 농산물을 가루로 만드는 것은 하나님 앞에서 자기 자신을 깨뜨리고 쪼갠다는 의미입니다. 헌제자가 가지고 온 가루 중 한 옹큼만 제단에 바치고 나머지는 제사장들과 레위인의 양식이 됩니다. 화목제는 공동의 식사를 위한 제사입니다. 속죄제는 내가 부지 중에 범한 것들을 뒤늦게 깨닫게 되었을 때 그 죄를 사함받기 위해 드리는 제사입니다. 속건제는 누군가에게 피해 보상을 해야 하는 제사입니다. 5대 제사는 이렇게 이해하면 되겠습니다.

4장 2절을 보겠습니다.

"이스라엘 자손에게 말하여 이르라 누구든지 여호와의 계명 중 하나라도 그릇 범하였으되"

여기서 '그릇'이라는 말이 13절에 나오는 '부지 중에'와 같은 말입니다. '부지 중에'라는 표현을 보면서 우리가 이런 질문을 할 수 있습니다. 자신이 부지 중에 범한 것에 대해 본인이 깨닫는 것은 쉽지가 않잖아요. 그런데 그것을 어떻게 알 수 있을까요?. 그래서 중요한 것이 4장 23절입니다. '그가 범한 죄를 누가 그에게 깨우쳐 주면.' 이 것이 중요합니다. 마치 돕는 배필과 똑같은 것입니다. 자신은 모를 수 있습니다. 자신은 전혀 알지 못했는데 자신이 부지 중에 범한 것을 누가 깨우쳐 줬을 때 뒤늦게 그것을 뉘우치고 하나님께 드리는 것이 바로 속죄제입니다.

여기서 중요한 것은 자신이 고의로 범한 죄는 속죄제로 사함받을 수 없다는 사실입니다. 고의로 범한 죄는 형사 처벌을 받습니다. 속죄제를 통해서 모든 죄가 사함받습니까? 그렇지 않습니다. 부지 중에 범한 죄가 사함받는 것입니다. 구약 본문에 도피성이 나오는데 도피성도 마찬가지입니다. 자신이 도피성으로 도망쳤다고 해서 보복자들의 공격으로부터 다 자유해지는 것은 아닙니다. 비고의성이 입증될 때만 보복자들로부터 안전할 수가 있습니다. 자신이 도피성으로 도망쳤다 하더라도 고의로 누군가를 죽였다는 사실이 밝혀지면 도피성 밖으로 추방 당하여 보복자들에게 죽임을 당합니다. 어떤 행위를 범한 것보다는 그 행위를 고의적으로 했는가 아니면 비고의적으로 했는가라는 것이 더욱 중요합니다.

레위기가 말하는 5대 제사에서 우리가 주목해야 할 지점이 하나 있습니다. 신앙인들은 무의식 중에 구약의 제사를 오늘날의 예배와 동일시합니다. 구약의 이스라엘 백성은 제사를 드렸고 오늘날 우리는 예배를 드린다는 생각을 많이 합니다. 그런 맥락에서 5대 제사의 중요한 특징 가운데 하나를 살펴봐야 합니다. 바로 제사를 드리는 헌제자가 매우 능동적이고 적극적이라는 것입니다. 도리어 제사장은 매우 수동적이고 소극적입니다.

예를 들어 보겠습니다. 어떤 사람이 양 한 마리를 하나님께 제물로 바치고 싶어서 그 양을 끌고 왔습니다. 그런데 성전에 도착한 후에 그 양을 제사장에게 인계하면 끝나는 것이 아닙니다. 그가 양을 직접 끌고 옵니다. 그가 그 양의 머리에 직접 안수합니다. 그거 그 양을 직접 잡습니다. 그 양을 잡은 다음에는 그 양의 가죽을 직접 벗깁니다. 가죽을 벗기고 나서는 그 양을 직접 각을 뜹니다. 헌제자가 다 하는 것입니다. 헌제자가 각을 뜨고 나면 그 각을 뜬 것을 제사장이 제단 위에 올립니다. 지저분한 내장이나 정강이는 헌제자가 직접 씻습니다. 헌제자가 그것들을 깨끗하게 씻어 놓으면 제사장이 그것을 제단에 올립니다. 그리고 제사장이 불을 피워서 제물로 바치는 것입니다.

이처럼 양을 한 마리 제물로 바칠 때 그 대부분의 의식을 누가 집행합니까? 헌제자가 다 합니다. 헌제자가 동물을 끌고 와서 헌제자가 직접 동물에게 안수하고 헌제자가 동물을 직접 잡고 헌제자가 죽은 동물의 가죽을 벗기고 헌제자가 각을 뜨고 헌제자가 부정한 것들을 다 씻습니다. 그러면 제사장은 헌제자가 각을 뜬 것을 제단에 올리고 불을 피워서 제물로 바치는 것입니다. 제사를 드리는 사람이 굉장히 적극적이고 주체적으로 행합니다.

오늘날 예배는 목회자가 무대 위에 서 있는 배우처럼 주도를 하고 교인들은 관객이 되는 경우가 많습니다. 저는 5대 제사의 헌제자처럼 교인들 모두가 주체적으로 참여할 수 있는 예배 문화를 만들어야 한다고 생각합니다. 특별히 개신교 예배 문화를 바꾸어야 합니다. 개신교 예배 문화를 보면, 목사의 설교가 예배의 중심에 있다 보니까 모든 것들이 목사의 설교를 위해 준비되거나 받쳐주는 기능을 합니다. 왜 성가대 찬양은 대부분 목사의 설교 전에 있을까요? 목사의 설교를 잘 듣게 하기 위해서 마음 밭을 다지는 것 아닙니까?

오늘날 개신교 예배가 성도들을 관객화시키는 경우들이 많은데 저는 5대 제사를 보면서 우리가 눈여겨 봐야 할 것이 제사드리는 사람의 적극적인 능동성이라고 생각합니다. 도리어 제사장들이 수동적이고 소극적입니다. 예배를 함께 드리는 모든 교인들이 관객으로서가 아니라 좀 적극적이고 주체적으로 참여할 수 있는 예배 순서들을 고민하는 것이 필요합니다. 오늘날 우리가 레위기의 5대 제사를 드리지는 않습니다. 대신 5대 제사의 의미를 오늘날 살리는 것은 필요합니다. 레위기의 제사에서 일천 번제, 거제, 요제 등과 같은 헌금만 만들 생각을 하지 말고 어떻게 하면 예배에서 교인들이 관객이 되지 않을 수 있겠는가를 고민해야 한다고 봅니다. 예배 의식에서 성도들의 주체적인 참여를 어떻게 끄집어낼 수 있을까를 고민해야 하는 때입니다.

구약 시대는 자기 존재 바깥에서 제물을 찾았습니다. 신약 시대는 자기 자신의 몸을 거룩한 산 제물로 바칩니다. 그러나 사실은 구약 시대에도 제물은 자기 존재 바깥에서 찾았지만 그 의미는 신약 시대와 똑같다고 봐야 합니다. 그것을 나타내는 것이 짐승에게 안수하는 행위입니다. 짐승에게 안수하는 의미가 뭐죠? 짐승과 자기를 동일시하는 것입니다. 짐승을 죽이는 것은 자기 자신을 죽이는 것입니다. 짐승의 각을 뜬다는 것은 자기를 철저하게 해부하는 것과 똑같습니다. 구약 시대도 제물은 자기 존재 바깥에서 찾았지만 사실은 자기를 죽이는 것과 같은 의미를 그대로 살리고 있습니다.

로마서 12장 1절에 보면 하나님이 진짜 원하시는 제물은 우리의 몸이라고 말합니다. 여기서 '몸'이라는 것은 삶을 나타냅니다. 하나님은 우리가 특정한 시공간속에서만 하나님을 예배하는 것이 아니라, 우리의 삶 자체가 하나님을 예배하는 존재가 되기를 원하십니다. 여전히 한국 교회는 이원론적인 신앙을 강조하고 있습니다. 이제는 일상의 삶이 예배가 될 수 있도록 어떻게 성도들을 잘 도울 수 있을까를 고민하고 실천해야 합니다.

레위기는 제사를 강조하고 있지만 그럼에도 더 중요한 것은 일상의 삶입니다. 제사 한번 잘 드린다고 하여 일상의 모든 죄가 모두 용서함 받는 것이 아닙니다. 성경의 일관된 강조점은 거룩한 삶이 뒷받침되지 않는 제사 행위는 무효라는 것입니다. 몇 군데 성경 구절을 보겠습니다. 이사야 1장 11~17절입니다.

"여호와께서 말씀하시되 너희의 무수한 제물이 내게 무엇이 유익하뇨 나는 숫양의 번제와 살진 짐승의 기름에 배불렀고 나는 수송아지나 어린 양이나 숫염소의 피를 기뻐하지 아니하노라 너희가 내 앞에 보이러 오니 이것을 누가 너희에게 요구하였느냐 내 마당만 밟을 뿐이니라 헛된 제물을 다시 가져오지 말라 분향은 내가 가증히 여기는 바요 월삭과 안식일과 대

회로 모이는 것도 그러하니 성회와 아울러 악을 행하는 것을 내가 견디지 못하겠노라 내 마음이 너희의 월삭과 정한 절기를 싫어하나니 그것이 내게 무거운 짐이라 내가 지기에 곤비하였느니라 너희가 손을 펼 때에 내가 내 눈을 너희에게서 가리고 너희가 많이 기도할지라도 내가 듣지 아니하리니 이는 너희의 손에 피가 가득함이라 너희는 스스로 씻으며 스스로 깨끗하게 하여 내 목전에서 너희 악한 행실을 버리며 행악을 그치고 선행을 배우며 정의를 구하며 학대 받는 자를 도와 주며 고아를 위하여 신원하며 과부를 위하여 변호하라 하셨느니라"

아모스 5장 21~24절입니다.

"내가 너희 절기들을 미워하여 멸시하며 너희 성회들을 기뻐하지 아니하나니 너희가 내게 번제나 소제를 드릴지라도 내가 받지 아니할 것이요 너희의 살진 희생의 화목제도 내가 돌아보지 아니하리라 네 노랫소리를 내 앞에서 그칠지어다 네 비파 소리도 내가 듣지 아니하리라 오직 정의를 물 같이, 공의를 마르지 않는 강 같이 흐르게 할지어다"

그리고 미가서 6장 6-8절입니다.

"내가 무엇을 가지고 여호와 앞에 나아가며 높으신 하나님께 경배할까 내가 번제물로 일 년 된 송아지를 가지고 그 앞에 나아갈까 여호와께서 천천의 숫양이나 만만의 강물 같은 기름을 기뻐하실까 내 허물을 위하여 내 맏아들을, 내 영혼의 죄로 말미암아 내 몸의 열매를 드릴까 사람아 주께서 선한 것이 무엇임을 네게 보이셨나니 여호와께서 네게 구하시는 것은 오직 정의를 행하며 인자를 사랑하며 겸손하게 네 하나님과 함께 행하는 것이 아니냐"

이 본문들을 보면, 우리가 아무리 기도를 많이 한다고 해도 하나님은 우리의 기도를 듣지 않으신다고 합니다. 우리가 아무리 찬양을 해도 하나님께는 그 찬양이 소음일 뿐입니다. 예배를 드리려고 성전을 자주 방문해도 그것은 하나님을 만나는 것이 아니라 성전의 마당만 밟을 뿐이라고 합니다. 그 이유가 뭡니까? 예배자들의 손에 피가 묻어있기 때문입니다. 여기서 '손에 피가 묻어있다'는 것은 자기보다 연약한 사람들에게 폭력을 행사했다는 것입니다. 그런 사람들이 드리는 예배를 우리 하나님은 열납하지 않으십니다.

오늘날 한국 교회가 얼마나 많은 예배를 드립니까? 그런데 우리가 드리는 예배 가운데 몇 %의 예배가 하나님께 열납이 될까요? 우리가 하나님께 올려드리는 기도 가운데 몇 %의 기도가 하나님께 열납이 될까요? 중요한 것은 예배 자체가 아니라 '누가 드리는 예배인가'입니다. 거룩한 삶을 살아내는 하나님의 백성이 드리는 예배를 우리 하나님은 기뻐하시고 열납하십니다. 이웃에게 함부로 하고 자기 이익을 위해 폭력을 행사하는 자들이 드리는 예배를 우리 하나님은 거절하시고 역겨워하십니다. 그런 이들로 가득한 성전은 강도의 소굴일 뿐입니다. 예배 한번 잘 드리면 6일 간의 죄된 삶이 다 용서받는다는 것은 일반 종교가 주장하는 내용이지 성경의 주장은 아닙니다.

레위기 23장에는 안식일법이 나오고 25장에는 안식년법과 희년법이 나옵니다. 지난 번에 말씀 드린 것처럼, 성경에 나오는 하나님의 말씀 가운데 다른 나라 법에도 존재하는 것들이 많이 있습니다. '살인하지 말라, 간음하지 말라, 도적질하지 말라'는 것은 다른 나라 법에도 다 있는 내용들입니다. 어떻게 전 세계의 대부분의 나라에서 이와 비슷한 내용의 법들을 만들게 되었을까요? 저는 하나님이 그들에게 이성과 양심이라는 일반 은총을 주신 결과라고 봅니다. 하나님께서 주신 이성과 양심을 가지고 건강한 공동체로 살아가기 위한 원칙들을 만든 결과 비슷한 내용의 법들이 존재하게 된 것이라 생각됩니다.

그런데 성경에 나오는 다양한 법 중에 다른 나라에서는 찾아볼 수 없고 성경에만 있는 법이 있습니다. 하나님의 백성들에게만 요청하신 유일무이한 법입니다. 바로 안식일법, 안식년법, 희년법입니다. 레위기 23장 3절을 보겠습니다.

"엿새 동안은 일할 것이요 일곱째 날은 쉴 안식일이니 성회의 날이라 너희는 아무 일도 하지 말라 이는 너희가 거주하는 각처에서 지킬 여호와의 안식일이니라"

원래 안식일법이라는 것은 예배를 드리는 날이 아니라 6일 동안 열심히 노동했던 종과 가축들을 쉬게 해주는 날입니다. 누구만 지킬 수 있는 법입니까? 종과 가축을 소유한 주인만 지킬 수 있는 법입니다. 이것을 구체적으로 풀어 설명하고 있는 것이 신명기 5장 12절부터 14절입니다. 12절은 '네 하나님 여호와가 네게 명령한 대로 안식일을 지켜 거룩하게 하라'는 말씀입니다. 12절만 있었다면 어떻게 안식일을 거룩하게 지킬 수 있는지를 알 길이 없습니다. 그런데 구체적인 내용이 13~14절에 나옵니다.

> "엿새 동안은 힘써 네 모든 일을 행할 것이나 일곱째 날은 네 하나님 여호와의 안식일인즉 너나 네 아들이나 네 딸이나 네 남종이나 네 여종이나 네 소나 네 나귀나 네 모든 가축이나 네 문 안에 유하는 객이라도 아무 일도 하지 못하게 하고 네 남종이나 네 여종에게 너 같이 안식하게 할지니라"

14절의 말씀을 통해서 4계명을 받고 순종해야 할 대상이 누구임을 알 수 있습니까? 14절 마지막에 뭐라고 되어 있습니까? '네 남종이나 네 여종에게 너 같이 안식하게 하라'라고 되어 있잖아요. 이 구절에서 '너'는 누구일까요? 종을 소유하고 있는 주인입니다. 안식일법은 이스라엘 백성 모두의 순종을 기대하시면서 하나님이 주신 말씀이 아닙니다. 종을 소유하고 있는 주인에게만 주신 말씀입니다. 그런데 하나님은 주인에게 13절에서는 무엇을 요청하셨습니까? '엿새 동안 너도 힘써 일하라'는 것입니다. 그리고 14절에서는 '칠일째 되는 날에 주인인 너만 쉬지 말고 네 수하에 있는 모든 존재들을 다 쉬게 해주라'고 하십니다. 그것을 강조하기 위해서 14절에 '남종과 여종'이 두 번 나옵니다. 앞에도 한번 나오고 마지막에도 또 한번 나옵니다. 원래 안식일법은 종을 소유하고 있는 주인에게 주신 말씀입니다. 하나님이 주인에게 명하신 두 가지가 무엇입니까? 6일 동안 열심히 일하라는 것과 7일째 되는 날에는 너만 쉬지 말고 네 수하에 있는 모든 존재들을 다 쉬게 해주라는 것입니다. 이것이 안식일법입니다.

　여러분이 만약 종을 10명 정도 소유하고 있는 주인이라면 이 안식일법을 제대로 지키시겠습니까? 주위에 있는 이방의 주인들은 1년 내내 종들을 부려 먹습니다. 그런데 하나님의 백성인 여러분은 7일에 하루씩 종들을 쉬게 해줘야 합니다. 이 말씀에 순종하려면 엄청나게 많은 이익을 포기해야 합니다. 이방의 주인들에 비해 산술적으로 7분의 1만큼의 이윤을 포기해야 합니다. 정말 지키기 쉽지 않은 것입니다. 그래서 이후에 안식일법은 그 내용이 변경됩니다. 종교인들과 부자들의 모의를 통해 안식일은 예배드리는 날로 바뀝니다. 그래서 안식일에 성전이나 회당에 가서 예배를 드리게 되면 안식일법을 준수한 것이 되어 버립니다. 그 신앙이 우리 한국 교회에 그대로 들어온 것이 주일 성수에 대한 강조입니다.

　오랜 시간 한국 교회는 4계명을 주일 성수로 이해하고 가르쳤습니다. '안식일을 지켜 거룩하게 하라'는 것을 현대적으로 주일 성수라 했습니다. 그리고 주일 성수 준수 여부를 무엇으로 판단했습니까? 주일 예배에 참여하는 것으로 판단했습니다. 만약 주일 예배에 어느 집사님이 안 보인다면 그분은 주일 성수를 하지 않은 분이 됩니다. 더욱이 그날 교회에 오지 않고 회사나 공장에 일하러 갔다면 믿음이 약한 사람으로 규정되기도 했습니다. 그러나 사실 주일에 교회에 오지 못하고 회사에 나가서 일을 하게 된 그분은 주일 성수를 못 지킨 사람이 아닙니다. 정확히 말하자면 그분은 안식일법을 위반한 사람이 아니고 마땅히 누려야 될 안식의 권리를 박탈당한 사람입니다. 그 집사님을 뭐라고 할 것이 아니라 누구를 뭐라고 해야 합니까? 일요일에도 일을 시키는 나쁜 고용주를 비판해야 합니다. 그동안 교회는 나쁜 고용주를 비판하지 못하고 힘도 없이 고용주의 부당한 요구에 순응해야 했던 약자들을 정죄했습니다. 이것은 너무나 잘못된 것입니다.

안식일법이나 안식년법이나 희년법은 주인들과 채권자들, 많은 땅을 소유하고 있는 대지주들만이 지킬 수 있는 법입니다. 이들의 순종을 통해 약자들이 유익을 누리는 것입니다. 그런데 이 법을 지키기 위해서는 자기가 누릴 수 있는 많은 것들을 포기해야 합니다. 그래서 이 법에 순종해야 할 사람들은 이 법의 원 의미를 변화시켜 냅니다. 그것 가운데 하나가 안식일법을 종과 가축을 쉬게 해 주는 날이 아니라 예배드리는 날로 바꾼 것입니다. 안식일에 예배를 드리면 안식일법을 준수한 것처럼 한 것입니다.

구약을 다 뒤져 보십시오. 하나님께서 안식일에는 예배를 드리라고, 그것이 안식일법을 준수하는 것이라고 한 번이라도 말씀하신 적이 있으신가요? 그런 말씀은 전혀 나오지 않습니다. 하나님이 명하신 안식일법은 종들과 가축을 고된 노동으로부터 보호하시는 것입니다. 그들에게 쉼을 주라고 하신 것입니다. 그런데 주인들이 원래의 취지대로 순종하려고 하다 보면 자기 삶의 많은 것들을 포기해야 합니다. 그것이 부담스러워서 결국은 종교인들과 협력하여 새로운 법을 만들어 낸 것입니다. 하나님께서 그의 백성에게만 명하신 유일무이한 법, 하나님 나라가 어떤 곳인가를 너무나 잘 보여주는 안식일법, 안식년법, 희년법은 이스라엘 공동체 안에서 제대로 준수되지 못했습니다.

구약이 말하는 거룩과 정결의 핵심은 부정한 것들과의 단절과 분리입니다. 내가 건강하다면 병든 사람과 만나면 안 됩니다. 내가 정결한 사람이라면 부정한 사람과 어울리면 안 됩니다. 나의 거룩함을 지켜낼 수 있는 유일한 길은 부정한 모든 것들과 단절하는 것입니다. 그래서 구약이 말하는 거룩의 맥락에서는 전도가 거의 불가능합니다. 부정한 이방인들에게 나아가서 그들을 만나야 전도할 수 있는 것 아닙니까? 그런데 거룩과 정결을 지키기 위해서는 그들과 만나서는 안 되는 것입니다. 정과 부정이 섞이게 되면 부정해집니다. 생명과 죽음이 만나게 되면 죽음의 기운에 압도당하여 생명이 부정해집니다. 이것을 막기 위해서는 부정한 모든 것들과 철저하게 단절하고 분리된 삶이 요청되는 것입니다. 이것이 바로 구약이 말하는 거룩입니다.

제가 대학교 1학년 때 일입니다. 청년부 예배 때 철학 책을 가지고 갔더니 청년부 목사님이 저에게 오시더니 '신학생이 철학책을 읽으면 안 된다'고 하셨습니다. '왜 안되는지'를 제가 물었더니 철학책을 읽으면 신앙을 잃어버릴 수 있다고 하셨습니다. 그때 청년부 목사님의 말씀을 듣고 저는 기독교 신앙의 허약함에 대한 큰 고민이 생겼습니다. '기독교 신앙이라는 것이 그렇게 취약한 것인가, 내가 철학책 한번 읽었다고 흔들릴 신앙이라면 이것을 진리라고 과연 말할 수 있는가?'에 대해 고민이 된 것입니다.

그동안 교회 교육이라고 하는 것은 대부분 성도들을 온실 안에 가두어 두는 것이었습니다. '이것은 하지 마라', '그곳에 가지 마라', '그런 것과 어울리면 안 된다', '그런 것을 보면 안 된다'라고 했고 핵심 사유는 신앙이 흔들리기 때문이라고 했습니다. 신앙인을 모든 비바람으로부터 보호하여 온실 안에 머무르게 한 것입니다. 그래서 대부분의 신앙인들은 늘 온실 안에 있었기 때문에 자신의 신앙이 얼마나 건강한지를 알지 못합니다. 자신이 얼마나 신앙의 뿌리가 깊은가를 알지 못합니다. 대부분 자기는 세상을 이길 믿음이 있다고 착각합니다. 온실 속에 있기 때문에 자신이 매우 건강하다고 자신만만해 합니다.

그런데 어느 날 갑자기 온실에 있는 베란다 문이 열리면서 비바람이 몰아 치게 되면 신앙이 흔들거리고 뿌리 뽑히는 경우들이 있습니다. 자신의 신앙의 뿌리가 얼마나 취약한지를 뒤늦게 자각하는 경우가 많습니다. 단절과 분리를 핵심으로 하는 구약의 거룩은 사실 힘이 없는 거룩입니다. 부정한 것들과 어울리게 되면 금방 동화될 수밖에 없기에 그 모든 것들을 피해다니는 것입니다.

그렇다면 왜 하나님은 이스라엘 백성들에게 이렇게 힘이 없는 거룩을 요구하신 것일까요? 그 이유는 이스라엘이 영적 어린아이였기 때문입니다. 이스라엘은 방금 전에 출애굽을 하여 이제 막 하나님의 백성이 되었습니다. 그들의 덩치는 컸을지 모르지만 그들은 영적 어린 아이였습니다. 그들은 하나님에 대해 배워가야 하고, 하나님의 백성으로서의 삶의 훈련을 쌓아가야 합니다. 하나님은 영적 어린 아이

단계에 있는 이스라엘에게 '너희는 세상의 빛이 되라', '소금이 되라'고 말씀하지 않으십니다. 영적 어린 아이인 이스라엘 백성이 세상의 빛이 되고자 이방 사람들을 만나게 되면 금방 그들에게 동화되어 버리기 때문입니다. 영적 어린 아이 단계에 있는 이스라엘은 자신의 신앙 하나 지키기도 너무나 벅찬 것입니다. 이때는 부정한 세상에 나아가서 세속 가치와 문화에 물들어 있는 사람들을 변화시켜 내는 것은 불가능합니다. 부정한 것들에 휘둘리지 않도록 자기 한 존재를 지켜 내는 것만으로도 대단한 결단이 필요한 때입니다.

레위기가 말하는 거룩의 개념이 신약에서는 전환됩니다. 신약에는 '너희는 세상의 소금이다', '너희는 세상의 빛이다', '아버지께서 나를 세상에 보내신 것 같이 나도 너희를 세상에 보낸다'는 주님의 말씀이 나옵니다. 주님은 이제 부정한 세상 한복판으로 당신의 제자들을 보내십니다. 부정한 자들과의 만남을 통해 이제는 우리가 그들을 변화시켜야 하는 것입니다. 신약에서는 구약의 정결법이 뒤집어집니다. 이것을 '역접촉 신학'이라고 합니다. 역접촉 신학이 잘 설명된 본문이 마가복음 5장입니다. 접촉 신학이라는 것은 정결한 사람과 부정한 사람이 접촉하게 되면 부정한 사람의 그 부정에 정결한 사람이 오염된다고 보는 것입니다. 생명과 죽음이 만나게 되면 죽음의 기운에 생명이 압도당하여 부정해진다는 것입니다. 이것이 접촉 신학입니다. 이 접촉 신학을 뒤집어엎은 것이 바로 역 접촉 신학입니다.

마가복음 5장을 보면 야이로의 12살 된 딸이 죽었는데 생명 되신 예수 그리스도와 그 죽은 딸이 접촉하여 예수님의 생명의 기운으로 그 딸이 살아나는 이야기가 나옵니다. 그리고 12년 동안 혈루증으로 고생한 여인이 예수님과의 접촉을 합니다. 레위기 말씀에 근거해보면 부정한 여인이 예수를 만졌으니까 예수님은 이제 부정해지게 됩니다. 그런데 어떻게 되었습니까? 예수 그리스도의 정결함과 거룩함과 생명의 기운으로 말미암아 여인의 병이 치유됩니다. 역접촉의 사건이 일어난 것입니다.

예수께서 이 땅에 오셔서 당신의 사역을 통해서 구약의 접촉 신학을 역전시키셨습니다. 이것을 역접촉 신학이라고 합니다. 그리고 주님은 당신의 백성된 우리들에게 이제 부정한 세상으로 들어가라고 명하십니다. 세상 속으로 들어가서 너희가 가지고 있는 믿음의 힘과 거룩의 힘과 신앙의 힘으로 부정한 사람들과의 만남을 통해서 그들을 변화시켜 내라고 하십니다. 물론 '세상의 빛과 소금'이란 말을 모든 신앙인에게 적용하면 안 됩니다. 신앙생활 한 지 얼마 안 된 분에게 '당신은 세상의 빛이니까 세상으로 가세요'라고 한다면 그 사람은 금방 세상에 동화될 가능성이 높습니다. 세상의 빛과 소금이라는 말씀은 예수의 제자들에게 주신 말씀입니다. 내가 누구를 만난다 하더라도 내 신앙이 흔들리지 않을 만큼 굳건한 사람들이 세상으로 가야 합니다.

마지막으로 땅을 더럽히는 죄악은 땅으로부터 토해 냄을 당한다는 '땅 토해 냄의 신학'이 나옵니다. 한 곳만 보겠습니다. 레위기 18장 24~25절입니다.

"너희는 이 모든 일로 스스로 더럽히지 말라 내가 너희 앞에서 쫓아내는 족속들이 이 모든 일로 말미암아 더러워졌고 그 땅도 더러워졌으므로 내가 그 악으로 말미암아 벌하고 그 땅도 스스로 그 주민을 토하여 내느니라"

땅 토해냄의 신학은 땅 신학과 연관이 있다고 보시면 됩니다. 하나님이 원하시는 거룩한 삶을 살아내지 못하면 그 땅이 땅에 살고 있는 사람들을 토해 낸다는 것입니다. 이 말씀이 레위기에 계속 반복됩니다. 내 자신의 거룩과 경건을 지키는 것 이상으로 정말 관심을 가져야 될 것이 우리가 발딛고 살아가는 대한민국 사회의 거룩함, 대한민국 사회의 정직함입니다. 내가 아무리 거룩한 삶을 살아낸다고 하더라도 우리가 발딛고 살아가는 이 땅이 하나님이 원하시는 삶을 살아내지 못할 때 우리는 이 땅으로부터 토해 냄을 당할 수밖에 없습니다. 신앙인들이 이 땅의 문제에 대해서 지극한 관심을 가져야 될 중요한 이유가 여기에 있습니다. 이런 말씀을 볼 때마다 오늘날 우리가 이 땅에서 어떤 공동체를 만들어내고 있는가에 대해 진지한 성찰이 요청되는 것 같습니다. 질문 받겠습니다.

[질문]

저는 대부분의 신앙생활 평가 기준 중 하나가 주일 성수라 배웠습니다. 어디 여행을 가더라도 반드시 모교회에서 예배를 드렸습니다. 그런데 지금은 주일 성수가 그렇게 중요하지 않게 되었습니다. 왜냐하면 일상 전체가 예배이기 때문이고 현재 교회에서 드려지는 예배 형태에 회의가 들어서 일방적인 예배와 일방적인 설교에서 전혀 생수의 맛을 느끼지 못하기 때문입니다. 대천덕 신부님의 '하나님의 나라'라는 책에서 교회가 '말씀을 배우는 곳이 아니라 교제하는 곳'이라는 번역이 더 원뜻에 가깝다는 글도 읽은 적이 있는데 여기에 대해 목사님의 의견은 어떠신지 궁금합니다.

[답]

일상의 삶이 예배인 것은 맞습니다. 그러나 신앙의 공동체는 너무나 중요합니다. 현재 소속된 교회에 별로 가고 싶은 마음이 들지 않으신다면 저는 그 교회를 나와서 좋은 교회를 찾으실 것을 조언 드립니다. 신앙의 삶에 있어 교회는 너무나 중요합니다. 하나님께서 우리를 당신의 백성 삼으실 때 우리가 하나님의 구원을 받았다는 가장 중요한 증거는 하나님이 우리를 절대 홀로 내버려 두지 않으신다는 것입니다. 하나님은 구원받은 백성들을 반드시 믿음의 사람들과의 교제로 인도하십니다. 그것이 교회 공동체일 수도 있고 교회 밖의 믿음의 관계일 수도 있습니다. 중요한 것은 나 홀로의 신앙생활은 불가능합니다.

신앙생활이라는 것은 개인적으로 말씀 읽고 기도하고 찬양하는 것으로 끝나는 것이 아니라 믿음의 사람들이 모여서 세상의 주류 문화와 전혀 다른, 말씀에 근거한 새로운 문화를 창조하고 살아내는 것으로 발전해 가야 합니다. 그것이 믿음의 공동체에 대해 하나님이 기대하시는 바입니다. 홀로 말씀에 근거한 대안적인 문화를 창조하고 살아내는 것은 거의 불가능합니다. 믿음의 사람들이 함께 모일 때만이 세상의 문화와 전혀 다른 말씀의 문화를 창조해낼 수 있습니다. 전에 저에게 이런 말씀을 하신 분이 계십니다. 자신이 속해 있는 교회가 재정이 넉넉한데 헌금을 이상한 곳에 많이 쓰는 것을 보고 나서 십일조를 하고 싶지 않다는 것입니다. 그래서 자기는 십일조를 보육원에도 얼마 보내고 이런저런 단체에도 후원을 하는데 잘 하는 것인지를 저에게 물으셨습니다. 그때도 저는 이렇게 답변을 드렸습니다. '자기 교회에 기쁜 마음으로 헌금을 내고 싶은데 왜 그 교회를 다니십니까? 마음껏 헌금하고 싶은 교회로 옮기십시오.'

[질문]

저는 현재 중국에 살고 있습니다. 사실 이곳에서 다른 교회를 찾는 것은 매우 어려운 일입니다. 무엇보다 목사님께서 주류 문화의 가치에 반대하며 하나님나라의 가치관으로 살아가는 믿음의 동료가 있어야 한다고 하셨는데 도리어 현실 교회는 그런 가치를 가지고 살아가는 사람을 이상한 사람으로 보는 경향이 있습니다. 예를 들어 불로소득에 관한 이야기나 여러 가지 사회적 약자들에 대한 배려라든가 지금 많이 대두되는 동성애 문제를 언급할 때마다 사람들은 저를 이상한 사람으로 봅니다. 교회 안에서 그런 가치를 같이 나눌 만한 사람이 없습니다. 그래서 저는 저희 가정을 모본으로 해서 몇 가정과 함께 교회 공동체를 만들면 어떨까라는 생각을 하기도 합니다. 저는 지금 사실 홀로 된 기분입니다.

[답]

충분히 이해가 됩니다. 집사님은 올 한해는 말씀과 함께 월요 모임을 자기 교회라고 여기시면 좋겠습니다. 올바른 것에 대해 사모하는 집사님에게 하나님께서 앞으로 좋은 동역자들을 만나게 하실 것입니다.

[질문]

안식일이나 안식년은 이해가 되는데 땅과 관련된 말씀들도 오늘날 지켜야 하는 것인지 궁금합니다. 예를 들어 제가 시골에 내려가서 사는데 땅을 사서 텃밭을 하고 있습니다. 말씀대로라면 6년 경작을 한 후에는 1년간은 휴경을 해야 하는데 현재도 이 말씀을 우리가 그대로 순종해야 하는 것인가요?

[답]

오늘날 레위기에 나와 있는 내용들을 문자 그대로 지키는 것은 쉽지 않습니다. 우리가 제사를 드리는 것도 아니고 대한민국 사회가 믿는 자들만의 공동체도 아니기 때문에 레위기에 나와 있는 말씀을 문자 그대로 준수하는 것은 매우 어렵습니다. 대신 그 의미를 살려서 우리가 실천할 수는 있다고 봅니다. 예를 들어 희년의 가장 중요한 의미는 부도 가난도 대물림하지 못하게 하는 것입니다. 희년법의 가장 중요한 것은 50년 마다 땅을 빼앗긴 사람에게 땅을 다시 돌려주고 빚진 자의 빚을 탕감해주고 종으로 사로 잡힌 사람들을 자유인 되게 만드는 것입니다. 이를 통해 한 사회 전체가 빈부의 양극화가 고착화 되지 못하도록 하는 것입니다.

부의 대물림도 안 되고 가난의 대물림도 하지 못하도록 사회 전체가 다시 새롭게 시작하는 것이 희년의 중요한 정신입니다. 레위기에 나와 있는 말씀을 문자 그대로 준수하지 않는다고 해서 말씀에 불순종하고 있다고 생각하실 필요는 없습니다. 변화된 시대상황에 맞게 그 의미를 잘 살피는 것이 중요하다고 생각합니다.

[질문]

지력을 회복하는게 중요한 거죠?

[답]

그렇습니다. 현재 땅이 지력을 많이 상실하여 농약이나 화학 비료를 과도하게 뿌려가며 농작물을 생산하고 있는데 땅에게도 쉼의 시간이 필요합니다. 쉼을 통해 지력을 회복하도록 도와야 합니다.

[질문]

성막 제사할 때 자기가 제물을 갖고 오는데 혹시 여자들도 제물을 가지고 오나요?

[답]

성전에 여인의 뜰이 있었던 것을 보면 여인들도 성막에 출입이 가능했다고 봅니다.

[질문]

아이들은 못 들어오나요?

[답]

출입을 통제하지는 않았을 것으로 봅니다. 다만 이스라엘은 철저히 남성 중심 어른 중심의 종교공동체입니다.

여인들이 제물을 바칠 때 여인들이 제물을 죽이고 각을 뜨는 일이 가능했을까요?

[답]

이것은 여인만의 문제가 아니라 일반 백성들도 제물을 잡고 각을 뜨는 것이 쉽지 않았을 것입니다. 그래서 이후에는 짐승 도살을 레위인들이 맡아서 합니다. 레위기에서는 제사를 드리는 헌제자가 짐승을 직접 잡았는데 전문적으로 도살을 해본 사람이 아니라서 짐승을 죽이는 일이 너무 힘들었을 것입니다. 죽임 당하는 짐승도 얼마나 고통스러웠겠습니까? 그래서 이후에는 레위인들이 그 일을 전담합니다. 레위인들을 우리는 거룩한 예복 입고 폼 나는 일을 하는 사람으로 생각하기 쉽지만 실제 구약 시대 레위인들이 했던 주된 일 중 하나가 짐승을 잡는 것입니다.

[질문]

주일 성수와 안식일의 개념에 대해 여쭤보려고 하는데요. 최근에 제가 어떤 목사님을 통해 설교를 들었습니다. 그분은 주일에 장사하는 사람들에 대해서 공개적으로 '주일에 일하는 것은 바람직하지 않다, 주일을 성수하는 것은 일을 하지 않고 예배를 드리고 안식하는 것이다' 라는 말씀을 하셨습니다. 제가 알고 있는 안식일과 주일에 대한 개념은 일주일에 한번 하나님 안에서 안식하면서 예배에 참석하는 것입니다. 그 목사님께서 생각하시는 주일 성수를 성도들에게 강요하는 것은 아닌가 하는 생각이 듭니다. 매번 똑같이 돌아오는 일요일을 우리가 안식일과 주일로 생각해야 되는 것인지, 아니면 장사하는 사람들이나 교대 근무를 하는 사람들은 따로 일주일에 한번씩 안식을 하는 것이 맞는 것인지 궁금증이 들었습니다.

[답]

실제 대학로에서 연극하시는 크리스천들은 월요일에 주일 예배를 드리기도 합니다. 백화점에 근무하시는 분들도 주일에 와서 일하라고 하면 일할 수밖에 없습니다. 이런 분들은 다른 날 함께 예배할 수 있는 사람이 있다면 그들과 함께 다른 날을 주일 예배로 드릴 수 있다고 봅니다. 주일이라는 말은 일요일을 말하는 것이 아닙니다. 주일이라는 말은 주님의 날의 줄임말입니다. 우리가 현재 일요일에 함께 모여 예배드리는 가장 중요한 이유는 일요일이 가장 많은 지체들이 함께 모일 수 있는 날이기 때문에 그렇습니다.

만약 국가가 법을 바꿔서 '이제부터는 수요일을 공휴일로 하겠다'라고 한다면 대부분의 교회가 수요일을 주일 예배로 드리는 것이 전혀 문제가 되지 않습니다. 로마서에도 그런 말씀이 나오는데 '어떤 사람은 이날을 저날보다 낫게 여기는' 사람들이 있습니다. 율법주의자들입니다. 여전히 우리 한국 교인들도 일요일만을 주일로 이해하시는 분들이 많이 있는데 사실은 월요일도 주일이고 화요일도 주일이고 수요일도 주일입니다. 모든 날이 주님의 날인 것입니다. 대부분의 교회가 일요일에 함께 예배를 드리는 것은 가장 많은 지체들이 함께 모여서 성도의 교제를 나눌 수 있는 날이기 때문입니다. 그런데 만약 교회 공동체가 상황적으로 일요일에 모이는 것이 불가능하다면 다른 날을 주일로 하는 것은 전혀 문제가 되지 않습니다. 특정 직업군에 속한 사람들이 교회 공동체 안에서건 밖에서건 특정한 날을 주일 예배로 드리는 것도 전혀 문제가 되지 않습니다.

실제로 그런 일이 있었습니다. 우리나라가 언제부터 주 5일 근무를 하게 되었죠? 2005년인가요? 주 5일 근무를 시작할 때 교회가 난리가 났습니다. 주 5일 근무를 하게 되면 사람들이 주일 성수 안하고 토요일에 놀러가서 주일 성수를 하지 않게 된다고 반대를 했습니다. 그때 어느 교회는 선제적으로 금요일 밤에 주일 1부 예배를 드렸습니다. 그래서 주변에 있는 많은 교회에서 총회에다 문제 제기를 했습니다. '금요일 저녁에 주일 1부 예배를 드리는 것이 가능합니까?'라고 문제를 제기했는데 1년 동안 학자들이 연구한 결과 금요일 저녁에 주일 예배를 드리는 것이 아무런 문제가 없다고 보고를 한 일이 있습니다.

공직자나 경찰, 소방관 등은 주일 근무를 피할 수가 없습니다. 대부분의 기독교인들은 교회를 다니기 때문에 주일은 가급적 쉬고자 합니다. 그러나 사실 모든 분들이 주말에는 가족과 함께 휴식을 취하고 싶지 않겠습니까? 주일 성수를 위해 주일에 일하는 것을 회피하는 신앙인들을 보면서 사람들은 '교회 다니는 사람은 너무 이기적이다'라는 이야기를 많이 합니다. 주일 성수를 이유로 주일 근무를 신앙인들만 회피하게 되면 누군가는 결국 그 짐을 짊어져야 하는 것 아닙니까? 저는 이런 점에서 교회와 교단과 목회자의 시각이 유연해져야 한다고 봅니다. 주일 성수에 대한 포괄적인 이해를 가짐으로서 오히려 믿지 않는 사람들을 배려하는 분위기를 만들어가야 한다고 봅니다. 주일에 공동체 전체가 함께 예배드리는 것도 중요하지만 다른 요일에 소그룹으로 드리는 예배도 주일 예배임을 공식적으로 인정하면 좋겠다는 생각이 듭니다.

기도하고 마치겠습니다.

하나님. 감사합니다. 오늘 레위기의 말씀을 함께 살펴보았습니다. 하나님이 원하시는 거룩한 삶, 세상의 주류 문화와 주류 가치와 구별된 하나님께만 속한 그 거룩한 삶을 신실하게 살아내고 싶습니다. 우리에게 용기와 지혜를 더하시고 분별을 더하시고 말씀에 근거한 삶을 살아낼 수 있도록 귀한 동역자들을 우리에게 허락하여 주시옵소서. 한 주간의 삶도 하나님의 인도하심 가운데 하나님과 신실하게 동행하기를 소망하오며 예수 그리스도의 이름으로 기도합니다. 아멘.

말씀과 함께 모세오경 5-1

오늘은 민수기를 공부하겠습니다. 민수기라는 책의 제목은 '백성들의 수를 센 기록'이라는 뜻입니다. 왜 '백성들의 수를 센 기록'이라는 책의 제목이 만들어졌을까요? 민수기 1장과 26장에 두 번에 걸쳐서 인구 조사를 시행했기 때문입니다. 인구 조사를 하는 가장 중요한 이유는 싸움에 나갈 수 있는 병사들의 수를 확인하기 위해서입니다. 병사들의 수를 확인한다는 것은 이제 이스라엘이 시내산에서 1년간의 수련회를 마무리하고 본격적인 광야 행진을 하게 된다는 것입니다. 가나안 땅으로 이동하면서 이스라엘을 막으려 하는 무수한 대적자들과 싸워야 합니다.

본격적인 광야 행진을 진행하면서 싸움에 나갈 수 있는 병사들의 수를 파악하기 위해 인구 조사를 시행했습니다. 그것이 1장에 한 번 나오고 26장에 또 한 번 나옵니다. 1장의 인구 조사는 출애굽 1세대들을 대상으로 한 것이고, 26장의 인구 조사는 출애굽 2세대들을 대상으로 한 것입니다. 1차 인구 조사 때 20세 이상의 남성이 60만 3천 550명입니다. 2차 때는 조금 줄어서 60만 천 730명입니다. 지난번에 말씀드린 것처럼, 여기서의 숫자는 아라비아 숫자가 아니라 게마트리아입니다. 즉 알파벳 자음으로 수를 표기한 것입니다. 싸움에 나갈 병사의 수가 60만 3천 550명이 되었건 60만 천 730명이 되었건 핵심은 엄청나게 많은 후손의 번성이라는 복을 받았다는 점입니다. 정확한 숫자보다는 후손의 번성이라는 복을 받았다는 사실이 중요합니다.

인구 조사를 해 보니까 유다 지파의 인구가 제일 많습니다. 두 번째로 인구가 많은 지파가 단 지파입니다. 그래서 광야 행진을 할 때 가장 전방에는 인구가 제일 많은 유다 지파가 서고 제일 마지막 후미에는 다음으로 인구가 많은 단 지파가 섭니다. 인구가 많다는 것이 어떤 특권과 비례하는 것이 아니라 책임과 비례한다는 것을 알 수 있습니다. 1, 2차 인구를 비교해보면, 1차에 비해서 2차 때 인구가 약간 줄었음을 알 수 있습니다. 다른 지파들은 대부분 인구가 늘었거나 그대로를 유지했는데 유독 한 지파만 인구가 급감했습니다. 인구가 급감한 지파는 시므온 지파입니다. 시므온 지파의 인구가 1차 때 5만 9천 300명에서 2차 때는 2만 2천 200명으로 급감을 했습니다. 시므온 지파의 인구가 이렇게 줄지 않았다면 2차 때 총 인구수는 1차 때보다 더 많았을 것입니다. 그렇다면 왜 유독 시므온 지파만 이렇게 급격한 인구 감소를 경험했을까요?

시므온 지파의 인구 감소와 관련하여 우리가 참고할 수 있는 것이 민수기 25장에 나오는 바알브올 사건입니다. 바알브올 사건은 미디안 사람들이 이스라엘을 유혹해서 바알 제의에 함께 참여하게 만든 사건입니다. 이로 인해 하나님께서는 이스라엘 공동체에 전염병을 내리십니다. 그 전염병으로 2만 4천명이 죽습니다. 학자들은 이때 죽은 2만 4천명의 대부분이 시므온 지파가 아닐까 추측합니다. 왜 시므온 지파 사람들이 이때 하나님의 심판의 주 대상이 되었을까요?

민수기 25장에서 하나님의 심판이 한창 집행 중일 때 아론의 손자였던 비느하스가 시므온의 족장인 시므리와 미디안 여인인 고스비를 죽이는 이야기가 나옵니다. 이것 때문에 하나님의 심판인 전염병이 그치게 됩니다. 이스라엘이 바알 숭배에 참여해서 하나님의 심판이 임했는데, 시므온의 족장이었던 시므리란 사람이 '지금의 전염병하고 하나님의 심판이 무슨 상관이 있는가?' 하면서 여전히 미디안 여인과 동침을 한 것입니다. 이때 비느하스가 시므리란 사람과 고스비란 여인을 창으로 찔러 죽입니다. 그때 전염병이 그칩니다. 하나님을 대신하여 비느하스가 하나님의 심판을 집행한 것입니다. 이때 죽임 당한 시므리가 시므온 지파의 족장이었습니다.

시므리가 대놓고 바알 숭배도 하고 미디안 여인과 동침을 했다는 것은, 그의 지위로 봤을 때 그 휘하의 있는 시므온 지파 남자들도 이 행위에 동참했을 가능성이 높다고 봐야 합니다. 바알브올 사건으로 죽임당한 사람이 2만 4천명이고 바로 다음에 2차 인구 조사를 시행하였는데, 1차 때에 비해서 급격하게 인구수가 감소한 것은 시므온 지파밖에 없습니다. 이 모든 것을 연결시켜 보면 25장에 나오는 바알브올 사건으로 염병이 돌았을 때 죽임 당한 2만 4천명 대부분이 시므온 지파였을 것으로 추측할 수 있습니다.

시므온 지파는 인구가 너무 급격히 감소되어서 이후에 가나안 땅에 들어갔을 때에도 독자적으로 땅을 정복하지 못합니다. 그 결과, 유다 지파가 차지한 땅에 더부살이를 하게 됩니다. 나중에는 자기들만의 땅을 확보하기 위해서 요단 동편으로 옮기게 되는데, 어느 순간부터 시므온 지파는 존재 자체가 유명무실한 지파가 되어 버립니다. 시므온 지파가 내딛은 걸음을 보면서 많은 생각을 하게 됩니다. 그들은 출애굽 사건 이후 시내산 언약을 체결했을 때만 해도 싸움에 나갈 장정만 5만 9천 300명이라고 하는 엄청난 인구수를 가지고 있었던 복 받은 지파였습니다. 그러나 민수기 25장의 바알브올 사건 때 족장을 비롯한 많은 사람들이 바알 숭배에 동참하고 이방 여인과 동침하는 일로 하나님의 심판을 받아 몰락했습니다. 이후 가나안 땅에 들어갔을 때에는 힘이 미약하여 지파 독자적으로 땅을 차지하지 못하고 유다 지파가 차지한 땅에 더부살이를 하게 되고, 마지막에는 요단 동편으로 이주한 다음에 사라지게 됩니다. 한 번의 우상숭배로 말미암아 지파 전체의 운명이 바뀌어 버린 것입니다.

한글 성경의 제목 '민수기'는 '백성들의 수를 센 기록'이라는 뜻입니다. 히브리어로는 민수기를 '베미드바르'라고 합니다. 히브리어 성경은 보통 그 본문의 앞 부분에 나오는 단어를 책의 제목으로 사용을 하는데, '베미드바르'라는 단어는 히브리어 민수기 성경에서 네 번째 나오는 단어입니다. '베미드바르'에서 '베'라고 하는 히브리어는 영어로 말하면 in입니다. '미드바르'는 광야를 뜻합니다. 즉, '베미드바르'는 '광야에서'라는 뜻입니다. 그리고 '미드바르'라는 단어를 분해하게 되면 '미'라고 하는 것은 영어의 with, 불어의 avec으로서 '함께'라는 뜻입니다. 뒤에 나오는 '드바르', '다바르'라는 것은 말씀을 뜻하는 단어입니다. 그러니까 미드바르라는 것은 '말씀과 함께'란 의미가 있습니다. 거기에 '베'가 앞에 붙으면 '광야에서'라는 뜻이 됩니다. 이처럼 히브리어 성경에서는 책의 제목이 '광야에서' 입니다. 책의 제목을 통해 우리는 민수기가 이스라엘 백성들의 광야 여정에 대한 이야기임을 알 수 있습니다.

민수기는 출애굽 1세대가 광야 여정에서 어떻게 하나님의 심판을 받고 멸망 당했는가를 상세하게 알려주는 책입니다. 이스라엘 백성이 걸었던 광야 길은 오늘날 우리의 인생길과 똑같습니다. 매일 매 순간 험난한 여정이 우리를 기다리고 있습니다. 이 힘겨운 광야의 여정을 어떻게 헤쳐 나갈 수 있을까요? 거기에 민수기는 '미드바르'라고 답을 줍니다. 즉, 말씀과 함께해야만 우리는 광야의 여정을 헤쳐 나갈 수 있습니다. 정리해보면, 민수기의 히브리어 제목은 '베미드바르'로서 '광야에서'라는 의미가 있고 그 광야 여정을 우리가 어떻게 헤쳐 나갈 것인가에 대해서는 '말씀과 함께'라고 대답합니다. 험난한 광야의 여정을 헤쳐 나갈 수 있는 유일한 길은 말씀과 함께임을 강조하는 것이 민수기입니다.

무엇보다 민수기는 출애굽 1세대가 구원의 여정에서 어떻게 실패했는가를 잘 보여줍니다. 민수기를 통해 우리는 많은 반면교사들을 만납니다. 그 중에서 핵심적인 사건이 16장에 나옵니다. 출애굽 1세대가 모세와 아론에게 집단적 저항, 집단적 반역을 하는 사건입니다. 애굽을 탈출하여 가나안을 향해서 힘 있게 걸어가야 될 사람들이 가나안을 향해 걸어갈 생각은 하지 않고 자기들을 종과 노예로 부려먹었던 애굽으로 다시 돌아가려고 합니다. 모세와 아론이 가나안으로 출애굽 백성들을 이끌려고 할 때마다 이들은 모세와 아론을 돌로 쳐 죽이고 새로운 지도자를 선출해서 애굽으로 다시 돌아가려고 합니다. 향 가나안이 아닌 환 애굽을 하려 합니다. 이런 집단 반역 사건이 11장부터 20장까지 계속 나옵니다. 그 정점이 바로 16장입니다. 이 반역 사건을 주도했던 사람이 고라, 다단, 아비람, 온입니다. 주목해야 할 것이 레위 자손인 고라와 르우벤 지파 사람인 다단과 아비람이 반역을 주도합니다. 왜 레위 사람인 고라가 이 반역을 주도하게 되었을까요?

3장 19절을 보겠습니다.

"고핫의 아들들은 그들의 종족대로 이러하니 아므람과 이스할과 헤브론과 웃시엘이요"

레위의 아들이 게르손, 고핫, 므라리입니다. 그리고 고핫의 아들이 네 명인데 아므람, 이스할, 헤브론, 웃시엘입니다. 첫째인 아므람의 아들이 아론입니다. 그리고 민수기 16장 1절의 말씀처럼 둘째인 이스할의 아들이 고라입니다. 아론과 고라는 항렬이 같습니다. 그러나 모든 집안의 사람들이 대제사장이 될 수는 없기에 항렬은 같지만 장자의 후손인 아론 집안이 대제사장 집안이 된 것입니다. 여기까지는 고라 자손이 이해할 수 있었다고 봅니다. 그런데 고라 자손을 화나게 만든 일이 있는데 그것이 바로 민수기 3장 30절에 나옵니다.

웃시엘의 아들 엘리사반이 고핫 사람의 종족과 조상의 가문의 지휘관이 된 것입니다. 엘리사반이 고핫 사람의 종족과 조상의 가문의 지휘관이 되었는데 그는 웃시엘의 아들입니다. 다시 3장 19절로 가셔서 웃시엘이 누구인가를 보십시오. 웃시엘은 고핫의 아들들 가운데 막내입니다. 고라를 격노하게 만든 사건이 바로 이것입니다. 아들 네 명이 있는데 장남이었던 아므람의 집안이 대제사장 집안이 된 것까지는 이해할 수 있었습니다. 그러면 한 집안의 족장 집안은 두 번째인 자기 집안이 당연히 맡을 것이라고 생각했을 것입니다. 그런데 두 번째인 이스할 집안이 아니라 막내인 웃시엘 집안에서 고핫 집안의 족장이 나오게 된 것입니다. 고라 입장에서는 대제사장직도 같은 항렬인 아론에게 빼앗기고 한 집안의 족장 직분도 막내에게 빼앗겼으니 인간적으로 고라는 매우 기분이 나빴겠다고 짐작할 수 있습니다.

그런데 성경을 보면서 이런 인간적인 감정에만 주목해서는 안 됩니다. 하나님의 나라는 세상의 질서와 다른 가치와 문화가 있습니다. 성경이 계속해서 강조하는 것이 있습니다. 거룩의 위계질서입니다. 인구가 제일 많았던 유다 지파와 두 번째로 많았던 단 지파가 인구가 많다고 해서 특권을 행사했습니까? 그렇지 않습니다. 인구가 많다는 것은 특권이 아닌 책임과 의무와 비례합니다. 이스라엘도 다른 나라처럼 위계가 있습니다. 그런데 다른 나라의 위계와 달리 이스라엘은 위에 있는 사람들이 군림하지 않습니다. 아래 사람들을 지배하고 억압하지 않습니다. 도리어 위에 있는 사람일수록 하나님의 백성다운 정직함과 진실함과 거룩함이 무엇인지를 몸소 삶으로 보여주는 교과서가 되어야 합니다.

이스라엘에서는 대제사장 집안이 되었다고 해서 엄청난 특권을 행사한다든가 족장 집안이 되었다고 해서 엄청난 특권을 소유하지 않습니다. 이후에 보겠지만 그 족장 집안의 사람들이 수레와 소를 바칩니다. 경제적인 손실을 감수하는 것입니다. 오늘날 대형교회의 회장 같은 권세를 누리는 목사들 때문에 대제사장이라고 하는 자리를 특권과 부귀영화의 자리인 것처럼 착각하기 쉽지만, 대제사장은 자기 땅도 소유하지 못하는 사람들입니다. 땅을 가진 사람들이 땅이 없는 레위인을 위해 십일조를 바치게 되면 레위인들은 자기가 받았던 십일조의 10분의 1을 제사장에게 줍니다. 백성들이 십일조를 바치지 않거나 레위인들이 자기들에게 십일조를 주지 않으면 제사장들은 생계조차 불안합니다. 하나님께서 제사장과 족장을 세우시며 기대하신 것은, 오늘날 우리가 이해하듯 지배나 군림의 자리가 아니라는 것을 꼭 기억하셔야 합니다.

고라는 자기와 항렬이 같았던 아론 집안이 제사장직을 독점하게 되고 막내 집안이 족장 집안이 되면서 매우 화가 났습니다. 거룩의 위계질서의 맥락에서 이해하지 못하고 군림과 지배의 관점으로 모든 사건을 해석한 것입니다. 르우벤 지파의 사람들도 마찬가지입니다. 야곱의 12아들 가운데 혈통적으로는 르우벤이 첫째 아들입니다. 그러나 이후에 12아들 가운데 장자의 자리를 요셉 지파가 차지하게 됩니다. 요셉 지파는 장자 지파가 되면서 요셉이 빠지고 므낫세와 에브라임이 12지파 안으로 들어옵니다. 신명기에 보면 장자에게는 두 몫을 줍니다. 그래서 시므온 지파도 하나, 단 지파도 하나인데 요셉 지파만 므낫세와 에브라임 두 아들이 모두 지파가 됩니다. 요셉 지파가 장자 지파가 되었기 때문입니다. 르우벤 입장에서는 자기가 첫째 아들인데 그 장자권을 요셉에게 빼앗긴 것이니 얼마나 인간적으로 서운했겠습니까? 고라도 화가 나 있고 르우벤 지파도 화가 나 있는데, 민수가 2장에 보면 고라 집안의 사람들과 르우벤 지파 사람들이 진을 편성할 때 둘 모두 남쪽에 배치되어 있습니다. 이 사람들이 가까이 있으면서 서로의 불만을 말하다가 불만이 상승 작용을 일으킨 것입니다. 그 결과 나온 것이 바로 민수기 16장의 고라와 다단과 아비람의 집단 반역 사건입니다.

오늘날 하나님의 일을 한다고 할 때 꼭 기억해야 할 것이 있습니다. 하나님의 일에는 참으로 많은 영역이 있습니다. 그 일을 감당할 수 있도록 하나님께서 각자에게 다양한 은사들을 허락하셨습니다. 내가 하는 일, 나에게 있는 은사만을 주목하고 다른 이들이 행하는 일을 가벼이 여기거나 우습게 생각해서는 안 됩니다. 우리 각자가 지니고 있는 은사에 대해서 서로 존중해주고 고마워해야 합니다. 그들은 내가 직접 하지 못하는 일을 대신 해주고 있는 귀한 분들입니다. 이런 마음으로 상호 감사를 표하면 좋은데 이것이 쉽지 않습니다.

제가 신학대학을 다닐 때 매년 여름 방학마다 이런 갈등이 있었습니다. 방학마다 보수적인 신학생들은 낙도 선교를 많이 가고 진보적인 신학생들은 농활을 많이 갔습니다. 이때 낙도 선교를 가는 학생과 농활을 가는 학생은 서로에 대해 비방과 조롱을 많이 했습니다. 농활을 간 학생들은 평소에 역사와 사회정치 현상에 대한 공부를 많이 한 친구들입니다. 이 친구들은 낙도 선교를 가는 친구들을 향해 수구꼴통이라고 비판을 했습니다. 그리고 낙도 선교를 가는 학생들은 농활을 가는 친구들을 향해 좌파 빨갱이라고 비판을 했습니다. 이런 식의 모습이 오늘날도 보수적인 교회와 진보적인 교회들 사이에 여전히 존재하고 있습니다.

1974년 로잔언약에 근거해보면, 복음 전도와 사회 정치적 참여는 하나님의 백성으로서 우리가 감당해야 될 두 개의 사명입니다. 어느 하나도 무시하거나 소홀히 여길 수 없는 것입니다. 그런데 한국 교회가 대다수 보수적이다 보니까 복음 전도에는 열심을 다하지만 사회 정치적 참여는 거의 하지 않습니다. 복음 전도만을 하나님의 일로 인식하고 사회 정치적 참여는 세상 사람들이 하는 일이라고 생각을 많이 하는데, 절대로 그렇지 않습니다. 복음 전도도 필요하고 사회 정치적 참여도 필요합니다. 하나님의 뜻이 교회 안에서만 실현되어져서는 안 됩니다. 하나님의 뜻이 하늘에서 이뤄진 것처럼 이 땅 곳곳에서도 이루어져야 합니다. 이 땅의 정치, 경제, 사법, 언론, 문화 등 모든 영역 가운데 하나님이 원하시는 바가 아름답게 구현되어야 합니다. 그 일을 위해 누군가는 더욱 수고해야 합니다.

그 일을 나 대신 행하여 주고 있는 이들을 향해 고마운 마음을 가져야 합니다. 내가 복음 전도에 은사가 있다고 해서 내가 열심히 잘 할 수 있는 것만 하나님의 일이라고 규정해서는 안 됩니다. 나는 이것에 최선을 다하지만 내가 잘 하지 못하는 일을 열심히 해주는 분들에 대해서 고마운 마음을 가지고 그분들의 사역에 박수를 보내고 때로는 후원을 해줘야 합니다. 반대로 사회 정치적 활동을 열심히 하시는 분들은 자기들이 하지 못하는 복음 전도 사역을 힘차게 감당하고 있는 분들을 향해 박수를 쳐 주고 응원해 주고 지지해 주어야 합니다. 서로의 은사가 아름답게 발휘될 수 있도록 서로 응원하고 지지해주는 것이 필요합니다.

고라가 만약 대제사장이 된 아론을 향해서 '너가 정말 힘든 일을 맡게 되었는데 내가 있는 힘을 다해 너를 응원하고 기도해줄게'라고 했다면 얼마나 좋았을까요? 그런데 고라는 그렇게 하지 못했습니다. 도리어 시기와 질투라는 부정적인 마음에만 사로잡혔습니다. 세상에서 가장 어려운 것이 가장 가까이에 있는 친구를 존경하는 것입니다. 나보다 월등히 나이가 많거나 능력이 월등히 탁월한 사람을 존경하기는 쉽습니다. 예를 들어, 여러분이 수영하실 때 박태환 선수에게 경쟁심이 생기십니까? 스케이트를 탈 때 이상화 선수에게 경쟁심이 생기십니까? 절대 안 생깁니다. 나보다 월등하게 능력이 있거나 나이가 많거나 하면 경쟁심이 잘 안 생깁니다. 그런데 나와 비슷한 사람들, 특히 친구가 잘되는 모습을 보면서 마음 다해 응원하기가 쉽지 않습니다.

16장에 나오는 반역 사건도 서로의 은사와 역할을 상호 존중하지 못하고 마치 하나님의 일을 특권의 자리와 권력의 자리인 것처럼 오해했던 사람들이 힘을 모아서 일으켰던 사건입니다. 그런 사건들이 누적된 결과 출애굽 1세대는 광야에서 하나님의 심판을 받아 멸절하게 됩니다. 출애굽 1세대는 하나님의 은혜로 하나님의 백성은 되었지만 지속적인 하나님의 백성 됨을 거부하여 실패했습니다.

한국 교회가 잘 설명하지 않는 것 가운데 하나가 구원의 상실 가능성입니다. 한국 교회는 구원론과 관련하여서는 이단이라고 비판하는 구원파와 거의 똑같습니다. 구원파가 뭐라고 주장합니까? '우리가 예수 그리스도를 주로 고백하는 순간 과거의 죄와 현재의 죄, 그리고 미래에 우리가 지을 죄까지도 모두 하나님이 용서해 주신다. 한번 구원은 영원한 구원이다'라고 주장합니다. 그러나 성경은 절대 그렇게 말하지 않습니다. 하나님의 은혜로 구원은 받았지만 그 구원의 여정에서의 탈락 가능성을 성경은 말하고 있습니다. 특히 바울 서신에 보면 이런 말씀이 계속 나옵니다. 바울은 '두렵고 떨림으로 너의 구원을 이루라', '선 줄로 생각하는 자는 넘어질까 조심하라', '내가 이미 얻었다 함이 아니요 푯대를 향하여 달려간다'라고 말했습니다. 바울조차도 선 줄로 생각하는 자는 넘어질까 조심하라고 했는데 바울의 믿음을 따라갈 수도 없는 신앙인들이 자신들은 이미 선 줄로 착각하고 있습니다. 제가 볼 때 우리 한국 교회를 지배하는 것은 해병대식 사고방식입니다. '한 번 해병은 영원한 해병'처럼 '한 번 구원은 영원한 구원'이라고 생각합니다.

장로들의 임기도 마찬가지입니다. 장로교가 처음 역사에 등장했을 때는 장로들의 임기가 있었습니다. 보통은 1년이었고 지금 미국의 장로교는 장로 임기가 보통 3~4년입니다. 장로라는 직분은 교인들의 대표로서 기초자치 단체의 기초의원과 같은 것입니다. 교인들이 교회 정치에 모두 참여할 수가 없으니 장로라는 대표자를 선출하여 교인들의 의사를 반영하도록 하는 대의정치의 한 형태입니다. 대부분의 장로교가 장로 임기가 있는데 우리 한국 교회는 그렇지 않습니다. 한 번 장로는 영원한 장로입니다. 이것이 왜 문제일까요? 예를 들어 어떤 분이 2000년에 장로가 되셨습니다. 그때 그분을 교인들의 대표로 뽑아 준 성도들이 있습니다. 그런데 2023년 지금 그 교회 안에 그때의 교인들이 그대로 있는 것이 아닙니다. 그분을 장로로 뽑아줬던 교인들 중에 다른 교회로 옮기신 분들도 있을 것이고, 새로운 교인들이 합류하기도 합니다. 무슨 말이냐면 2023년의 교인들은 지금의 그 장로님을 자신들의 대표자로 생각하지 않을 수도 있습니다. 장로는 의회 민주주의의 의원과 같습니다. 그래서 주기적으로 교인들의 대표를 뽑는 선거가 있어야 하는데 한국 교회는 그렇지 않습니다.

한국 교회는 '한 번 구원은 영원한 구원'인 것처럼 강조합니다. 그러나 성경을 보면 하나님의 은혜로 구원 받았지만 하나님의 통치 안에 거하기를 기뻐하지 않고 하나님의 통치 바깥으로 뛰쳐나간 사람들, 구원의 여정에서 탈락한 사람들이 엄청나게 많습니다. 안타깝게도 한국 교회 안에 구원에 대한 교육이 거의 없습니다. 구원이 무엇인지에 대한 올바른 이해가 거의 없습니다. '예수의 이름으로 우리가 구원받았다'라고 할 때 대부분의 신앙인들이 생각하는 구원은 천국에 입성하는 것, 천국에 있는 주택 분양권을 따내는 것입니다. 요즘은 모르겠지만 제가 어린 나이에 교회에서 많이 부른 찬양 가운데 이런 노래가 있었습니다. '나는 구원 열차 올라 타고서...' 여전히 대부분의 신앙인들의 주된 관심은 구원 열차에 올라 타는 것입니다. 구원 열차만 타면 그 구원 열차가 나를 하나님 나라까지 안전하게 인도해 줄 것이라고 생각합니다. 천국에 입성하는 것 자체를 구원이라고 생각하는 것입니다. 그러나 구원은 그 이상입니다.

구원은 하나님의 백성 아니었던 자들이 하나님의 백성 되는 것입니다. 하나님의 백성이 된다는 것은 하나님의 통치 안에 거하는 자가 된다는 것입니다. 누가 구원받은 자입니까? 하나님의 통치 안에 거하는 자가 구원받은 자입니다. 하나님의 백성 되는 자가 구원받은 자입니다. 로마서 5장 6, 8, 10절을 보시면 '우리가 여전히 죄인이었을 때', '우리가 여전히 하나님과 원수 관계였을 때', '우리가 여전히 연약할 때' 예수 그리스도로 말미암아 하나님이 우리를 당신의 백성 삼아주셨다는 말씀이 나옵니다. 우리가 하나님의 백성답게 변화되어서 구원을 받은 것이 아닙니다. 하나님의 구원은 선제적으로 우리에게 선물처럼 주어지는 것입니다. 우리는 여전히 죄인이었는데 예수 그리스도로 말미암아 하나님이 우리를 당신의 백성으로 삼아주신 것입니다.

신분이 먼저 바뀝니다. 흑암의 권세 가운데 있던 자들이 하나님의 백성으로 신분이 먼저 변화됩니다. 여기서 문제가 발생합니다. 하나님의 백성이라는 새로운 신분은 획득하였는데 하나님의 통치 안에 거하는 것이 우리에게는 여전히 버겁습니다. 하나님의 통치 안에 거한다는 것은 무엇입니까? 하나님이 원하시는 삶을 살고, 하나님의 다스리심을 기뻐한다는 것입니다. 그런데 하나님의 은혜로 하나님

의 백성은 되었는데 하나님의 통치는 부담스럽습니다. 여전히 내 욕
망대로 세상과 손 맞잡고 살고 싶은 마음이 가득합니다. 그래서 우
리가 하나님의 은혜로 구원을 받자마자 가장 먼저 경험하게 되는 어
려움이 바로 신분과 존재 사이에서의 괴리입니다. 신분은 하나님의
백성이 되었는데 내 생각이나 삶의 모습을 보면 하나님의 백성다운
모습이 별로 없는 것입니다. 예수 안 믿는 사람과 별반 다르지 않습
니다. 이 괴리로 인해 우리가 탄식하고 있을 때 사탄이 이것을 무기
삼아 우리를 집중 공격합니다. 그 공격 속에서 우리는 진짜 구원받
은 것이 맞는가를 의심하게 됩니다.

　이것을 분명히 아셔야 합니다. 하나님의 백성으로 살지 못하는 것
에 대한 양심의 가책은 구원 받은 자들만 경험합니다. 자신이 죄를
범해도 전혀 죄책감이 없다면 그것은 아직 하나님의 통치 바깥에 있
기 때문입니다. 하나님의 말씀을 알고자 하는 열망, 하나님의 뜻대
로 살고자 하는 열망, 내가 하나님의 뜻대로 살지 못했을 때 마음에
서 우러나오는 죄책감 등은 자신이 하나님의 통치 안에 머물러 있기
때문에 생기는 것입니다. 구원론에서 기억하셔야 할 것은 먼저 우리
신분의 변화입니다. 신분은 변화되지만 존재는 그대로입니다. 그래
서 하나님의 백성이 된 다음에 우리는 변화된 신분에 걸맞도록 존재
의 변화가 요청됩니다. 그것을 '성화'라고 합니다. 성화는 무엇입니
까? 하나님을 점점 닮아가는 것입니다. 하나님이 기뻐하시는 일이
나에게도 기쁨이 되고, 하나님이 원하시는 일이 나에게도 원함이 되
는 것이 성화입니다. 이 존재의 변화는 하나님이 우리를 부르시는 그
날까지 계속하여 진행형으로 존재합니다.

많은 신앙인들이 '칭의'를 구원받음으로 이해하고 '성화'는 상급으로 이해합니다. 그렇지 않습니다. 성화는 구원의 여정 가운데 하나입니다. 무엇보다 성화는 구원의 여정에서 너무나 중요합니다. 성화가 왜 중요합니까? 하나님을 많이 닮아갈수록 하나님 나라에서 우리가 살게 될 때 그 하나님 나라의 삶이 우리에게 진정 기쁨이 되기 때문입니다. 천국이 어떤 곳일지를 한번 상상해 보십시오. 어떤 모습을 상상하셨습니까? 동남아 휴양지 같은 곳을 상상하셨나요? 안타깝게도 천국은 휴양지가 아닙니다. 일어나고 싶을 때 일어나고 먹고 싶은 것 실컷 먹고 마음껏 여유를 즐기는 것을 하나님 나라에서의 삶이라고 생각하기 쉬운데 그렇지 않습니다.

하나님의 나라는 하나님의 통치가 온전히 이뤄지는 곳입니다. 천국은 내가 원하는 욕망들이 온전히 실현되는 곳이 아닙니다. 하나님이 원하시는 바가 온전히 구현되는 곳이 천국입니다. 따라서 천국에서의 삶이 우리에게 진정 기쁨이 되기 위해서라도 우리가 하나님을 온전히 닮아가는 것이 필요합니다. 하나님이 기뻐하시는 일이 우리에게도 기쁨이 되어야 하고 하나님이 원하시는 일이 우리에게도 원함이 되어야 합니다. 그럴 때 하나님의 뜻이 온전히 구현되는 천국의 삶이 우리에게도 진정 기쁨이 됩니다.

만약 성화가 제대로 되지 않아서 하나님이 원하시는 것과 내가 원하는 바가 하늘과 땅만큼의 차이를 드러내게 된다면, 하나님의 극적인 은혜로 우리가 천국에 입성한다 하더라도 천국의 삶이 기쁨이 될 수 있겠습니까? 내가 원하는 것은 하나도 이루어지지 않고 하나님이 원하시는 것만 온전히 구현이 될 때 그 사람에게 그곳이 천국이 되겠습니까? 그래서 성화가 너무 중요합니다.

구원은 하나님의 통치 안에 거하는 것이고 하나님의 백성이 되는 것입니다. 출애굽 사건도 마찬가지입니다. 이스라엘 백성으로 그들이 온전히 변화되었기 때문에 출애굽 구원이라는 선물을 받은 것이 아닙니다. 하나님의 구원이 은혜로 먼저 임했습니다. 하나님의 구원이 먼저 임하여서 히브리인들은 하나님의 백성이 되었습니다. 그리고 그들은 시내산에서 하나님께만 순종하겠다고 다짐을 하였습니다. 그러나 광야 여정을 통하여 그들은 하나님의 통치를 기뻐하는 자가 아님을 스스로 폭로하였습니다. 출애굽 1세대는 무엇을 하였습니까? 하나님의 통치를 기뻐하지 않고 그동안 자기들을 지배했던 바로의 통치로 다시 돌아가려 했습니다. 구원의 여정에서 그들은 실패한 것입니다. 이것이 바로 민수기가 우리에게 말하고자 하는 핵심입니다.

출애굽의 여정은 오경 안에서 3단계로 구분할 수 있습니다. 출애굽기 1~18장이 출애굽 이야기입니다. 출애굽기 19장 1절부터 민수기 10장 10절까지가 시내산에서의 1년 이야기입니다. 1년의 시간 동안 이스라엘은 시내산에서 신앙 수련회를 가졌습니다. 신앙 수련회의 프로그램은 '하나님과의 언약 체결, 하나님의 말씀 배우기, 하나님의 임재를 상징하는 성막을 건설하기'였습니다. 1년 동안 시내산에서의 신앙 수련회를 가지고 나서 민수기 10장 11절부터 신명기 34장까지가 광야 여정입니다. 문제는 1년 동안 신앙 수련회를 은혜 가운데 잘 누렸는데 수련회 끝나고 광야에 나가자마자 이스라엘 백성이 하나님께 반역을 했다는 것입니다. 한 마디로 1년 동안의 신앙 수련회가 어떤 힘도 발휘하지 못한 것입니다. 수련회가 무력해지는 순간입니다.

이것은 새삼스럽거나 놀라운 일이 아닙니다. 우리도 이런 일들을 얼마나 많이 경험했습니까? 저는 모태신앙이어서 지금까지 셀 수 없이 많은 수련회에 참가했습니다. 특히 중고등부나 청년부 수련회를 할 때, 마지막 날 밤에 기도하면서 존재가 완전히 새로워지는 경험들을 하지 않았겠습니까? 문제는 수련회에서 완전히 새로운 존재가 된 것 같은데 집에 돌아와서 이삼일 정도 지나면 존재의 원상복귀가 일어난다는 것입니다. 은혜를 안 받은 것도 아니고 결단이 없었던 것도 아닌데 유효기간이 너무 짧은 것입니다. 출애굽 1세대도 동일한 문제를 드러내었습니다. 1년간의 신앙 수련회를 시내산에서 멋지게 가졌는데 수련회를 끝내고 광야에 나가자마자 애굽에서의 옛사람으로 다시 회귀한 것입니다.

민수기 13장과 14장에는 가데스 바네아에서 12명의 정탐꾼을 파송하고 이들이 돌아와서 보고하는 이야기가 나옵니다. 정탐꾼의 보고에서 여호수아와 갈렙만이 믿음의 보고를 하고 나머지 10명의 정탐꾼들은 가나안 정복과 관련하여 매우 부정적인 보고를 합니다. 안타깝게도 이스라엘 공동체가 10명의 정탐꾼의 보고를 수용합니다. 10명의 정탐꾼은 당시 이스라엘 공동체의 지도자들의 수준을 보여주고 있습니다. 이들은 가나안 땅을 주시겠다고 하신 하나님의 약속을 믿지 못했습니다. 모세가 12명의 정탐꾼을 보내서 가나안 땅을 정탐하라고 했을 때, 그 땅에 살고 있는 원주민들과 싸워 이길 수 있을지, 또는 가나안 땅을 과연 정복할 수 있을지를 알아보라고 보낸 것이 아닙니다.

전쟁에서의 승리는 군사력으로 판가름 나는 것이 아닙니다. 전쟁과 관련하여 가장 중요한 이스라엘의 고백은 '여호와의 전쟁'이라는 고백입니다. 이스라엘이 이방 민족과 전쟁을 할 때 승패를 가르는 핵심은 어디에 있습니까? 하나님의 도우심입니다. 이스라엘이 얼마나 많은 병사들을 보유하고 있는가, 얼마나 막강한 무기가 있는가, 전략과 전술이 얼마나 탁월한가가 중요한 것이 아니라, 하나님이 이스라엘과 함께 하시는가가 중요합니다. 그런데 거룩하신 하나님이 이스라엘과 함께 하기 위해서는 이스라엘이 거룩한 백성이 되어야 합니다. 하나님에 대한 온전한 믿음을 보여야 합니다.

모세는 하나님이 주시고자 하는 가나안 땅이 얼마나 멋지고 아름다운 곳인가를 미리 사전 답사하라고 정탐꾼들을 보냈습니다. 그런데 10명이 돌아와서 뭐라고 보고했습니까? '우리는 절대 그 땅을 차지할 수 없어'라고 합니다. 가나안 땅을 주시겠다고 하신 하나님의 약속을 완전히 망각한 보고를 한 것입니다. 그런데 왜 이스라엘 백성들은 믿음의 보고를 한 여호수아와 갈렙의 의견이 아니라 부정적인 보고를 한 10명의 의견을 수용했을까요? 그 이유는 그들 모두가 애굽으로 돌아가고 싶었기 때문입니다. 애굽으로 다시 돌아가고 싶은 자기들의 생각이 열 명의 정탐꾼들의 보고를 정당화했습니다. 자신들이 듣고 싶은 내용이었기에 그들은 열 명의 정탐꾼의 보고를 수용했습니다.

가나안을 향해 걸어가기 보다는 애굽으로 다시 돌아가고 싶었는데 10명의 정탐꾼이 와서 '우리는 절대 가나안을 정복하지 못해'라고 하니까 그들 입장에서는 천군만마를 얻은 것입니다. 신앙 안에서는 다수가 절대로 진리를 보증하지 않습니다. 12명 가운데 10명이 주장한다고 해서 그것이 옳은 의견인가요? 2명이 주장한다고 해서 그것이 잘못된 의견인가요? 절대 그렇지 않습니다. 이스라엘 공동체 안에서 어떤 사람들은 가나안으로 가고자 하고 어떤 사람들은 애굽으로 돌아가고자 하는 문제로 국민 갈등이 생겼을 때, 모세가 '그러면 국민 투표를 하자'라고 한다면 대다수 이스라엘 백성은 어디에 투표를 했겠습니까? 아마도 애굽으로 돌아가자는 의견이 다수였을 것입니다. 예수님이 12제자를 대상으로 '내가 십자가에서 죽을까 말까'를 의견 청취해서 결정하셨다면 제자들 모두는 '죽지 마세요'에 투표했을 것입니다. 이것이 어렵습니다. 일반적으로는 보다 많은 사람들이 지지하는 것을 경청하고 그것을 따르는 것이 필요한데, 때로는 소수의 목소리가 진리를 더 담보하고 하나님에 대한 믿음을 온전히 드러내는 경우들이 있습니다. 이것을 잘 분별하는 것이 우리의 과제라고 할 수 있겠습니다.

결국 이스라엘은 10명의 정탐꾼의 의견을 수용한 결과 하나님께 심판을 받습니다. 14장 33~34절입니다.

"너희의 자녀들은 너희 반역한 죄를 지고 너희의 시체가 광야에서 소멸되기까지 사십 년을 광야에서 방황하는 자가 되리라 너희는 그 땅을 정탐한 날 수인 사십 일의 하루를 일 년으로 쳐서 그 사십 년간 너희의 죄악을 담당할지니 너희는 그제서야 내가 싫어하면 어떻게 되는지를 알리라 하셨다 하라"

정탐꾼이 정탐했던 40일에서 하루를 1년으로 계산해서 출애굽 1세대들은 40년 동안 광야에서 방황하는 심판을 받습니다. 40년 동안의 방황 가운데 이미 시내산에서 1년을 보내고 가데스바네아까지 몇 개월을 보냈습니다. 그래서 물리적으로 40년의 기간을 채우려면 광야에서 38년 몇 개월을 방황해야 합니다. 이 얼마나 안타까운 일입니까? 여기에서부터 가나안까지는 열 하루면 갈 수 있는 거리입니다. 결과적으로 이스라엘은 열 하루면 갈 수 있는 거리를 38년 동안 뺑뺑 돌게 됩니다. 그 기간 내내 이스라엘은 쉬지 않고 광야에서 행진했습니다. 어떤 성장과 진보도 없이 쳇바퀴를 계속 돈 것입니다. 자기 나름대로는 오늘도 열심히 걷고 있는 거라고 생각했을 것입니다. 그런데 앞으로 나아가는 어떤 성장과 진보도 없습니다.

저는 이스라엘 백성이 걸었던 그 광야 40년의 여정을 보면서 우리한국 교회 교인들의 모습이 연상됩니다. 한국 교회 교인들 만큼 열심히 헌신하는 교인들이 세상에 어디에 있습니까? 매년 교회들이 엄청나게 많은 프로그램과 행사를 합니다. 한국 교회는 1년 내내 늘 분주하고 바쁩니다. 그런데 그 수많은 예배와 행사에 참여하고 있는 교인들이 신앙의 성장을 온전히 맛보고 있습니까? 여러분도 10년 전과 5

년 전과 지금을 비교해 보십시오. 그 기간 동안 본인이 신앙의 삶에서 어떤 성장과 진보가 있었다고 말씀하실 수 있습니까? 매년 너무나 많은 예배와 행사에 우리가 참여하고 있는데 과연 우리가 '하나님 나라 백성의 삶을 더욱 힘 있게 살아내고 있는가?' 또는 '말씀에 근거한 새로운 문화를 창조해내고 있는가?'라고 묻는다면 자신있게 긍정적으로 대답할 수 있으신가요? 매년 열심히 걷고 있기는 하지만 마치 광야 40년을 뺑뺑 돌았던 이스라엘 백성들처럼 우리도 어떠한 성장과 진보도 없이 매년 동일한 신앙의 삶을 반복하고 있는 것은 아닌가 라는 안타까운 생각이 듭니다.

민수기는 이스라엘의 광야 여정에 대해서 상세하게 기술하고 있는 본문입니다. 광야는 전적으로 하나님을 의지하는 공간입니다. 상상만 해도 광야는 우리를 숨 막히게 합니다. 풀 한 포기 없는 적막한 곳인 광야에서 인간의 힘으로 할 수 있는 것이 거의 없습니다. 광야에서 농사를 지을 수 있습니까? 광야에서 생활을 꾸려 갈 수 있습니까? 안 됩니다. 광야는 하나님만을 전적으로 의지할 수밖에 없는 처절한 훈련의 장소입니다. 지금까지 바로의 백성으로 살아온 이스라엘은 광야 여정을 통해 바로의 지배를 받는 자가 아니라 하나님의 통치를 받는 자로 변화되는 훈련을 받습니다. 바로의 백성이었던 옛 사람이 창조적으로 파괴되는 시간, 하나님나라 백성으로 거듭나는 시간이 바로 이스라엘의 광야 여정입니다.

이스라엘이 걸었던 광야 여정은 오늘날 우리의 인생길과 똑같습니다. 광야는 한 마디로 하나님의 임재와 하나님의 부재가 혼재된 현장입니다. 광야에는 하나님의 임재의 흔적들이 많이 있습니다. 하나님의 임재는 무엇입니까? '하나님이 나와 함께 하신다', '하나님이 나를 돌보아 주신다'라는 것을 느낄 수 있는 것이 하나님 임재의 순간입니다. 매일 이스라엘은 '만나'라는 하늘의 양식을 공급 받았습니다. 낮에는 구름 기둥으로 밤에는 불기둥으로 이스라엘을 돌보시는 하나님의 손길을 경험했습니다. 목이 마를 때마다 반석에서 물을 내어 주시는 하나님의 돌보심도 경험했습니다. 무엇보다 하나님께서는 위기의 순간에 이스라엘을 구원해 주셨습니다. 애굽 군대가 쫓아올 때 홍해를 갈라주셔서 이스라엘을 건너게 하셨고 아말렉 민족이 이스라엘을 공격할 때 놀라운 방식으로 이스라엘을 구원해 주셨습니다. 광야 여정 곳곳마다 '하나님이 우리와 함께 하시는구나', '하나님이 우리를 돌보시는구나'라고 고백할 수밖에 없는 하나님 임재의 흔적들이 곳곳에 새겨져 있습니다.

그런데 광야는 하나님 임재의 흔적만 존재하지 않습니다. 더 많은 순간 하나님 부재의 순간을 마주하게 됩니다. 하나님 부재의 순간은 언제입니까? 하나님이 우리를 떠나신 것 같은, 하나님이 이제는 우리를 버리신 것 같은 순간입니다. 척박한 광야의 여정이기에, '하나님이 우리와 함께 하신다면 왜 이런 일이 우리에게 일어나는가?'를 매순간 질문할 수밖에 없는 시간입니다. 우리의 인생도 마찬가지입니다. 우리가 예수를 믿는다고 해서 모든 근심과 걱정과 우환이 사라지는 것이 아닙니다. 어떻게 보면 예수를 믿기 때문에 더 우리 인생이 힘들어질 수도 있습니다. 더 진실하게 살려고 하다가, 정직하게 살려고 하다가, 거룩하게 살려고 하다가 더 힘들고 어려운 일을 경험할 수도 있습니다.

'예수 믿으면 모든 근심 걱정으로부터 자유해진다'는 거짓말에 현혹되면 안 됩니다. 성령은 모든 근심 걱정으로부터 우리를 면제시켜 주시지 않습니다. 그 문제를 다른 각도로 바라볼 수 있는 마음과 이겨낼 수 있는 힘을 주시고 우리를 위로하시지 성령이 모든 문제를 다 막아주시는 것은 아닙니다. 우리가 예수 그리스도를 믿어도 죄악으로 충만한 이 땅에서는 하나님의 부재를 느끼게 되는 순간들이 너무나 많습니다.

이스라엘의 광야 여정도 그러했습니다. 매일 같이 길이 얼마나 험난합니까? 물이 없고 뜨거운 그곳에서 목은 또 얼마나 타들어갑니까? 먹거리는 또 얼마나 부실합니까? 매일 하늘의 양식인 만나가 주어졌지만 이스라엘은 만나로 만족하지 못했습니다. 그들은 배불리 고기를 마음껏 먹고 싶었습니다. 또한 사방에 대적들은 또 얼마나 많습니까? 무엇보다도 출애굽한 사람들의 마음이 갈라져서 누구는 가나안으로 가려고 하고 누구는 애굽으로 돌아가려고 하는 지속적인 갈등의 상황 속에서 도대체 하나님이 우리와 함께 하신다면 왜 이런 일이 벌어지게 되는지 질문하는 이들이 많았을 것입니다. 이 모든 것이 하나님 부재의 경험입니다.

우리 인생에도 마찬가지입니다. 우리는 부서지기 쉬운 흙으로 지음 받았기에 갑자기 사랑하는 가족이 큰 병에 걸리기도 하고 내가 원하는 일이 가로 막히기도 하고 나와 너무 가까웠던 친구들이 어느 날 갑자기 내게 등을 돌리면서 자기들끼리 나에 대해 뒷담화를 하기도 합니다. 하나님이 나와 함께 하신다면 어떻게 이런 일이 일어날 수 있는가 탄식하게 되는 순간입니다. 이 모든 것이 하나님 부재의 경험입니다.

이스라엘 백성이 걸었던 광야와 우리가 걷고 있는 인생의 여정 자체가 하나님의 임재와 하나님의 부재가 혼재된 곳입니다. 하나님 임재의 순간에는 우리의 신앙이 흔들리지 않습니다. 문제는 하나님 부재의 순간입니다. 하나님 부재의 순간에 신앙이 흔들리고 뿌리째 뽑히는 이들이 많습니다. 그때 우리의 신앙이 흔들리지 않으려면 신앙의 뿌리가 튼튼해야 합니다. 신앙의 뿌리가 튼튼하기 위해서는 하나님이 그동안 우리에게 허락하신 은혜를 기억할 수 있어야 합니다. 그 은혜를 기억함으로서 모든 것을 합력하여 선을 이루실 하나님을 소망하며 하나님 부재의 순간을 돌파해 나갈 수 있는 것입니다.

로마서 8장 28절을 보겠습니다.

"우리가 알거니와 하나님을 사랑하는 자 곧 그의 뜻대로 부르심을 입은 자들에게는 모든 것이 합력하여 선을 이루느니라"

여기서의 '합력'은 '1 더하기 2 더하기 3 더하기 5 더하기' 식의 합력이 아닙니다. 여기 합력은 웃음과 눈물의 합력이고 빛과 어둠의 합력이고 플러스와 마이너스의 합력이고 하나님 임재와 하나님 부재의 합력입니다. 지금은 내 인생이 어둠인 것처럼 보이고 마이너스인 것처럼 보이고 하나님이 우리를 떠나신 것처럼 보이지만, 궁극적으로 모든 것을 합력하여서 당신의 뜻을 온전히 이루실 하나님을 우리가 소망해야 합니다. 그것이 가능하려면 하나님 부재의 순간에 하나님이 그동안 우리에게 베푸셨던 은혜를 기억해야 합니다. 하나님의 은혜를 받는 것도 중요하지만 은혜를 받는 것보다 훨씬 중요한 것이 하나님의 은혜를 기억하는 것입니다. 신앙인들 중에 평소에는 하나님과 친밀한 만남 안에 거하는 듯 보이다가 힘들고 어려운 순간에 직면하게 되면 마치 그동안 하나님께 그 어떤 은혜도 받지 못한 사람처럼 하나님에 대해 냉담해지는 분들이 있습니다. 은혜를 안 받은 것은 아닌데 은혜를 망각한 것입니다. 은혜는 받는 것보다 기억하는 것이 훨씬 더 중요합니다.

말씀과 함께 모세오경 5-2

가나안을 향해 걸어가야 될 이스라엘이 환 애굽 운동으로 인해 발목이 잡혔습니다. 한 마디로 출애굽 1세대는 노예근성을 극복하지 못했습니다. 하나님이 다 해주시기를 바란 것입니다. 출애굽 1세대가 꿈꾼 출애굽은 이런 것입니다. 자신들이 애굽에 있던 어느 날 하나님이 버스를 몰고 오셔서 자기들을 차에 태우십니다. 그리고 하나님이 가나안 땅까지 안전하게 운전하셔서 자기들을 가나안 땅에 내려주시는 겁니다. 가나안 땅에 내려 보니까 이미 하나님께서 가나안 원주민들도 모두 내쫓아 주시고 자기들을 위해 집도 지어 놓으시고 농장도 지어 놓으시고 먹을거리도 엄청 비축해 놓았습니다. 이것이 출애굽 1세대가 꿈꾸었던 출애굽의 모습입니다.

그런데 하나님은 그들이 상상하고 꿈꾸는 그런 출애굽이 아니라, 출애굽 1세대가 직접 자기들의 발로 애굽을 나오기를 원하셨고, 가나안 땅까지 직접 걸어가기를 원하셨고, 대적자들과 직접 싸우기를 원하셨고, 그들이 가나안 땅을 직접 일구어 삶의 터전으로 삼기를 원하셨습니다. 하나님께서 계획하신 출애굽의 구원 방식과 출애굽 1세대가 기대한 내용이 너무나 달랐습니다. 그들은 하나님이 처음부터 끝까지 모든 것들을 다 해주기를 바라며 자신들은 주체적으로 무엇 하나 하려고 하지 않습니다. 출애굽 1세대의 가장 큰 문제는 출애굽의 소망은 있었지만 향 가나안의 의지가 부재했다는 것입니다. 그들은 애굽을 탈출하고 싶었습니다. 애굽의 압제로부터 자유하고 싶었습니다. 그런데 하나님의 약속의 땅 가나안까지 용기 있게 걸어가고 싶지는 않았던 것입니다.

우리의 교회 생활이나 개인의 인생에서도 이런 모습들이 드러나는 경우들이 많습니다. 출애굽의 소망은 있지만 향 가나안의 의지가 없습니다. 출애굽의 소망이 있다는 것은 무엇이 문제인지는 잘 알고 있다는 것입니다. 이것도 문제 저것도 문제라는 식으로 부정적인 것에 대한 비판과 판단은 잘 하는데 그것을 극복하는 무엇인가를 세우는 건설적인 일에는 힘을 내지 못합니다. 이것이 출애굽의 소망은 있지만 향 가나안의 의지는 없는 모습입니다. 무엇에 대한 비판보다는 대안을 건설하는 것이 더욱 중요합니다.

출애굽 1세대들의 향 가나안으로의 의지 부족을 보면, '이 사람들은 왜 출애굽을 했는가?'라는 질문이 생깁니다. 저는 두 가지 이유 때문에 그들이 출애굽을 했을 것이라고 봅니다. 그들이 탈출했던 애굽은 강자가 약자를 지배하고 억압하고 착취하는 곳이었습니다. 애굽에서 억압당하고 눌려 있던 사람의 대표인 노예들이 출애굽을 했습니다. 출애굽을 하면서 한 부류는 이런 생각을 했을 것입니다. '사람이 사람을 지배하고 억압하고 착취하는 것은 옳지 않아. 이런 지배적인 질서가 아니라 모든 사람들이 평등한 사회, 서로를 사랑하고 아껴주는 새로운 공동체를 만들겠어'라는 마음이죠.

또 한 부류는, 강자가 약자를 지배하는 것은 나쁘지 않은데 내가 지금 약자인 것이 싫었을 것입니다. 이 사람들은 무엇을 기대했을까요? 강자가 약자를 지배하는 사회는 그대로 유지한 채 자신이 강자가 되기를 기대했을 것입니다. 그들도 애굽이 싫어서 나오기는 했지만 사실은 여전히 애굽의 질서를 추종하고 있었던 것입니다. 그런 사람들은 하나님 나라 백성으로 변화되는 과정이 하나도 기쁘지 않았습니다. 그래서 그들은 가나안으로 나아가려고 하지 않고 끊임없이 애굽으로 돌아가려고 했습니다. 늘 불평과 불만을 쏟아내며 사람들을 선동하여 출애굽 1세대 전체에게 악영향을 끼친 것입니다.

출애굽 1세대의 가장 심각한 문제는 존재가 새로워지는 창조적 분투를 부담스러워했다는 것입니다. 바로의 백성으로 살아왔던 사람이 한순간에 하나님의 백성이 되기는 쉽지 않습니다. 그들이 하나님의 백성으로 거듭나려면 긴 시간의 훈련이 필요합니다. 가치관이 바뀌고 세계관이 바뀌고 삶의 내용이 바뀌려면 얼마나 많은 시행착오와 훈련이 필요했겠습니까? 그런데 출애굽 1세대는 존재가 새로워지는 창조적 분투를 너무나 부담스러워했습니다.

제가 자녀가 3명이 있는데, 셋째가 태어났을 때는 21일 동안 제가 아내의 산후몸조리를 직접 했습니다. 아침에 일어나서 미역국을 끓이고 나물을 볶고 첫째, 둘째 씻겨서 밥 먹이고 어린이집 보내고 산

모와 셋째를 하루 종일 돌봤습니다. 하나님의 창조 질서를 보존하겠다는 마음으로 기저귀도 하기스 같은 일회용 기저귀를 안 쓰고 천 기저귀를 썼습니다. 아이들을 키워보신 분은 아시겠지만 아이들이 똥, 오줌을 정말 조금씩 눕니다. 그래서 하루에 50개씩 천 기저귀를 빨래하면서 21일 동안 사투를 벌였습니다. 그 이후에도 아이들 양육과 관련하여 있는 힘을 다해 많은 시간을 쏟았습니다.

제가 아이들을 키우면서 놀라운 신비를 경험했습니다. 인간은 다른 동물에 비해 성장 속도가 굉장히 느립니다. 동물은 행동이 느릴수록 오래 삽니다. 그래서 거북이가 오래 삽니다. 그런데 육식동물의 수명은 20년 미만입니다. 빠른 것일수록 수명이 짧고 느린 것일수록 장수를 합니다. 사람은 성장 속도가 매우 느립니다. 아이들이 태어나면 거의 3~4달은 천장만 쳐다보고 있습니다. 그러다 어느 날부터 천장만 보던 아이들이 몸을 돌리려고 무진장 애를 씁니다. 그런데 몸을 돌리려고 할 때 한 번에 성공하는 아이는 한 명도 없습니다. 아이들이 몸 돌리기에 성공하려면 거의 수백 번의 실패를 경험해야 합니다. 한 번, 두 번, 열 번, 스무 번 계속 실패하면 아이들이 칭얼거리기도 하고 울기도 합니다. 그런데 아이들은 포기할 줄을 모릅니다. 몸 돌리기를 계속 실패한다고 해서 '몸 돌리기는 나에게 허락된 은혜가 아니야'라고 중도 포기하는 아이가 있습니까? 단 한 명도 없습니다. 아이는 수백 번 실패하는데 끝내 다시 시도하고 시도해서 언젠가는 몸을 돌리는 것에 성공합니다.

첫돌 쯤 아이들이 걷는 것도 마찬가지입니다. 아이가 무릎으로 기어 다니다가 마침내 걷게 될 때 '이제 한 번 걸어볼까' 하면서 벌떡 일어나 걷는 아이가 있습니까? 없습니다. 아이들이 제대로 보행하려면 수백 번 넘어짐의 실패를 경험해야 합니다. 그런데 놀라운 것이 어떤 아이도 수백 번 넘어진다고 해서 포기하거나 '그냥 나는 평생 기어 다녀야겠다'라고 생각하는 아이는 없습니다. 제가 아이 키우면서 경험했던 신비가 바로 그것입니다. 아이들은 아무리 힘들어도 절대 포기하지 않습니다.

기억은 나지 않지만 모든 어른들은 이 과정을 다 통과한 것 아닙니까? 우리가 어렸을 때에는 백전백일기의 불굴의 전사들이었습니다. 그런데 팍팍한 대한민국 사회에서 살아가면서 나이가 들어갈수록 용기백배해지는 것이 아니라, 나이가 들어갈수록 한 두 번의 실패를 경험하게 되면 그 낙담에서 헤어 나오지를 못합니다. 한 번, 두 번 실패하게 되면 이제 새로운 시도도 안 하려고 합니다. 우리가 어렸을 때는 포기를 모르는 불굴의 용사였는데 나이가 들어갈수록 더 약해지는 것이 아닌가라는 슬픈 생각이 듭니다.

존재가 새로워지려고 하는 것은 오랜 시간 누워 있던 아이가 몸을 돌리려고 하는 것과 똑같은 것입니다. 그것이 한 번에 되겠습니까? 무릎으로 기던 아이가 일어나 걸으려고 할 때 그것이 한 번에 되겠습니까? 오랜 세월 바로의 백성으로 살아가던 사람들이 이제 하나님의 백성이 된다고 할 때 하루아침에 되지 않습니다. 오랜 시간 존재가 변화되는 훈련을 견뎌낼 수 있어야 합니다. 그런데 안타깝게도 출애굽 1세대는 이것을 못했습니다. 조금 힘들고 어려운 일 앞에 서게 되면 자기의 발로 걸어 나왔던 애굽으로 다시 돌아가려고 합니다. 얼마나 어이없는 행동입니까?

하나님은 왜 출애굽 1세대가 실패했던 그 광야 여정의 이야기를 민수기에 기록하여 우리로 하여금 그것을 읽도록 하셨을까요? 옛날 출애굽 1세대가 이렇게 어리석었다는 것을 알려주시는 것이 목적일까요? 아닙니다. 그 출애굽 1세대의 잘못은 역사 안에서 끊임없이 반복되고 있습니다. 오늘날도 그러합니다. 흑암의 권세 가운데 있던 자들을 하나님께서 당신의 은혜로 당신의 백성 삼아주셨는데 하나님의 백성으로 변화되어가는 과정 속에서 존재의 변화를 너무나 힘겨워하며 세상 사람들과 세속의 가치에 그대로 동화되어 살아가고 있는 우리가 사실은 출애굽 1세대임을 알려주시는 것입니다. '내가 예수 믿은 지 10년, 20년, 30년이 되었는데 나에게 있어서 존재가 새로워지는 창조적 분투의 과정을 나는 어떻게 인내하고 통과하고 있는가?'라는 질문과 성찰이 우리에게 필요합니다.

민수기 11장부터 20장까지는 출애굽 1세대가 어떻게 광야 여정에서 실패하게 되었는지를 알려줍니다. 그 실패의 출발은 불평과 불만입니다. 공동체 안에 있는 누군가가 불평과 불만을 제기하면 그 전염 속도는 오미크론보다 100배나 빠릅니다. 한 사람의 불평과 불만으로 시작하지만 곧 모든 사람들이 그 기운의 지배를 받게 됩니다. 불평과 불만은 참으로 치유하기 어려운 영적인 만성 질환입니다.

불평과 불만은 전염 속도가 너무나 빠른데 하나님에 대한 믿음과 순종은 잘 전염되지 않습니다. 어떤 사람이 하나님께 놀라운 믿음을 드러내고 놀라운 순종을 행한다고 해서 공동체에 있는 사람들이 그 영향을 받는 것이 아닙니다. 믿음의 행위를 모방하거나 따라하려고 하지 않습니다. 믿음의 걸음이나 순종의 모범은 박수는 받을지 모르지만 모방이 잘 일어나지 않습니다. 전염이 잘 안 됩니다. 그런데 공동체에 대해 누군가가 문제를 제기하거나 불만을 토로하거나 하면 이것은 금방 전염이 일어납니다. 이러한 불평과 불만으로 출애굽 1세대는 똘똘 뭉치게 되고 그 결과 환 애굽 운동을 일으킵니다. 이 사람들이 진짜 출애굽을 소망했던 사람들이 맞는지 의심이 들 정도의 안타까운 모습을 드러냅니다.

출애굽 1세대가 실패한 두 가지 문제가 있습니다. 하나는 환 애굽입니다. 그들은 애굽으로 돌아가고자 하는 영적인 퇴행 행위를 드러냅니다. 출애굽한 사람들은 모두 자기 의지에 근거하여 자신의 발로 애굽을 걸어 나왔습니다. 억지로 끌려 나온 사람은 아무도 없습니다. 그런데 광야 여정이 조금 힘들고 어렵다고 해서 그들은 자기를 종으로 부려 먹었던 그 땅으로 다시 돌아가려고 합니다. 그 땅으로 돌아가면 다시 노예적 삶을 살아야 하는데도 불구하고 근시안적 시각을 극복하지 못합니다.

다른 하나는 준비 없이 가나안 족속과 싸우고자 하는 조급함입니다. 이것에 대한 이야기가 민수기 14장 39절부터 45절까지 나옵니다.

"모세가 이 말로 이스라엘 모든 자손에게 알리매 백성이 크게 슬퍼하여 아침에 일찍이 일어나 산 꼭대기로 올라가며 이르되 보소서 우리가 여기 있나이다 우리가 여호와께서 허락하신 곳으로 올라가리니 우리가 범죄하였음이니이다 모세가 이르되 너희가 어찌하여 이제 여호와의 명령을 범하느냐 이 일이 형통하지 못하리라 여호와께서 너희 중에 계시지 아니하니 올라가지 말라 너희의 대적 앞에서 패할까 하노라 아말렉인과 가나안인이 너희 앞에 있으니 너희가 그 칼에 망하리라 너희가 여호와를 배반하였으니 여호와께서 너희와 함께 하지 아니하시리라 하나 그들이 그래도 산 꼭대기로 올라갔고 여호와의 언약궤와 모세는 진영을 떠나지 아니하였더라 아말렉인과 산간지대에 거주하는 가나안인이 내려와 그들을 무찌르고 호르마까지 이르렀더라"

우리가 하나님 나라의 대적자들과 싸워 이기려면 치열한 훈련과 영적인 무장, 전략과 전술이 필요합니다. 뜨거운 마음으로 '주여' 삼창한다고 해서 이기는 싸움이 아닙니다. 우리가 싸우겠다고 마음만 먹으면 하나님이 무조건 도와주시는 것도 아닙니다. 그런데 이스라엘은 하나님의 지시가 있었던 것도 아닌데 준비 없이 가나안 족속과 전쟁을 벌였다가 대참패를 경험했습니다.

출애굽 1세대가 드러내고 있는 두 가지 문제를 우리는 극복해야 합니다. 가나안을 향해서 걸어가야 될 사람들이 계속해서 자기들을 종으로 부려 먹던 옛 삶으로 돌아가려 하는 영적 퇴행 행위와 준비되지 않은 가운데 대적자들과 싸우려고 하는 조급함을 조심해야 합니다.

'말씀과 함께' 강의에 정말 다양한 세대가 참여하고 있습니다. 한국 교회의 축소판 같다는 느낌이 듭니다. 연령을 뛰어 넘어 모두가 말씀에 대한 간절한 사모함으로 이 자리에 함께 하고 있습니다. 그렇다면 여러분이 보실 때 교회 안에서 어느 연령대의 신앙인들이 하나님에 대한 가장 뜨거운 헌신을 드러내고 있다고 생각하십니까? 개인적으로는 여러분의 인생에서 언제가 하나님 앞에서 목숨까지 걸수 있을 만큼 하나님께 온전히 순종하고자 하는 열망으로 불타오르셨는지요? '아직 제 인생에 전성기는 오지 않았습니다'라고 답하지는 마시고 현재까지 국한하여 한번 생각해 보십시오.

저는 개인적으로 20대 때보다 30, 40, 50대 때가 훨씬 하나님에 대해서 제 신앙의 전성기를 구가하고 있다는 느낌이 듭니다. 그래서 저는 제 인생의 60대가 참 궁금합니다. 일반적으로 한국교회를 보면 20대의 신앙이 가장 뜨겁습니다. 청년의 때에는 정말 하나님을 위해서 뭐든지 다 할 것 같이 뜨겁습니다. 뜨거움은 있지만 청년의 때에는 사회적으로 가진 것이 별로 없습니다. 육체적 건강과 시간 외에는 내세울 만한 것이 거의 없습니다. 그런데 30대, 40대, 50대가 되면 이제 사회적 지위도 생기고 경제적 여유도 생깁니다. 그런데 이때는 헌신하려고 하지 않습니다. '나에게 주어진 모든 것이 하나님의 것입니다'라고 고백은 하지만 사실은 내 것이라는 생각이 강합니다. 청년의 때만큼 하나님께 헌신하고자 하는 마음이 별로 안 생깁니다.

저는 이것이 오늘 우리 시대가 보여주고 있는 영적 퇴행 행위라는 생각이 듭니다. 20대에 비해서 가진 것이 많아지고 사회적 지위가 높아질수록 하나님에 대해서 더욱 뜨거운 순종을 드러내며 신앙의 전성기를 누려야 되는데 대부분 그러하지 못합니다. 청년의 때가 가장 뜨겁고 결혼과 동시에 대부분 사역의 현장에서 셀프 은퇴를 하며 신앙의 냉각기를 보내게 됩니다. 이때부터 아나니아와 삽비라 부부처럼 머리를 많이 씁니다. 일부를 바치면서도 전부를 헌신하는 것 같이 자기 신앙을 부풀리기 시작합니다. 이런 모습이 너무나 안타깝습니다.

왜 우리의 신앙은 청년의 때에 전성기를 구가했다가 나이가 들어갈수록 하나님과 타협하려고 하고 세상과 손 맞잡으려 할까요? 저는 이것도 영적 퇴행 행위라고 생각합니다. 우리가 이런 악순환에 빠지지 않기 위해서는 자기 신앙에 대한 끊임없는 진중한 성찰이 필요합니다. 오늘날 시대와의 영적 전쟁에서 이기기 위해서는 전략과 전술이 필요합니다. 오늘 이 시대의 중심 죄악이 무엇인지를 알고 그것과의 싸움에서 이기기 위해서 치열한 훈련을 해야 합니다.

하나님의 백성으로서 우리가 동참할 수 없는 이 시대의 중심 죄악이 저는 '욕망'이라고 봅니다. 오늘 대한민국 사회를 지배하고 있는 것은 욕망입니다. 시간이 지날수록 사람들은 더욱 이기적인 존재가 되고 욕망의 포로로 살아가고 있습니다. 유럽만 하더라도 메인 시간대에 공동체의 중요한 문제와 관련하여 토론을 방영한다고 하는데, 안타깝게도 한국은 메인 시간대에 주로 예능 프로를 방영합니다. 또한 20년 전부터 한국 대중문화의 중심은 무엇입니까? 바로 '섹시'입니다. 10년 전부터는 한국 대중문화의 중심은 '먹방'입니다. 대한

민국이 경제적으로는 선진국이 되었는지 모르지만 사상사적으로나 정신적인 면에서 보면 본능에 너무나 충실한 사회입니다. 섹시 문화와 먹방 문화가 그것을 잘 보여줍니다. 저는 신앙인들이 SNS상에 음식 사진 좀 안 올렸으면 좋겠습니다. 우리 주님께서 무엇을 먹을까, 무엇을 마실까에 대한 관심을 좀 끄고 하나님의 나라와 의를 구하라고 하셨는데, 신앙인들이 먹고 마심에 집중하는 모습이 참 보기에 안 좋습니다. 신앙인들이 오늘 대한민국의 중심 문화에 포섭된 결과입니다.

우리에게는 선악과의 유혹이 상시적으로 존재하고 있음을 기억해야 합니다. 에덴동산 안에 아담과 하와가 먹을 수 있는 과일이 얼마나 많이 있었겠습니까? 선악과를 따먹지 않아도 아담과 하와는 부족한 것이 하나도 없었습니다. 그런데 뱀이 와서 아담과 하와를 어떻게 유혹합니까? 뱀은 하나님이 허락하신 것을 주목하게 하는 것이 아니라 하나님이 허락하지 않으신 그 한 가지를 주목하게 합니다. 뱀의 이야기를 듣고 나면 하나님은 나에게 많은 것들을 허락하셨지만 진짜 좋은 것은 허락하지 않은 분이라는 생각이 듭니다. 그러면 금방 하나님에 대한 불평과 불만이 생깁니다.

우리 인생에도 선악과가 있습니다. 30년, 20년, 10년 전에 비해서 오늘 우리의 삶이 얼마나 풍요롭습니까? 오늘날 신앙인들이 주기도문을 고백할 때 진심을 다해 하는 사람이 얼마나 될까요? 특별히 '오늘날 우리에게 일용할 양식을 주옵시고'라고 할 때 정말 간절한 마음으로 간구를 하는 사람이 얼마나 있을까요? 저희 부모님 세대만 하더라도 그 간구를 드릴 때 정말 간절한 마음으로 기도를 드렸을 것입니다. 그런데 오늘 우리는 그렇지 않습니다. 냉장고만 열어도 먹지 못해서 버리는 음식들이 얼마나 많이 있습니까?

우리는 너무나 풍요로운 사회에 살고 있습니다. 그런데 행복하다고 느끼는 사람들이 많지 않습니다. 절대적인 빈곤은 극복했지만 상대적 빈곤에서 헤어 나오지를 못합니다. 다른 이들과의 비교, 경쟁, 평가 속에서 내가 누리지 못하는 것에 대한 탄식과 불만 등이 너무 많습니다. 하나님이 허락하신 은혜가 너무나 많이 있음에도 불구하고 허락하지 않은 그 한 가지 때문에 늘 우리 마음이 하나님에 대해 냉담한 것입니다. 어떻게 하면 욕망 추구적인 대한민국 사회 안에서 우리가 그런 유혹에 넘어지지 않고 더 행복한 삶을 살 수 있을지가 오늘날 신앙인에게 주어진 중요한 영적 싸움의 대상이라고 생각합니다.

자본주의 사회는 무한 이윤을 추구합니다. 자본주의와 신앙의 공동체는 물과 기름의 관계입니다. 자본주의는 사람이 함께 모여 살아가는 것을 싫어합니다. 오늘날 대한민국 사회를 보면 자본주의가 완승을 하고 있다는 느낌이 듭니다. 제가 오랫동안 신촌에서 생활을 했는데 1990년대 말에 신촌에 원룸이 엄청나게 생겼습니다. 저는 그때 자본주의가 완승을 하고 있다는 생각을 했습니다.

왜 그런 생각을 했을까요? 5명의 사람이 한 집에서 생활하게 되면 냉장고 1대 있으면 됩니다. 세탁기도 1대 있으면 됩니다. 다리미도

1대 있으면 됩니다. 그런데 자본주의는 이런 삶의 형태를 싫어합니다. 자본주의는 무한 이윤을 추구하기 때문에 자본주의가 꿈꾸는 가장 이상적인 주거 형태는 원룸입니다. 다섯 명의 사람들이 각자 자기 집에서 홀로 생활하는 것을 좋아합니다. 그런 원룸 문화가 강해지면 가장 먼저 일어나는 변화는 뭘까요? 이제는 냉장고가 5대, 세탁기도 5대가 필요합니다. 기본적인 삶을 위해서 구비해야 하는 것들이 늘어나게 됩니다. 그 모든 것들을 다 구비하기 위해서는 또 얼마나 많은 재화들이 필요할까요? 자본주의가 가장 이상적으로 꿈꾸는 것이 원룸, 혼밥, 혼술문화입니다. 대한민국 사회는 점점 그런 사회로 전환되고 있습니다. 경제적으로 부족함 없는 사람이라면 상관없겠지만 가난한 사람들은 점점 살기 어려운 현실 가운데 놓이게 됩니다. 기본적인 삶을 영위하기 위해서 더 많은 돈이 필요한 시대를 살게 됩니다.

저는 앞으로 교회가 이 문제에 대한 실천적 해답들을 제시해야 한다고 봅니다. 목사님들을 만날 때마다 자주 하는 이야기가 있습니다. 이제는 교회가 성도들을 위해 존재해야 한다는 것입니다. 저는 성도들이 교회를 위해 헌신하는 시대는 끝났다고 봅니다. 사실 한국 교회 교인들만큼 교회를 위해 헌신하고 수고하는 분들이 누가 있습니까? 그동안 성도들은 교회를 위해 너무나 많은 것들을 헌신했습니다. 이제는 교회가 성도들을 위해 존재해야 합니다. 성도들이 무엇 때문에 힘들어하고 있는지 알고, 그들의 가려운 부분들을 교회가 어떻게 긁어 줄 수 있을지 고민해야 합니다.

성도들의 실존적 고민과 관련하여 교회가 필요를 채워줄 수 있어야 합니다. 보다 적은 자본을 가지고도 더 행복하게 살 수 있는 새로운 문화를 교회 공동체가 창조해야 합니다. 하나님께서 그리스도의 핏값으로 이 땅에 교회를 세우신 목적이 무엇일까요? 일요일에 몇 시간 모여서 함께 예배드리고 밥 먹고 교제하는 것을 위해 이 땅에 교회를 세우신 것이 아닙니다. 교회는 지상에 있는 하나님의 나라입니다. 이 시대를 지배하는 주류문화와 주류가치에 동화되지 않고 말씀에 근거한 새로운 문화를 창조해 내고 그 문화를 살아내며 이 세상 사람들에게 '와 보라' 전도하는 곳이 교회입니다. 그런 교회가 이 땅 위에 출현하기를 하나님은 간절히 원하십니다. 우리 각자가 속해 있는 교회가 그런 교회가 되었으면 좋겠습니다.

민수기 12장 3절을 보면 모세를 '온유한 자'라고 말합니다. 여기 '온유하다'라는 것은 히브리어로 '아나브'인데 하나님 앞에서 자기를 낮은 자로 간주하는 것입니다. 하나님 앞에서 자기를 한없이 낮추는 것입니다. 흔히 '온유하다' 할 때 연상되는 부드러운 모습이 아닙니다. 하나님 앞에서 자기를 낮추는 것입니다. 또한 '아나브'는 '헌신적인'이라는 의미도 있습니다. 그런 의미로 보면 '하나님께 헌신했던 사람 가운데 모세 같은 사람이 없다'로 번역할 수도 있습니다.

지난번에 어떻게 모세가 출애굽의 지도자가 될 수 있었는가와 관련하여 세 가지를 말씀드렸습니다. 첫째, 40세에 먼저 출애굽 한 경험이 있었고, 둘째, 너무나 고집스러운 양을 40년 동안 목축하면서 양만큼이나 고집 센 이스라엘을 40년 동안 인도할 수 있는 훈련을 하였고, 셋째, 광야 길을 모세만큼 잘 아는 사람이 없었다는 점입니다. 출애굽 1세대의 지도자로서 모세는 최고로 잘 준비된 사람이었습니다.

그런데 모세는 요단강을 건너서 가나안 땅에는 들어가지 못했습니다. 가나안 땅을 정복하는 일에서는 여호수아가 지도자가 되었습니다. 왜 모세는 여호수아에게 리더십을 이양하게 되었을까요? 모세는 가나안 땅에 들어가 본 적이 없었습니다. 여호수아는 가나안 땅을 정탐했던 사람입니다. 가나안 땅에 들어가게 되면 이스라엘은 가나안 원주민들과 치열하게 싸워야 합니다. 지금까지 전쟁에서 이스라엘을 진두지휘했던 장수가 누구였습니까? 바로 여호수아와 갈렙이었습니다. 요단강을 건너 가나안 정복 전쟁을 할 때 이스라엘을 가장 잘 이끌 수 있는 사람은 여호수아였습니다. 그래서 모세는 비스가 산에 올라가서 자신의 리더십을 여호수아에게 넘겼습니다. 모세가 출애굽의 지도자가 될 수 있었던 이유, 여호수아가 가나안 정복 전쟁의 지도자가 될 수 있었던 이유가 있었던 것입니다.

민수기 27장과 36장에 보면 흥미로운 이야기가 나옵니다. 원래 하나님은 아버지가 죽었을 경우 아버지의 유산을 아들들에게 주라고 하셨습니다. 그런데 슬로보핫이라는 사람이 죽었는데 이 사람은 아들이 없고 딸만 다섯이 있는 겁니다. 하나님의 말씀에 근거해 볼 때 유산을 물려받을 아들이 없는 겁니다. 이런 상황에서 어떻게 해야 할지를 고민하고 있을 때 슬로보핫의 딸들이 모세에게 문제를 제기했습니다. '아들은 없지만 딸이 다섯이나 살아 있으니 딸들이 아버지의 유산을 상속해야 되는 것 아닙니까?'라고 물었습니다.

이 문제를 가지고 모세가 하나님께 나아갔습니다. 하나님은 모세에게 슬로브핫의 딸들의 문제 제기가 정당하다고 말씀하셨습니다. 그래서 새로운 규례가 만들어집니다. 아버지가 죽었을 때 아들이 있으면 아들이 유산을 상속받고, 아들이 없을 경우에는 딸들이 유산을 상속 받는다는 규례였습니다. 이것이 민수기 27장의 내용입니다.

36장에 보면 또 다른 문제 제기가 등장합니다. 죽은 슬로브핫이라는 사람은 므낫세 지파 소속입니다. 27장의 새로운 규례가 주어진 이후에 므낫세 지파 남자들이 와서 문제를 제기합니다. 율법의 중요한 원칙 가운데 하나가 지파의 지계석을 옮기지 말라는 것입니다. 그런데 딸들이 유산을 상속받은 후에 다른 지파 남자와 결혼하면 물려받은 유산을 가지고 다른 지파로 가게 되고, 그렇게 되면 므낫세 지파의 지계석이 다른 지파로 넘어가게 된다고 므낫세 지파 남자들이 문제를 제기한 것입니다.

이 문제를 가지고 모세는 또 하나님께 물었습니다. 하나님께서는 또 한 번의 새로운 규례를 주셨습니다. 지파의 지계석을 옮기지 않기 위해서 아버지의 유산을 상속받은 딸들의 경우에는 동일 지파의 남성과만 결혼할 수 있게 하신 것입니다. 한번 규정된 하나님의 뜻이 어떠한 상황 속에서도 그대로 적용되는 것이 아니라 새로운 상황 속에서 끊임없이 새롭게 변화되는 것을 볼 수 있습니다.

민수기 27장과 36장을 보면, 하나님이 매우 유연하신 분이심을 알 수 있습니다. 하나님은 기계적으로 딱딱하신 분이 아닙니다. '내가 한 번 A라고 말했기 때문에 어떤 상황에서건 너희는 무조건 A를 지켜야 된다'고 하시지 않습니다. 하나님이 원래 A라고 말씀하셨지만 그의 백성들이 새로운 상황 속에서 문제가 제기되고 그것이 타당하다면 하나님은 그것을 수용하십니다. 그리고 새로운 규례를 주십니다. 새로운 규례에 대해서도 어떤 상황 속에서 사람들의 정당한 문제 제기가 있으면 하나님은 그것을 또 수용하시고 새로운 규례를 또 주십니다.

그래서 신앙인은 이 부분을 조심해야 합니다. 하나님의 백성들이 문자주의에 사로잡혀서 하나님보다 더 엄격할 때가 있습니다. 하나님은 우리가 생각하는 것 이상으로 매우 유연하십니다. 그것 가운데 하나가 민수기 9장에 나옵니다. 이스라엘이 준수해야 할 유월절은 원래 1월 14일입니다. 그런데 그날 유월절 의식에 여러 사유로 참여하기 어려운 사람이 있을 수 있습니다. 여행이나 사업상 먼 곳에 갔다거나 지금처럼 코로나 양성 판정을 받게 되면 자가 격리를 해야 합니다. 그래서 유월절 잔치에 참여를 못하는 사람이 있을 수 있습니다. 이런 사람들은 어떻게 해야 할까요? 유월절에 참여하지 않은 사람이라고 종교적 낙인을 찍고 죄인 취급을 해야 할까요? 그때 하나님은 이런 사유로 유월절 의식에 참여하지 못하는 사람들은 2월 14일에 유월절을 지키라고 하십니다. 정당한 사유로 유월절에 참여하지 못하는 사람들을 위해 새로운 규례를 주신 것입니다. 우리가 생각하는 것 이상으로 하나님께서 매우 유연하신 분이심을 알 수 있습니다.

신약에서 세례 요한이라는 인물을 만납니다. 세례 요한은 이스라엘 공동체에 혜성처럼 나타나서 죄 사함을 얻게 하는 회개의 물세례를 베풀었습니다. 그런데 사실 세례 요한이 베풀었던 죄 사함을 얻게 하는 물세례는 반 율법적인 행위였습니다. 율법으로 보면 죄를 사함받을 수 있는 유일한 길은 속죄 제사입니다. 율법에 따르면 소나 양이나 염소나, 경제적으로 빈궁한 사람들은 비둘기를 속죄 제물로 드려서 죄를 사함 받을 수 있었습니다.

그런데 이 규정을 악용하여 예수님 당시에 유대 성전 권력자들은 엄청난 종교 사업을 벌였습니다. 율법에 따르면 사람들이 가지고 오는 짐승이 무조건 제물이 되는 것이 아니라, 제사장이 정결하다고 인정하는 동물만 제물이 될 수 있었습니다. 이것을 이용하여 제사장들이 꼼수를 부렸습니다. 사람들이 제물을 바치려고 자기 집에서 가져온 짐승을 부정하다고 합니다. 그러면 속죄 제물을 바치기 위해서 그 먼 거리를 왔던 사람들은 어떻게 해야 합니까? 그들이 어디에서 정결한 짐승을 구하여 제사를 드릴 수 있습니까? 이 곤란한 상황을 이용하여 유대 성전 권력자들은 자신들이 키운 정결한 짐승을 성전에서 팔았습니다.

평소에는 감람산 아래에서 팔았고, 사람들이 많이 모이는 절기 때는 이방인의 뜰에서도 팔았습니다. 문제는 일반 시장에서 10만원이면 살 수 있는 양을 성전에서는 30~40만원에 팔았다는 사실입니다. 그런데 그 짐승을 안 살 수가 있습니까? 이 짐승을 바쳐야만 죄 사함을 받을 수 있는데요. 그리고 다른 곳에서 짐승을 사 오면 다 부정하다고 하는데요. 예수님이 성전을 뒤집어엎으시면서 '만민이 기도하는 집을 너희가 강도의 소굴로 만들었다'는 말씀은 단순히 은유적 표현이 아니었습니다. 이런 식으로 성전은 종교 사업을 벌이면서 엄청난 이윤을 챙겼습니다.

이런 상황에서 등장했던 인물이 세례 요한입니다. 이스라엘의 무수한 사람들이 세례 요한에게 가서 죄 사함을 얻게 하는 물세례를 받았습니다. 문제는 세례 요한에게 몰려가는 사람이 많으면 많을수록 예루살렘 성전의 수입이 반 토막이 난다는 점이었습니다. 지금까지는 사람들이 죄 사함을 얻기 위해서 동물 속죄를 드렸고, 동물 속죄를 드리기 위해서는 아무리 비싼 가격에 동물을 팔아도 울며 겨자 먹기 식으로 그 동물을 살 수밖에 없었는데, 세례 요한이라는 사람이 갑자기 등장한 이후에는 죄 사함을 얻게 하는 회개의 물세례를 받기 위해 사람들이 그곳으로 다 몰려 갔습니다. 성전의 짐승 판매 수입이 얼마나 감소했겠습니까?

당연히 성전에 있는 제사장들이 세례 요한을 미워할 수밖에 없었습니다. 그런데 세례 요한에 대해 '저 사람 때문에 장사가 안 된다'고 비판할 수는 없습니다. 그렇다면 성전의 종교 권력자들이 세례 요한을 뭐라고 비판했을까요? 이단이라고 비판했습니다. 왜 이단이죠? 여기서 이단이라는 것은 율법 파괴자라는 말입니다. 이후에 헤롯 안디바라는 왕이 세례 요한을 죽일 수 있었던 이유는 유대 종교 권력자들이 승인을 했기 때문입니다.

왜 유대 종교 권력자들은 세례 요한을 죽이는 것에 대해 찬성을 했을까요? 그들의 입장에서는 세례 요한이 사라지는 것이 유익했기 때문입니다. 그동안 세례 요한으로 인해 그들이 얼마나 힘들었습니까? 그들이 종교적으로 세례 요한을 비판할 수 있는 명분은 세례 요한이 율법을 파괴하고 위반하고 있다고 주장하는 것이었습니다. 한마디로 반 율법주의자라는 것입니다. 왜요? 율법에는 죄를 사함 받기 위해서는 동물 속죄를 드려야 되는데 세례 요한은 동물 속죄가 없어도 물세례를 받으면 죄 사함을 받은 것처럼 주장한 것입니다. 율법에 없는 새로운 규례를 만들어 시행한 것입니다.

물론 세례 요한이 아무에게나 물세례를 준 것이 아닙니다. 요한은 사람들로 하여금 먼저 자기 죄를 자복하게 만들었습니다. 죄를 자복한 사람에게만 회개의 물세례를 베풀었습니다. 세례 요한은 회개의 본질을 회복하고 형식을 새롭게 했습니다. 모든 종교 의식에는 본질이 있고 형식이 있습니다. 회개의 본질은 무엇입니까? 내가 저지른 죄에 대해 통회 자복하는 마음, 나의 죄로 말미암아 상처 입거나 피해 입은 사람들에게 미안해하고 그들에게 보상하고자 하는 마음, 다시는 이런 죄를 짓지 않겠다는 다짐과 결단이 회개의 본질입니다. 이 본질을 감싸 안는 형식이 바로 동물 속죄입니다.

그런데 사람들은 회개의 본질이 아닌 형식을 갖춘 사람을 회개한 사람으로 인정했습니다. 예를 들어, 어떤 사람이 자신이 저지른 죄에 대해 통회 자복하는 마음이 전혀 없습니다. 피해자에게 미안한 마음도 전혀 없습니다. 다시는 이런 죄를 범하지 않겠다는 다짐과 결단도 하지 않습니다. 그런데 짐승을 잡아서 제물로 드리게 되면 사람들은 그를 회개한 사람으로 인정했습니다. 반대로 회개의 본질을 다 갖추어도 동물 속죄 제사라는 형식을 갖추지 못하게 되면 사람들은 그를 회개하지 않은 사람으로 규정했습니다.

본질을 갖추어도 짐승을 살 만한 경제력이 없어 속죄 제물을 바치지 못하면 그는 회개하지 않는 사람이 되었습니다. 하나님이 진정 원하시는 것은 회개의 본질인데 시간이 지날수록 사람들은 회개의 본질보다는 형식을 갖춘 사람을 더 중시하게 되었습니다. 그때 등장한 것이 세례 요한의 물세례였습니다. 세례 요한은 형식을 파괴하였습니다. 동물 속죄가 아니라 회개의 물세례라고 하는 새로운 형식을 만들었습니다. 그러나 아무에게나 세례를 준 것이 아니라, 자기 죄를 자복한 사람에게만 세례를 주었습니다. 세례 요한은 본질을 회복했습니다. 그래서 예루살렘 성전의 종교 권력자들과 세례 요한이 갈등하고 있을 때 예수님은 세례 요한에게 가서 물세례를 받으시며 세례 요한이 옳다고 인정해주신 것입니다. 요한이 율법에 나오는 말씀을 위반했지만 하나님의 인정을 받은 것은 그가 본질을 회복했기 때문입니다.

하나님의 말씀은 시공간을 초월해서 문자 그대로 유효한 것이 아닙니다. 새로운 상황의 변화와 합당한 문제 제기 속에서 하나님은 그것을 경청하시고 새로운 말씀들을 허락하십니다. 그것 가운데 하나가 음식 정결법입니다. 레위기 11장과 신명기 14장을 보면 먹을 수 있는 짐승과 먹으면 안 되는 짐승이 규정되어 있습니다. 그런데 예수님께서 마가복음 7장 19절에서 어떤 말씀을 선포하십니까? '입으로 들어가는 것이 우리를 부정하게 만드는 것이 아니라 마음 속으로부터 나오는 것이 우리를 부정하게 만든다'고 하시면서 '모든 음식은 깨끗하다'고 선포하셨습니다. 이처럼 하나님의 말씀은 새롭게 변화되고 있습니다. 민수기 27장과 36장의 이야기는 새로운 상황 속에서 하나님이 얼마나 유연하신지를 잘 보여주는 사건입니다.

민수기 6장에 나실인에 대한 이야기가 나옵니다. 나실인은 주전 2세기 말에 등장하는 바리새인들의 모델이라고 할 수 있습니다. 일상의 삶에서 구별된 삶을 살겠다고 결심한 사람들입니다. 보통은 한 달, 6개월, 1년이라는 기간을 정해 놓고 나실인으로서의 삶을 살기도 하지만 평생 나실인으로 살아갈 것을 다짐하는 사람들도 있었습니다. 여기서 '구별된 삶'은 거룩하게 사는 것을 의미합니다. 성경이 말하는 거룩이 뭐라고 했습니까? 거룩은 주류 문화에 동화되지 아니하고 하나님께 속한 삶입니다.

그래서 나실인들은 가나안 주류 문화에 동화되지 않기 위해서 무엇을 했습니까? 가나안은 농경 사회입니다. 농경 사회의 대표적 작물이 포도입니다. 그래서 나실인들은 가나안 사람들이 즐겨 먹는 포도와 관련된 어떤 것들도 먹지 않습니다. 두 번째 가나안 사람들은 단발 문화입니다. 나실인들은 그들과 다른 삶을 살아가고자 머리를 자르지 않았습니다. 세 번째 나실인들은 제사장들처럼 누구의 장례식에도 참석하지 않음을 통해 시체와 거리를 둡니다. 참고로 오늘날에는 누가 돌아가시면 목사님들이 가서 장례 예배를 집례하는데 구약의 제사장들은 장례식에 참석하지 않았습니다. 이처럼 나실인들은 기간을 정해 놓고 주류문화에 동화되지 않는 거룩한 삶을 살았던 사람들입니다.

저는 우리에게도 현대판 나실인의 삶이 필요하다고 생각합니다. 전 세계 종교인들의 모습을 보면 기독교인들이 가장 자유롭게 신앙의 삶을 살고 있습니다. 무슬림만 하더라도 전 세계 어디에 있건 하루에 다섯 번씩 기도합니다. 1년에 한 달씩은 라마단이라는 금식도 지킵니다. 고기도 할렐법을 준수한 것들만 먹습니다. 그런데 기독교인들은 자기 신념에 근거하여 의무적으로 행하는 것이나 특별히 조심하는 것이 없습니다. 그나마 행하는 것이 사순절에 하는 금식입니다. 사실은 다이어트를 위한 것인데 종교적으로 금식이라는 단어를 사용합니다. 저는 그것도 나쁘지 않다고 봅니다. 그러나 음식만 금식할 것이 아니라 인터넷이나 핸드폰, 문화생활이나 만남도 금식하는 것이 필요하다고 봅니다. 저도 개인적으로 한 달 동안 커피 안 마시기, 한 달 동안 육식하지 않기 등을 합니다. 기간을 정해 놓고 조금 다른 삶을 살아보는 것입니다. 각자가 다양한 모습으로 대한민국 사회의 주류 문화와 주류 가치에 동화되지 않는 신앙에 근거한 실천들을 해보는 것이 중요하다고 봅니다.

제 이야기를 잠깐 드리겠습니다. 저는 3명의 자녀가 있습니다. 지금 25살, 23살, 20살인데 세상적으로 보면 저희 아이들은 무학입니다. 초등학교 졸업장도 없습니다. 공동체가 만든 대안학교에서 공부를 했습니다. 세상적으로 인정받는 학교 졸업장은 없지만 신앙 안에서 아이들을 건강하게 잘 키웠다고 생각합니다. 저는 진실하고 정직하고 다른 사람들을 환대할 줄 알고 자기가 내뱉은 말을 신실하게 지켜내는 사람으로 성장하는 것이 최고의 교육이라고 생각합니다. 저는 아이들을 세상과 다르게 키우고 싶었고 저의 소망을 잘 실현하며 살아왔습니다.

김회권 교수님께서 가끔 저에게 이런 말씀을 하십니다. '아무리 진보적인 사람들도 자기 자식 교육 관련해서는 다 보수적인데 정말 양 목사님 같이 진보적인 사람은 본 적이 없습니다.' 그런데 저는 절대 걱정되거나 두렵지 않습니다. 공동체는 먹거리도 가능하면 유기농을 먹습니다. 하나님이 창조하신 세상을 아름답게 지켜내기 위한 실천입니다. 결혼식 문화도 새롭게 하고자 노력합니다. 오늘날은 신앙인들의 결혼식도 세상의 일반적인 결혼 문화와 차이가 별로 없습니다. 목사님이 주례하고 신앙의 친구들이 축가하는 것만 다르지 한 집안의 욕망과 다른 집안의 욕망이 만나서 결혼하는 경우들이 많습니다. 신앙에 근거한 새로운 결혼식 문화, 자녀 양육 문화, 놀이 문화를 신앙의 공동체마다 만들어내고 살아내면 참 좋겠습니다. 개인적으로 나실인의 삶을 특정한 기간 동안 실천하는 것도 의미 있다고 봅니다.

민수기 20장을 보겠습니다. 민수기 20장은 출애굽기 17장과 비교하며 보시면 좋겠습니다. 먼저, 출애굽기 17장의 소제목을 보시면 '반석에서 물이 나오다'라고 되어 있고 괄호 열고 민수기 20장 1~13절이라고 적혀있습니다. 그리고 민수기 20장을 보시면 소제목이 어떻게 되어 있습니까? '가데스의 다툼과 므리바 물가'이고 괄호 열고 출애굽기 17장 1~7절 이렇게 되어 있습니다.

한글 성경은 단락을 나누어서 단락의 중요한 내용들을 소제목으로 잡습니다. 소제목이 나오고 괄호 열고 어디 본문이 나오면 이것은 괄호 안에 있는 본문과 아래 있는 내용이 동일하다는 것입니다. 다시 출애굽기 17장을 보시면 소제목으로 '반석에서 물이 나오다'가 나오고 괄호 열고 민수기 20장 이렇게 되어 있지 않습니까? 그러면 우리는 '아래에 나오는 내용이 민수기 20장의 내용과 동일한 사건에 대한 기록이다'라고 생각하기 쉽습니다. 그런데 동일한 사건이 전혀 아닙니다. 한글 성경 번역자들이 두 본문의 이야기를 동일한 사건으로 착각을 한 것입니다.

출애굽기 17장과 민수기 20장은 전혀 다른 사건입니다. 두 가지 이유로 그렇습니다. 첫째, 두 사건은 시기적으로 완전히 다릅니다. 예를 들어 출애굽기 17장은 출애굽하고 나서 시내산으로 이동하는 여정에서 일어난 사건입니다. 이스라엘 백성이 시내산에 도착한 것이 출애굽기 19장에 나옵니다. 그러니까 출애굽기 17장은 출애굽 사건과 홍해 도하 이후에 시내산으로 이동하는 과정에서 발생한 사건입니다. 이때는 출애굽 원년입니다. 그런데 민수기 20장 1절을 보시면 이렇게 되어 있습니다.

"첫째 달에 이스라엘 자손 곧 온 회중이 신 광야에 이르러 백성이 가데스에 이르더니 미리암이 거기서 죽으매 거기에 장사되니라."

미리암이 죽은 때를 첫째 달이라고 하는데 언제의 첫째 달일까요? 출애굽 40년 첫째 달입니다. 성경을 보면 미리암, 아론, 모세 3남매는 출애굽 40년에 똑같이 하나님의 부름을 받습니다. 미리암이 1월, 아론이 5월, 모세는 11월에 모압 평지에서 마지막 유언적인 설교를 하고 셀프 고려장을 당합니다. 출애굽 40년에 미리암과 아론과 모세가 똑같이 역사의 현장에서 사라집니다. 출애굽기 17장과 민수기 20장은 시기가 다릅니다. 출애굽기 17장은 출애굽 원년의 사건이고 민수기 20장은 출애굽 40년째 일어난 사건입니다.

두 번째로 두 사건이 일어난 장소도 전혀 다릅니다. 한글 성경만 읽을 경우에는 이것을 알기가 어렵습니다. 출애굽기 17장 1절에 '이스라엘 자손의 온 회중이 여호와의 명령대로 신광야에서 떠나'라고 되어 있습니다. 여기 신광야에서 '신'을 영어 성경에서는 Sin으로 표기합니다. 다음으로 민수기 20장 1절에 '첫째 달에 이스라엘 자손 온 회중이 신광야에 이르러'라고 되어 있습니다. 여기도 신광야가 나옵니다. 그래서 출애굽기 17장과 민수기 20장을 같은 사건이라고 생각하기 쉽습니다. 둘 다 신광야에서 있었던 사건을 기록한 것으로 이해합니다. 그런데 여기 신광야에서 '신'은 영어 성경에서 Zin으로 표기합니다. 신광야가 아니라 친광야라고 불러야 합니다. 두 사건이 일어난 장소가 전혀 다릅니다. 출애굽기 17장은 신광야이고 민수기 20장은 친광야입니다. 이 두 본문이 동일한 사건을 기술한 것처럼 소제목을 달아 놓았는데 완전히 잘못된 것입니다. 이와 유사한 것이 있습니다. 이사야 1장 1절을 보겠습니다.

"유다 왕 웃시야와 요담과 아하스와 히스기야 시대에 아모스의 아들 이사야가 유다와 예루살렘에 관하여 본 계시라."

이사야의 아버지 이름이 아모스입니다. 그래서 어떤 목사님이 이사야가 예언자 아모스의 아들이라고 설명하는 것을 들었습니다. 그렇지 않습니다. 그분이 그렇게 생각하시는 이유는 시기 때문입니다. 아모스 예언자가 사역했던 시기는 주전 8세기 중반입니다. 그다음에 등장한 사람이 이사야입니다. 그러니까 나이로 보면 아모스와 이사야가 아버지와 아들 관계처럼 보입니다. 그리고 이사야 1장 1절에 '아모스의 아들 이사야'라고 되어 있으니까 당연히 그 목사님은 여기 나오는 아모스가 바로 예언자 아모스라고 생각하신 것입니다. 그러나 히브리어를 보시면 예언자 아모스는 '아모쓰'이고 여기 이사야의 아버지인 아모스는 '아모쯔'입니다. 신광야하고 친광야의 차이와 똑같습니다. 한글 성경에는 같은 단어로 번역이 되었지만 히브리어 상으로는 완전히 다른 단어입니다. 발음도 완전히 다릅니다. 그런데 한글 성경에서 같은 단어로 번역하다보니 이런 혼란이 생긴 것입니다.

민수기 22장부터 24장까지 발람 이야기가 나옵니다. 성경을 읽으신 분은 아시겠지만 모압 왕 발락이란 사람이 저주 기도 전문가였던 발람을 초대해서 이스라엘을 저주하도록 만들었습니다. 그런데 발람이 여호와의 영의 지배를 받으면서 저주해야 될 이스라엘을 도리어 축복했습니다. 그렇게 해서 24장에서 모든 사건이 완료된 것처럼 보입니다. 그런데 25장에 갑자기 바알브올 사건이 나옵니다. 그리고 이스라엘은 31장에서 바알브올 사건으로 이스라엘을 넘어뜨린 미디안 사람들을 공격합니다. 여기서 주목해야 할 구절이 있습니다. 민수기 31장 8절입니다.

"그 죽인 자 외에 미디안의 다섯 왕을 죽였으니 미디안의 왕들은 에위와 레겜과 수르와 후르와 레바이며 또 브올의 아들 발람을 칼로 죽였더라."

미디안과의 전쟁에서 이스라엘이 발람을 죽였다는 내용이 나옵니다. 이 구절을 통해 우리는 발람이라는 사람이 자기 고향으로 돌아가지 않고 여전히 미디안에 머물렀었다는 것을 알 수 있습니다. 31장 16절은 중요한 정보를 알려줍니다.

"보라 이들이 발람의 꾀를 따라 이스라엘 자손을 브올의 사건에서 여호와 앞에 범죄하게 하여 여호와의 회중 가운데에 염병이 일어나게 하였느니라."

16절은 우리에게 민수기 25장에 바알브올 사건을 발람이 기획하고 조언한 것이라고 알려줍니다. 24장에서 발람의 이야기가 끝난 줄 알았는데 그는 25장에서 이스라엘을 무너뜨릴 수 있는 하나의 방식을 제안한 것입니다. 바알 제의에 이스라엘 남자들을 초대하여서 그 음란한 제의에 동참하게 만든 것입니다. 이때 이스라엘 남성들은 바알 제의에 참여하여 이방 여인들과 동침하게 됩니다. 이것을 제안한 사람이 발람입니다. 민수기 25장의 바알브올 사건으로 인해 이스라엘은 하나님의 심판을 받았습니다. 심판의 결과 2만 4천명이 죽임을 당했습니다. 민수기 22장부터 24장은 하나님의 영으로 충만했을 때의 발람의 모습이고 25장과 31장은 그렇지 않았을 때의 발람의 모습입니다. 바알브올 사건으로 미디안을 심판할 때 그것을 제안하고 기획했던 발람도 하나님의 심판을 받았습니다.

이제 질의 응답 시간을 갖겠습니다. 혹시 민수기 읽으시면서 궁금한 것이 있으시다면 자유롭게 질문해 주십시오.

[질문]

민수기 14장 18절에 보면 '아버지의 죄악을 자식에게 갚아 3~4대까지 이르게 하리라'는 말씀이 있는데 이 부분을 어떻게 생각해야 하나요?

[답]

20년 전에 한국 교회에 유행한 책 중 가운데 하나가 '가계의 저주를 끊어라'라는 책이었습니다. 가계의 저주를 '끊어라'라는 말은 가계의 저주가 '흐른다'는 것이 전제된 말입니다. 그 주장을 하는 사람들이 근거 구절로 내세웠던 것이 질문하신 바로 그 본문입니다. 동일한 말씀이 출애굽기 20장 5절에도 나옵니다.

"그것들에게 절하지 말며 그것들을 섬기지 말라 나 네 하나님 여호와는 질투하는 하나님인즉 나를 미워하는 자의 죄를 갚되 아버지로부터 아들에게로 삼사 대까지 이르게 하거니와."

이 구절만 읽으면 '하나님을 화나게 만들면 진짜 아버지로부터 아들까지 3~4대가 심판을 받나보다'라고 생각하며 가계의 저주가 있다고 보기 쉽습니다. 그런데 5절은 6절과 연관해서 읽으셔야 합니다. 6절에 어떻게 되어 있습니까?

"나를 사랑하고 내 계명을 지키는 자에게는 천 대까지 은혜를 베푸느니라."

심판은 3~4대인데 은혜는 천대까지 베푸신다고 합니다. 하나님의 관심은 누구를 심판하거나 처벌하는 것에 있지 않고 은혜 베푸는 것에 있다는 것이 핵심입니다. 그리고 여기 3~4대를 오늘날의 맥락에서 이해하시면 안 됩니다. 오늘날 현대인들은 대부분 핵가족으로 살아갑니다. 구약 시대에는 대부분 3~4대가 한 집에 모여 살던 시대입니다. 그러니까 3~4대라는 말은 한 시대를 살고 있는 모든 세대를 가리키는 것입니다. 모든 세대가 하나님의 심판을 받는다는 것이지 저주가 계속 대를 이어 지속된다는 말이 아닙니다. 이 문제와 관련된 중요한 대원칙이 신명기 24장 16절입니다.

"아버지는 그 자식들로 말미암아 죽임을 당하지 않을 것이요 자식들은 그 아버지로 말미암아 죽임을 당하지 않을 것이니 각 사람은 자기 죄로 말미암아 죽임을 당할 것이니라."

여기서 볼 수 있는 것처럼, 하나님은 연좌제를 금지하신다는 것을 알 수 있습니다.

[질문]

목사님께서 보수주인 신학생들은 낙도 같은 곳에 복음을 전하러 가고 진보적인 신학생들은 농활을 간다고 말씀하셨는데, 저는 오늘날 한국교회 안에서 복음이 너무 개인화 되었다는 것이 큰 문제라고 생각을 합니다. 저는 한창 교회가 부흥할 때 신앙생활을 시작한 사람입니다. 그래서 복음 전도하고 영혼을 구령하는 것이 사회적 역할까지 하는 것이라고 생각하고 살았습니다. 그런데 제가 목사님 강의를 들으면서 복음의 공적 역할이 중요하다는 생각을 하게 되었습니다. 저는 사적인 삶이 많은 사람입니다. 그래서 복음의 개인 구령하는 사적 역할과 공적인 역할의 연결이 힘들다는 고민이 됩니다. 어떻게 해야 할지 막막한 면이 있습니다.

[답]

개인이 처해 있는 상황에 따라 다양할 수 있을 것 같습니다. 그런데 공적인 역할이라는 것을 너무 거대하게만 생각하지 않으시면 좋겠습니다. 집사님께서 만나는 분들에게 진실하게 대하시고 그분들에게 사랑을 베푸시는 것도 공적인 일이라고 생각합니다. '저 사람은 예수 믿는 사람이기 때문에 자기 이익을 위해서 나를 이용하지는 않겠지'라는 마음을 심어준다는 것만으로도 충분히 공적 역할을 잘 감당하시는 것이라고 봅니다. 사실은 개인적인 것과 관계적인 것이 구별될 수 없습니다. 관계적인 것이 공적인 것입니다. 참된 신앙인 한 명이 탄생하면 사회의 공공선이 증대합니다.

예수 믿는 사람이 많아진다고 해서 우리나라 GDP가 높아지는 것은 아닙니다. 예수 믿는 사람이 많아진다고 해서 1인당 국민 소득이 높아지지 않습니다. 그것은 상관관계가 없습니다. 그런데 진짜 예수 믿는 사람이 많아진다면 국내 총 정직량은 높아져야 합니다. 국내 총 자비량은 높아져야 합니다. 그런데 오늘 한국 교회가 결국 이 문제에서 실패했습니다. 옛날에 비해 예수 믿는 사람들이 얼마나 많아졌습니까? 한국 사회 안에서 예수 믿는 사람이 개신교 천주교 합쳐서 1500만 명 정도가 되는데 이 사람들 때문에 대한민국 사회가 더 진실해졌나요, 정직해졌나요? 전혀 그렇지 않습니다.

왜 이런 일이 벌어지게 되었을까요? 참된 신앙인 한 명이 등장하면 진실한 사람이 하나 더 늘어나고 정직한 사람이 하나 더 늘어나야 하는데 오늘날 대한민국 사회는 그 유익을 전혀 누리지 못하고 있습니다. 그 이유는 오늘날 한국 교회 안에서의 신앙이 너무나 이기적이고 개인화되었기 때문입니다. 내가 예수 믿고 구원받는 것에 주된 관심이 있지, 이 땅에서 하나님의 백성으로서 하나님이 원하시는 바를 살아내는 일에는 별로 관심이 없습니다. 우리의 막중한 사명을 대부분 망각하고 있다고 봅니다. 저는 공적 영역이라는 표현보다는 관계적 영역이라고 말하고 싶습니다. 관계적 영역에서 일어나는 모든 것들이 다 공적입니다.

[질문]
목사님께서 구원의 상실 가능성에 대해서 말씀하셨는데 저는 성도의 견인이라는 교리 안에서 구원의 탈락은 있을 수 없다고 배우고 자랐습니다. 그래서 출애굽 한 1세대들도 존재의 변화는 실패했지만 그렇다고 해서 신분의 변화까지도 상실한 것인가에 대해 의문이 듭니다.

[답]

캘빈주의 5대 교리 가운데 성도의 견인이 있습니다. '성도의 견인에 근거해보면 우리는 비록 넘어진다 하더라도 하나님께서 한 번 구원하시기로 작정하신 사람을 끝까지 책임져 주시기 않겠는가? 그렇다면 구원의 상실 가능성은 없는 것이 아닌가?'라고 질문할 수 있습니다.

두 가지를 말씀드리고 싶습니다. 첫째, 캘빈이 말한 5대 교리보다 성경이 훨씬 중요하다는 것입니다. 캘빈의 주장이 성경의 주장과 동일한 권위를 갖지 않습니다. 만약 캘빈의 주장과 성경의 주장에 충돌이 일어난다면 우리는 당연히 성경을 붙잡아야지 캘빈의 주장을 붙잡아서는 안 됩니다. 캘빈이 우리가 믿고 붙잡아야 할 하나님이 아님을 기억해야 합니다. 이것은 캘빈만 그런 것이 아닙니다. 감리교인들은 웨슬레, 루터 교인들은 루터, 총신 같은 경우에는 캘빈과 박형용 박사가 거의 하나님의 자리에 올라가 있습니다. 제가 총신을 다닐 때도 박형용 박사에 대해 비판을 하면 사람들은 제가 하나님을 비판한 것처럼 흥분을 합니다. 이것은 너무나 잘못된 태도입니다. 성경과 어떤 신학자의 주장에 충돌이 일어난다면 당연히 성경의 주장을 우리는 붙잡아야 합니다.

두 번째, 캘빈이 말한 5대 교리의 핵심은 구원은 우리의 힘으로가 아닌 하나님의 전적인 은혜로 이루어진다는 것입니다. 인간은 전적으로 타락하였으며 하나님의 불가항력적인 은혜로 사람들은 구원을 받습니다. 하나님은 영원 전부터 구원받을 자들을 예정하셨고 구원받기로 예정된 자들을 위해서 예수님이 돌아가셨습니다. 혹시 여러분 가운데 예수님이 이 땅에 있는 모든 죄인들을 위해서 대속의 죽음을 죽으셨다고 믿는 분이 계신다면 그분은 감리교에 가깝습니다. 캘빈의 5대 교리를 붙잡고 있는 장로교는 예수님이 모든 죄인들을 위해 돌아가신 것이 아니라 구원받기로 예정된 자들만을 위해 돌아가셨다고 봅니다. 캘빈의 주장이 그런 겁니다. 하나님은 구원 받을 사람을 영원 전부터 예정하셨고 그들을 위해 예수님은 돌아가셨고 영원 전부터 구원 받기로 예정된 자들은 절대 하나님의 은혜를 거절할 수 없고 하나님이 끝까지 이들을 구원으로 이끌어 가신다는 것이 캘빈의 주장입니다.

저는 캘빈이 말한 이 모든 주장들을 수용하는 것이 아무런 문제도 없다고 봅니다. 왜 문제가 없냐면 캘빈은 이렇게 말을 하면서 누가 영원 전부터 구원받기로 예정된 자인지를 한 번도 말한 적이 없습니다. 그런데 소위 캘빈주의를 신봉하는 교회에서는 자신의 교회에 출석하거나 세례를 받게 되면 그 사람을 마치 영원 전부터 구원받기로 예정된 사람으로 인정해 줍니다. 여기에서 저는 혼란스러움이 발생한다고 봅니다. 교회에 와서 세례를 받으며 이 사람은 하나님이 영원 전부터 구원하기로 예정된 사람으로 인정을 받습니다. 그러면 이 사람이 중간 중간 넘어진다 하더라도 '하나님이 이 사람을 끝가지 견인해 주실 거야'라고 생각을 합니다. 그래서 구원의 상실 가능성에 대해서 동의하기가 어렵게 되는 것입니다.

사람들이 이런 생각을 하는 이유가 캘빈의 5대 교리 때문인데, 캘빈은 누가 영원 전부터 구원받기로 예정된 자인지를 규정하지 않았습니다. '교회에 출석하는 사람은 모두 영원 전부터 구원받기로 예정된 사람이다', 또는 '세례 받은 사람은 구원받기로 예정된 사람이다'라는 식으로 캘빈은 말한 적이 없습니다. 지금 교회 안에 있는 사람 가운데 캘빈의 말에 근거했을 때 누가 영원 전부터 구원받기로 예정된 사람인지를 우리는 알 수 없습니다. 그런 맥락에서 캘빈의 주장은 전혀 문제가 없습니다. 그런데 한국 교회가 캘빈의 주장을 멋대로 적용하면서 문제가 발생한 것입니다.

캘빈의 주장은 성경적으로도 타당하다고 봅니다. 캘빈은 한 번도 누가 영원 전부터 구원받기로 예정된 사람인지를 규정한 적이 없습니다. 누가 그런 사람인지를 우리는 전혀 모릅니다. 그런데 교회에서 너무 쉽게 사람들에게 '당신은 영원전부터 구원 받기로 예정된 사람입니다'라는 선언을 하게 됨으로 인해 성도의 견인에서 혼란스러워 지는 것입니다. 함께 신앙생활을 하다가 중간에 신앙을 떠난 사람이 있는데 그 사람의 구원은 어떻게 되는 건지에 대해 혼란스러움이 생기게 됩니다. 캘빈의 논리대로 하자면 끝까지 신앙을 지킨 사람이 영원 전부터 구원 받기로 예정된 사람이라고 봐야 하지 않겠습니까?

[질문]

제가 고민이 되는 것이 있습니다. 방금 전에 복음의 개인화가 지나치고 그것이 문제라고 하셨지 않습니까? '복음의 구령, 거듭남'이라고 하는 것이 정말로 내 안에서 어떤 가치관의 변화를 탄생시켜야 하는데 그것이 너무 막혀 있다는 생각이 듭니다. 교회에서 가르쳐주지도 않고 주위에서 만나는 사람들은 거듭남을 경험했다고 하고 하나님과의 인격적인 만남을 하고 있다고 하는데, 주류 가치에 반해서 살아가는 삶의 모습이 별로 안보입니다. 저는 어떻게 해서든 학교 문화도 지나치게 경쟁에 몰아넣지 않기를 바라는데, 마음을 모아서 함께 할 사람이 없습니다.

[답]

집사님이 하나님의 구원 받은 하나님의 백성이기 때문에 그런 고민을 하시는 겁니다. 그런 고민은 집사님만의 고민이라기보다는 여기 계신 모든 분들의 동일한 고민이 아닐까 생각됩니다. 지금 말씀하시는 내용 들으면서 저 같은 직업적인 목회자들이 진짜 반성해야 될 부분이 있다고 봅니다. 무슨 말이냐면 복음 전도와 사회적 참여라는 것이 하나님이 우리에게 맡기신 두 가지 중요한 사명인데 사실 직업적 목회자들은 복음 정도만을 강조할 수밖에 없습니다. 왜냐하면 그래야 교인 수가 늘어나고 교인 수가 늘어나야 재정이 늘어나고 교인 수와 재정이 늘어남이 본인의 사례와 연결되기에 사실 이 문제를 뛰어 넘기가 참 어렵습니다.

교인들이 일상의 삶 속에서 치열하게 말씀에 근거해서 살아가게 되면 구심력이 좀 약해질 수 있거든요. 교회 중심으로 자꾸 오게 만들면 구심력은 강해집니다. 정치, 경제, 사회, 문화, 사법, 언론 등 다양한 영역에서 신앙인들이 하나님 나라 운동을 한다고 할 때 이때는 원심력이 발동됩니다. 그러면 직업적 목회자의 입장에서는 그것이 불안합니다. 교인들이 시간 날 때마다 교회 와서 교회 일을 해야 교회가 성장할 수 있는데, 원심력이 발동되게 되면 너무 불안한 겁니다. 직업적 목회자들이 반성해야 될 부분이 많이 있다고 봅니다. 저는 한국 교회가 집단적으로 회심하기는 어렵다고 봅니다. 뜻이 맞는 사람들 몇몇이라도 말씀에 근거한 새로운 삶의 문화를 만들어내고 실천하는 것이 필요하지 않을까 생각합니다.

[질문]

민수기 3장 41절에 보면 '나는 여호와라 이스라엘 자손 중 모든 처음 태어난 자 대신에 레위인을 내게 돌리고'라는 말씀이 있는데 이 말이 무슨 의미인가요?

[답]

10번째 재앙 때 애굽에 있는 모든 장자는 죽임을 당합니다. 그런데 어린 양의 피를 좌우 문설주와 인방에 바른 자들은 구원을 받습니다. 구원은 받았는데 이 장자들을 하나님께 속한 자로 하나님께 바치라는 것입니다. 그런데 집집마다 장자들이 출가를 하게 되면 그 집안은 어떻게 되겠습니까? 그래서 장자들을 대신하여 레위인들이 하나님께 전적 헌신하는 자로 부름받게 된 것입니다. 레위인들은 평생 하나님을 위해서 일을 합니다. 그 대표적인 일이 성막 관련된 일입니다. 이후에는 레위인들이 하나님의 말씀을 이스라엘 백성들에게 가르치는 일, 제물로 바쳐질 짐승을 목축하는 일 등 다양한 일들을 행합니다. 레위인들은 자기 생계를 위해 노동하지 않습니다. 그래서 땅도 분배 받지 못하고 땅을 분배 받은 이스라엘 백성들이 하나님의 일을 하는 레위인들에게 십일조를 바치고 그 십일조로 생계를 이어가게 됩니다.

[질문]

제사에는 속건제, 속죄제, 번제 등 여러 가지가 있는데 '거제'라고 하는 것은 무엇인가요?

[답]

'거제'라고 하는 것은 제사의 방법중 하나입니다. 제사 드리는 방법에는 화제, 거제, 요제, 전제 등이 있습니다. 보통 우리가 알고 있는 대표적인 제사의 방식은 화제입니다. 불로 태워드리는 것입니다. 거제는 제물을 들어 올리는 방식입니다. 거제는 모든 제물을 제사장이 다 가져갑니다. 요제는 흔드는 것이고, 전제는 포도주와 기름을 붓는 것입니다.

기도하고 마치겠습니다.

하나님. 오늘 민수기를 함께 공부했습니다. 출애굽 1세대가 광야 여정에서 어떻게 심판을 받게 되었는지를 살펴보면서 오늘 우리 인생 여정에 대해서도 다시 한번 돌아보게 됩니다. 하나님의 임재와 부재가 혼재되어 있는 우리의 인생 여정 가운데, 특별히 하나님 부재의 순간에 하나님이 베푸신 은혜를 기억하며 그 하나님 부재의 순간을 잘 극복해 나가기를 소망합니다. 우리의 연약한 믿음을 붙잡아 주시고 하나님의 백성다운 삶으로 더욱더 힘 있게 한 걸음씩 내딛는 이번 한주가 되기를 소망하오니 성령 하나님께서 우리의 손을 꼭 붙잡아 주시고 우리의 일거수일투족을 주관하여 주옵소서. 예수 그리스도의 이름으로 기도합니다. 아멘

말씀과 함께 모세오경 6-1

오늘은 신명기를 보겠습니다. 신명기 1장 1절입니다.

"이는 모세가 요단 저쪽 숩 맞은편의 아라바 광야 곧 바란과 도벨과 라반과 하세롯과 디사합 사이에서 이스라엘 무리에게 선포한 말씀이니라"

우리가 보통 창세기부터 신명기까지를 모세오경이라 하고 모세오경을 모세가 썼다고 생각합니다. 이것이 일반적인 보수 교회의 주장입니다. 그런데 창세기부터 신명기까지 모세오경을 모세가 직접 썼다고 했을 때 걸리는 문제가 몇 개 있습니다. 첫째가 모세라는 사람이 살았을 때가 주전 15세기 또는 13세기라고 보는데, 그때 히브리어라는 문자가 과연 존재했는가라는 점입니다. 많은 학자들은 히브리어라는 문자는 솔로몬 이후에 등장했다고 봅니다. 그리고 주전 8세기경에 이스라엘 공동체 안에서 보편적인 통용 문자가 되었다고 봅니다. 이것이 첫 번째 난관입니다.

두 번째는 신명기 1장 1절 같은 경우입니다. 신명기는 모세가 출애굽 2세대에게 전했던 유언적 메시지입니다. 이 말씀은 모압 땅에서 선포했습니다. 모압 땅과 가나안 땅 사이에는 요단강이 있습니다. 문제는 모세가 요단강을 건너지 못했다는 것입니다. 모세는 가나안 땅을 밟아보지 못했습니다. 이스라엘 공동체가 요단강을 건너기 전에 모세가 모압 땅에서 출애굽 2세대에게 선포했던 유언적인 설교가 바로 신명기입니다. 그런데 신명기 1장 1절에 뭐라고 말하고 있냐면 "이는 모세가 요단 저쪽 숲 맞은편에서 이스라엘 무리에게 선포한 말씀이다"라고 되어 있습니다. 모압 땅을 '요단 저쪽'이라고 말하고 있습니다. 그렇다면 이 문장을 쓰고 있는 사람은 지금 어디에 있는 것입니까? 요단 이쪽에 있는 것입니다. 요단 이쪽이 어디냐면 가나안 땅입니다. 이런 표현을 보면 과연 이것을 고유 명사로서의 모세가 쓸 수 있었겠는가라는 의심이 생깁니다.

세 번째는 신명기 34장에 '모세가 죽은 다음에 모세 같은 예언자가 나타나지 않았다'는 말도 나오고, 오늘날까지 모세의 무덤을 알지 못한다는 말도 나옵니다. 이런 내용을 어떻게 모세가 쓸 수 있을까요? 이 모든 것들은 고유 명사로서의 모세가 창세기부터 신명기까지를 다 썼다고 보기 어려운 지점들입니다.

그러면 도대체 오경을 누가 쓴 것일까요? 고유 명사로서의 모세가 쓰지 않았다면 오경을 누가 썼느냐라는 질문이 나올 수밖에 없습니다. 이 문제에 답하기 위해서 두 구절을 찾아보겠습니다. 먼저 신명기 5장 5절입니다.

"그 때에 너희가 불을 두려워하여 산에 오르지 못하므로 내가 여호와와 너희 중간에 서서 여호와의 말씀을 너희에게 전하였노라."

모세라는 사람은 하나님과 이스라엘 백성 중간에서 하나님의 말씀을 이스라엘 백성들에게 전하는 역할을 감당했습니다. 이것을 '보통 명사화된 모세'라고 합니다. 여기서 '보통명사화된 모세'라고 하는 것은 어떤 기능을 말하는 것입니다. 어떤 기능입니까? 하나님과 이스라엘 백성 사이의 중간 매개자로서의 역할입니다. 이런 모세는 한 명만 존재한 것이 아니라 매 시대마다 존재했습니다. 제 1의 모세가 고유 명사로서의 모세라면 제 2의 모세는 여호수아입니다. 주전 11세기에는 사무엘이 이런 모세의 역할을 담당했습니다. 주전 8세기에는 이사야가 이런 모세의 역할을 담당했습니다. 여기서 모세의 역할이란 것은 하나님과 이스라엘 백성의 중간에 서서 하나님의 말씀을 이스라엘 백성들에게 그대로 전달해 주는 것입니다.

그런데 모세가 나이가 들어갈수록 이스라엘 백성 사이에서 걱정 거리가 생겼습니다. 지금껏 모세가 하나님과 이스라엘 백성 사이에 중간 매개자의 역할을 감당했는데 이 모세가 죽고 나면 하나님과의 소통을 어떻게 할 수 있을지에 대해 고민이 생긴 것입니다. 이때 하나님께서 주신 말씀이 신명기 18장 15절, 18절의 말씀입니다. 15절입니다.

"네 하나님 여호와께서 너희 가운데 네 형제 중에서 너를 위하여 나와 같은 선지자 하나를 일으키시리니 너희는 그의 말을 들을지니라"

하나님이 뭐라고 약속하십니까? 매 시대마다 모세와 같은 선지자를 세워 주시겠다고 약속하시죠. 18절도 마찬가지입니다.

"내가 그들의 형제 중에서 너와 같은 선지자 하나를 그들을 위하여 일으키고 내 말을 그 입에 두리니 내가 그에게 명령하는 것을 그가 무리에게 다 말하리라."

신명기 18장 15절과 18절이 무엇을 말하고 있습니까? 매 시대마다 하나님과 이스라엘 백성 사이에 중간 매개자로서의 역할을 담당하는 사람들을 세워 주시겠다는 것입니다. 이런 사람들을 우리는 '보통명사화된 모세'라고 부를 수 있습니다. 보통명사화된 모세는 총 몇 명이었을까요? 정확한 수를 알 수는 없지만 많이 있었다고 봐야 합니다. 구약의 예언자들이 이런 모세의 역할을 담당한 것입니다. 보통 명사화된 모세들에게 주셨던 하나님의 말씀을 기록해 놓은 것을 '모세오경'이라고 할 수 있습니다.

바벨론 포로기 이후에 우리가 알고 있는 창세기부터 신명기까지의 오경이 최종 완성이 됩니다. 오경이 텍스트로 최종 완성된 것이 바벨론 포로기 이후입니다. 보통 학자들은 주전 400년경에 오경이 완성되었고 정경으로서 이스라엘 공동체 안에서 인정을 받았다고 봅니다. 오경이 최종 완성되기 전에는 파편적인 본문 또는 입에서 입으로 전달된 구전으로서의 하나님의 말씀만이 있었습니다. 그런 자료들을 모으고 편집하여 바벨론 포로기 이후에 하나의 텍스트로 완성된 것입니다.

하나님께서 모세에게 주셨던 말씀, 여호수아에게 주셨던 말씀, 사무엘에게 주셨던 말씀들을 다 모으면 누구에게 주신 말씀입니까? 보통명사화된 모세에게 주신 말씀입니다. 매 시대마다 존재했던 모세들에게 주셨던 말씀을 기록해 놓은 것이 바로 모세오경입니다. 누군가가 '창세기부터 신명기까지의 오경을 누가 쓴 것입니까?'라고 질문을 하면 우리는 '모세가 썼습니다'라고 답할 수 있습니다. 다만 여기서의 모세는 고유명사로서의 모세가 아니라 보통명사화된 모세입니다. 보통명사로서의 모세는 어떤 사람이죠? 신명기 5장 5절에 보면 '하나님과 이스라엘 백성 사이에 중간 매개자의 역할을 담당했던 사람'입니다. 신명기 18장 15절과 18절을 보면 '하나님께서 매 시대마다 이런 모세를 세우신다', '그들을 통해서 하나님과 이스라엘 백성 사이에 소통이 이루어지도록 하겠다'라는 말씀을 주십니다. 그 역할을 담당했던 모세들에게 주셨던 하나님 말씀의 총합을 모세오경이라고 할 수 있는 것입니다.

신명기는 오경의 마지막 책이자 신명기 역사서의 시작 본문입니다. 우리는 오경이라는 용어에 익숙하지만 신학자들은 어디부터 어디까지를 하나의 단락으로 읽을 것인가에 대해서 사경, 오경, 육경, 구경을 주장하기도 합니다. '사경으로 읽어야 된다'라고 하는 것은 창세기부터 민수기까지를 하나의 단락으로 봐야 된다는 것입니다. 한글 성경에는 번역이 되어 있지 않지만 히브리어 성경을 보면 출애굽기 1장 1절에 제일 먼저 나오는 단어가 '그리고'입니다. 레위기 1장 1절에 제일 먼저 나오는 단어도 '그리고'입니다. 민수기 1장 1절에 제일 먼저 나오는 단어도 '그리고'입니다. 그런데 신명기 1장 1절은 '그리고'가 안 나옵니다. 이것이 무슨 말이냐면, 창세기부터 민수기까지는 '그리고'라는 순접으로 연결되어 있다는 것입니다. 그래서 이 4개의 본문은 연결된 이야기로 읽어야 된다는 것입니다. 그렇다면 사경을 주장하는 사람들은 신명기는 어떻게 이해를 할까요? 신명기는 그다음에 나오는 여호수아, 사사기, 사무엘, 열왕기와 함께 신명기 역사서로 묶어야 된다고 봅니다. 여호수아, 사사기, 사무엘, 열왕기 이 4권의 책을 신명기 역사서라고 합니다.

구약 성경 안에는 두 개의 역사서가 있습니다. 하나가 신명기 역사서이고 또 하나가 역대기 역사서입니다. 신명기 역사서에는 4권이 있습니다. 여호수아, 사사기, 사무엘, 열왕기입니다. 역대기 역사서에는 3권이 있습니다. 역대기, 에스라, 느헤미야 입니다. 그렇다면 왜 동일한 이스라엘 역사를 기술하는데 두 개의 역사서가 존재하게 되었을까요? 역사를 기술하는 시점과 역사를 기술하는 목적이 다르기 때문입니다. 예를 들어, 신명기 역사서는 바벨론 포로기 때 기술되었습니다. 바벨론 포로기 때가 하나님께 축복을 받을 때입니까, 징계를 받을 때입니까? 징계를 받을 때죠. 신명기 28장을 보시면 신명기 신학이 나옵니다. 신명기 신학은 인과응보 신학입니다. 뿌린 대로 거둔다는 것입니다. 내가 하나님께 순종의 씨앗을 뿌렸으면 복이라는 열매를 거두게 되고 내가 불순종의 씨앗을 뿌렸으면 심판과 저주라는 열매를 거두게 됩니다. 내가 하나님께 뿌린 씨앗을 그대로 거둔다는 것입니다. 이것이 신명기 신학의 내용입니다. 이스라엘이 바벨론 포로기를 경험하면서 '왜 우리가 하나님의 심판을 받을 수밖에 없었는가?', '왜 우리가 하나님께 징계의 매를 맞을 수밖에 없었는가?'를 물었을 때 그것을 해명해 주는 것이 신명기 역사서입니다. 이스라엘 공동체가 하나님의 심판을 받을 수밖에 없었던 그 이유를 주로 기록하고 있는 것이 신명기 역사서입니다.

역대기 역사서는 바벨론 포로 생활이 끝나고 가나안으로 귀환한 이후에 쓰인 것입니다. 바벨론에 포로로 끌려 간 사람들은 이렇게 이스라엘 역사가 끝장나는 줄 알았습니다. 그런데 하나님께서 페르시아 왕 고레스를 통해서 이스라엘에게 또 한 번의 기회를 허락하십니다. 이때 가나안 땅으로 돌아온 사람들은 어떤 마음으로 돌아왔을까요? 그들은 무엇을 다짐하고 결단했을까요? 조상들의 실패를 반복해서는 안 된다는 마음, 하나님께서 기대하시고 바라시는 멋진 이스라엘을 건설해야 한다는 마음으로 돌아왔을 것입니다. '어떤 이스라엘을 우리가 세워야 하는가?', '어떤 사람이 이스라엘의 지도자가 되어야 하는가?', '건강한 이스라엘을 세우기 위해서 백성들의 자세는 어떠해야 하는가?'라는 질문 속에서 과거 이스라엘 역사 가운데 정면 교사로 삼을 수 있는 긍정적인 모델을 끄집어 내어서 이스라엘 역사를 기술한 것이 바로 역대기 역사서입니다. 단순하게 구분하자면 신명기 역사서는 과거 반성이 목적입니다. 역대기 역사서는 미래 건설이 목적입니다.

'우리가 무엇을 잘못했는가?'라는 과거 반성이 목적인 신명기 역사서에는 이스라엘 공동체가 하나님께 범했던 무수한 죄악들이 기술되어 있습니다. 이스라엘 역사에서 최고의 왕으로 인정 받는 다윗도 예외가 아닙니다. 사무엘하 11장에 보면 다윗이 밧세바를 범하고 그 죄를 은폐하기 위해서 우리야를 죽인 것을 그대로 기록합니다. '우리가 하나님의 심판을 받을 수밖에 없는 이유가 무엇인가?' 즉, 과거를 반성하는 맥락에서 기술한 것이 신명기 역사서이기 때문에, 신명기 역사서는 다윗의 치부와 죄악도 숨김없이 기록하고 있는 것입니다.

그런데 역대기를 보면 다윗은 밧세바를 만나지도 않습니다. 그런 내용이 안 나옵니다. 솔로몬이 이방의 우상을 섬긴 것도 나오지 않습니다. 역사를 기록하는 목적이 다르기 때문입니다. 역대기는 우리가 무엇을 잘못했는가를 기록하는 것이 목적이 아닙니다. 어떤 이스라엘을 건설할 것인가에 대한 미래 건설적인 맥락에서 후세대들이 본받을 만한 긍정적인 모델을 주로 기술한 것이 역대기입니다. 그래서 다윗이나 솔로몬의 죄악을 낱낱이 기록하고 있지 않습니다. 이처럼 사경을 주장하는 사람들은 창세기부터 민수기까지가 '그리고'로 연결되어 있기에 이 4개의 본문을 하나의 단락으로 읽어야 된다고 주장합니다. 그리고 신명기는 그다음에 나오는 신명기 역사서와 하나의 단락으로 읽어야 된다고 보는 것이 사경의 입장입니다.

오경은 창세기부터 신명기까지를 하나의 단락으로 봅니다. 한국 교회가 일반적으로 취하고 있는 입장이기도 합니다. 모세라는 한 인물의 탄생과 죽음까지를 하나의 단락으로 보는 것입니다. 모세의 탄생이 출애굽기 1장에 나오고 모세의 죽음이 신명기 34장에 나옵니다. 모세라는 한 인물의 죽음으로 말미암아 한 시대가 끝났다고 보고 그다음에 나오는 여호수아 이야기는 다른 이야기로 읽어야 된다는 것이 오경의 입장입니다.

육경은 창세기부터 여호수아까지를 하나의 단락으로 읽어야 된다는 것입니다. 창세기를 보면 하나님께서 아브라함을 부르시면서 두 가지 약속을 하십니다. 하나가 후손 번성의 약속이고 또 하나가 가나안 땅을 주시겠다는 약속입니다. 후손 번성이라는 약속은 애굽에서 성취되었습니다. 그 약속이 성취되었기 때문에 가나안 땅을 주시겠다는 약속을 믿고 그 약속의 성취를 위해 이스라엘이 출애굽을 한 것입니다. 그렇다면 가나안 땅을 주시겠다는 약속은 어디에서 성취되었습니까? 여호수아서입니다. 창세기는 약속을 하고 그 약속이 온전히 성취된 것이 여호수아이기 때문에 약속과 성취라는 도식에 근거해서 창세기부터 여호수아까지를 하나의 단락으로 봐야 된다는 것이 육경의 입장입니다.

구경은 요즘 신학자들이 가장 선호하는 입장으로서 창세기부터 열왕기까지를 하나의 단락으로 보는 것입니다. 이스라엘은 가나안 땅에 들어갔지만 그 땅에서 하나님께서 기대하신 하나님의 나라를 건설하지 못합니다. 이방의 우상 숭배에 금방 동화되면서 하나님과의 언약을 저버립니다. 그 결과 하나님의 심판을 받습니다. 그러나 심판을 통하여 다시 회복되는 희망으로 끝나는 것이 열왕기입니다. 출애굽의 궁극적 목적이 뭐였습니까? 이스라엘이 약속의 땅 가나안 위에 하나님의 나라를 건설하는 것이었습니다. 그런데 그 목적을 이루는 데 실패했습니다. 그래서 바벨론에 포로로 끌려가게 됩니다. 그런데 열왕기하 마지막에 보면 감옥에 갇혀 있던 여호야긴 왕이 석방되는 이야기가 나옵니다. 회복에 대한 이야기로 열왕기는 끝납니다. 이스라엘의 실패와 회복이라고 하는 하나의 단락으로 이스라엘 역사를 보는 것입니다. 이것이 바로 구경의 입장입니다.

정리해보면 성경을 어디부터 어디까지를 하나의 단락으로 볼 것인가에 대해 사경도 있고 오경도 있고 육경도 있고 구경의 입장도 있습니다. 한국 교회가 일반적으로 가지고 있는 입장은 오경입니다. 그런데 이 모든 주장들은 각각 나름대로 근거가 있습니다. 사경은 창세기부터 민수기까지는 '그리고'로 연결되어 있기에 하나의 단락으로 봐야 한다는 것이고, 신명기부터는 신명기 역사서와 하나로 봐야 된다는 입장입니다. 오경은 모세의 출생과 죽음까지를 하나의 단락으로 봐야 한다는 입장입니다. 육경은 약속과 성취의 맥락에서 창세기부터 여호수아까지를 하나의 단락으로 봐야 한다는 입장입니다. 구경은 이스라엘이 가나안 땅에는 들어갔지만 하나님을 섬기는 일에 실패했다고 봅니다. 그래서 하나님께 징계의 매를 맞게 됩니다. 그러나 하나님은 이스라엘에게 또 한 번의 새로운 기회를 주셨다는 것입니다. 실패와 회복이라는 맥락에서 창세기부터 열왕기까지를 하나의 단락으로 봐야 한다는 것이 구경의 입장입니다. 신명기 역사서와 역대기 역사서는 기록의 시점이 바벨론 포로기와 포로기 이후로 구분된다는 것과 기록한 목적이 과거 반성과 미래 건설로 다르다는 것을 기억하시면 좋겠습니다.

신명기라고 하는 책의 제목은 '되풀이하여 가르쳐 준 율법'이라는 뜻입니다. 보통 신명기라는 본문의 제목에 대해 여기의 '신'을 하나님이라고 생각하고 '신명' 즉 하나님의 명령을 기록한 책으로 이해를 하는데 그렇지 않습니다. 여기 '신'자는 귀신 신(神)자가 아니고 납 신(申)자입니다. 납 신이라는 것은 '거듭한다', '되풀이한다'는 의미 입니다. 신명기 17장 18절에 보면 '율법의 등사본'이라는 것이 나옵니다. 율법을 또 하나 쓰는 것입니다. 그것을 항상 왕이 자기 옆에 두고서 그 말씀을 읽으라고 합니다. 이 율법서의 등사본이라고 하는 것이 신명기입니다. 신명기는 거듭 되풀이하여 다시 기록한 것입니다.

실제로 신명기를 읽다 보면 어디서 많이 본 것 같은 내용들이 떠오릅니다. 어디서 읽은 내용이죠? 출애굽기, 레위기, 민수기의 내용입니다. 그 내용들이 다시 한번 기록된 것이 신명기입니다. 예를 들어, 출애굽기 20장에 십계명이 나옵니다. 그런데 신명기 5장에도 십계명이 나옵니다. 레위기 11장의 음식 정결법이 신명기 14장에 또 나옵니다. 민수기에 있는 광야 여정에 대한 이야기가 신명기에도 나옵니다. 신명기에서만 찾을 수 있는 독창적인 내용도 있지만, 많은 경우에 출애굽기나 레위기나 민수기에 기록된 내용이 또 한 번 반복되는 것입니다.

그렇다면 왜 이것을 반복했을까요? 말씀을 듣는 대상이 달라졌기 때문입니다. 출애굽기와 레위기와 민수기는 출애굽 1세대를 대상으로 했던 사건이고 출애굽 1세대들에게 선포된 말씀입니다. 그런데 출애굽 1세대 가운데 여호수아와 갈렙을 제외한 모든 사람들은 광야에서 하나님의 심판을 받게 됩니다. 누가 남았습니까? 모세와 여호수아와 갈렙을 제외하고는 모두 출애굽 2세대들입니다. 이 출애굽 2

세대들을 불러 모아 놓고 모세가 하나님의 부르심을 받기 전에 마지막으로 선포했던 유언적인 메시지가 신명기입니다.

신명기의 핵심은 조상들의 실패를 반복하지 말라는 것입니다. 조상들이 광야에서 하나님의 심판을 받게 된 이유들을 알려주면서 그들의 죄악을 재연하지 말 것을 경고합니다. 그런데 신명기 안의 분위기는 그리 밝지 않습니다. 모세는 계속해서 조상들이 어떤 실패를 했는지를 언급하면서 그 실패를 본받지 말라고 말하고 있는데 모세의 말을 듣고 있는 2세대들이 마치 1세대의 실패를 재연할 것 같은 분위기입니다. 실패했던 조상들의 전철을 따라갈 것처럼 보입니다. 그래서 신명기는 전반적으로 분위기가 어둡습니다.

출애굽 2세대는 어렸을 때부터 누구와 같이 살았습니까? 자기 아버지, 할아버지, 어머니, 할머니와 같이 산 세대입니다. 그런데 자신의 부모와 증조부가 하나님께 순종했던 사람들입니까 불순종했던 사람들입니까? 약속의 땅 가나안이 아니라 애굽으로 돌아가려 했던 사람들 아닙니까? 끊임없이 하나님께 불평하고 반역했던 사람들 아닙니까? 그런 출애굽 1세대와 더불어 살면서 출애굽 2세대가 영향을 받지 않을 수가 없었을 것입니다. 모세는 끊임없이 실패했던 선조들을 본받지 말라고 경고하고 있지만 2세대들의 몸에 깊이 박혀 있는 것은 부모들의 불순종, 반역, 불평과 불만의 모습입니다.

부모들이 보여준 부정적인 모습들을 단호하게 끊어내지 않으면 2세대들도 실패할 가능성이 높습니다. 출애굽 2세대에게 1세대는 반면 교사입니다. 그런데 반면 교사는 아무리 많이 있어도 우리를 전혀 새롭게 하지 못합니다. '나는 저 사람처럼 절대 살지 않을 거야'라는 마음은 먹는데 어느 순간 그 사람과 닮아 있는 모습을 발견할 때가 많이 있습니다. 진짜 중요한 것은 순종의 모델을 창조하는 것입니다. 정면 교사가 필요한 것입니다. 반면 교사는 백 명, 천명 있어도 우리를 전혀 새롭게 하지 못합니다. 잘 보고 배우고 모방할 수 있는 정면 교사가 필요합니다. 건강한 신앙 공동체는 이런 정면 교사가 많은 곳입니다. 고린도전서 11장 1절에서 사도 바울은 '내가 그리스도를 본받는 자가 된 것 같이 너희는 나를 본받는 자가 되라'고 말합니다. 바울 자신이 고린도 교인들에게 정면 교사입니다.

신명기를 통해 우리는 신명기 신학을 만나게 됩니다. 하나님께 순종하면 복을 받고 불순종하면 저주를 받습니다. 신명기 신학은 구약 이스라엘 백성들이 가지고 있던 가장 보편적인 인식 체계입니다. 이스라엘 역사를 보시면 주전 722년에 북이스라엘이 앗수르에 멸망당합니다. 주전 586년에는 남유다가 바벨론에 멸망을 당합니다. 주전 539년부터 이스라엘은 페르시아의 식민 지배를 받습니다. 주전 331년부터는 헬라의 알렉산더의 식민 지배를 받습니다. 주전 63년부터는 로마의 식민 지배를 받습니다. 이처럼 이스라엘은 700년 동안 5대 제국의 식민 지배를 받습니다. 구약 시대 이스라엘 백성들이 인생에서 일어나는 모든 사건들을 하나님의 뜻 안에서 해석할 때 그들이 사용했던 가장 중요한 해석의 잣대가 바로 신명기 신학입니다.

어떤 사람이 승승장구한다고 할 때 그 이유가 무엇입니까? 하나님께 순종했기 때문에 복을 받는다고 생각했습니다. 반대로 어떤 사람이 재산을 상실하거나 건강이 안 좋아진 이유는 무엇입니까? 그의 불순종으로 인해 하나님의 심판을 받고 있다고 생각합니다. 이처럼 이스라엘 백성이 일상에서 일어나는 모든 사건들을 해석하는 가장 중요한 잣대가 신명기 신학이었습니다. 이 신명기 신학을 다른 말로 바꾸어 부르면 인과응보입니다. 뿌린 대로 거둔다는 것입니다.

그런데 이스라엘이 5대 제국의 식민 지배를 받으면서부터 이상한 일이 벌어집니다. 이스라엘 백성들끼리만 모여 살 때하고 이방 제국의 식민 지배를 받을 때 전혀 다른 변화가 하나 생깁니다. 이스라엘 백성들은 모두가 다 하나님의 백성입니다. 하나님을 잘 믿겠다고 다짐하고 결단한 사람들입니다. 이스라엘 백성들끼리만 모여 있을 때는 하나님께 순종했던 사람들이 그 안에서 박수 받고 존경 받을 가능성이 높습니다. 그리고 하나님의 말씀을 위반한 사람들이 책망을 받거나 징계를 받을 가능성이 높습니다. 이스라엘 백성들끼리만 모여 살 때는 나름대로 인과응보가 현실이 됩니다.

그런데 이방 제국의 식민 지배를 받으면서부터는 인과응보의 역전이 일어납니다. 예를 들어, 느부갓네살이라는 이방 왕이 금 신상을 세워 놓고 제국에 있는 모든 백성들에게 금 신상에 절하라고 명령을 내립니다. 이때 금 신상에 절하지 아니하면 풀무 불에 던져서 죽이겠다고 협박을 합니다. 이 상황에서 하나님께만 무릎을 꿇겠다고 다짐하고 결단한 신앙인은 금 신상에 절하지 않습니다. 하나님께 순종하기 위해 느부갓네살의 명령을 단호하게 거절합니다. 그런데 원래 신명기 신학에 근거해보면 하나님께 순종하는 자가 복을 받아야 합니다. 그런데 느부갓네살이라는 이방 왕이 이스라엘을 다스릴 때는 느부갓네살이 시키는 대로 열심히 행하는 사람들이 세상적으로 승승장구 하는 일이 벌어집니다. 그리고 하나님께만 순종하고자 금 신상에 절하지 않는 사람들은 사자 굴에 던져지고 풀무 불에 던져지는 고초를 겪게 됩니다. 이방 제국의 지배를 받을 때는 신명기 신학과 인과응보라는 것이 전혀 현실로 구현되지 않는 것을 경험하게 된 것입니다.

그런데 이런 시대에도 인과응보로 설명되는 신명기 신학은 여전히 강력한 힘을 발휘합니다. 누구에 의해서 그러할까요? 어떤 사람들이 인과응보라는 논리를 가장 좋아하겠습니까? 인과응보는 시대의 강자들이 가장 좋아하는 논리입니다. 소위 승리한 사람들, 성공한 사람들, 잘 나가는 사람들이 자기를 옹호하기에 가장 좋은 논리가 인과응보입니다. '내가 어떻게 이렇게 복을 받은 줄 알아', '내가 어떻게 이렇게 성공했는지 알아', '내가 어떻게 이렇게 부유한 삶을 살게 되는 줄 알아'라고 질문을 던지면서 그 결론은 '하나님께 복을 받았기 때문'이라고 답변합니다. 그렇다면 그 사람이 하나님께 그러한 복을 받게 된 이유는 무엇일까요? 하나님께 순종했기 때문인 것입니다. 이처럼 자신의 성공과 승리를 하나님의 복으로 포장할 수 있는 가장 강력한 논리가 인과응보입니다.

이스라엘이 5대 제국의 식민 지배를 받을 때 세상과 손 맞잡고 이방의 통치자들과 손 맞잡은 사람들이 세상적으로 승승장구하게 됩니다. 마치 일제 강점기에 친일파들이 득세한 것과 똑같습니다. 이때 승승장구하던 사람들이 자신들의 성공을 종교적으로 포장하는 논리가 무엇이었을까요? 신명기 신학입니다. 이때 하나님께만 순종하고자 하다가 온갖 고난과 핍박을 받았던 의인들이 얼마나 분노했겠습니까? 그래서 시대의 강자들이 자기의 성공과 승리를 무조건 하나님이 복으로 간주하는 신명기 신학에 대한 오용에 반대하는 주장이 나오게 됩니다. 그 목소리를 담고 있는 것이 바로 욥기입니다.

성공하고 승리한 모든 사람들이 하나님께 복을 받는 것도 아니고 고난과 핍박 가운데 있는 모든 사람들이 하나님께 벌을 받는 것도 아님을 항변하는 본문이 욥기입니다. 욥기 이전까지는 이스라엘 백성들이 일상의 삶을 판단하는 가장 중요한 잣대가 신명기 신학이었습니다. 이것 하나로 일상에서 일어나는 모든 일들을 판단했습니다. 이스라엘 백성들끼리만 있을 때는 나름대로 신명기 신학이 현실을 설명하는 중요한 잣대로서의 역할을 했습니다. 그러나 이스라엘이 이방 제국의 식민 지배를 받게 되면서부터는 도리어 세상과 손 맞잡는 사람들이 승승장구하게 되고 승승장구한 이 사람들이 자신들을 종교적으로 옹호한 논리가 되어 버립니다. 도리어 하나님께 순종하고자 하다가 고난을 받는 사람들, 핍박을 받는 사람들이 마치 하나님께 벌을 받는 사람인 것처럼, 그래서 하루 빨리 하나님께 회개를 해야 되는 사람인 것처럼 강요를 당했습니다. 이런 불합리한 현실에 대해 반박하는 본문이 바로 욥기입니다. 우리가 온전히 이해할 수는 없지만 의인들의 고난이 있다는 것입니다.

사람들이 경험하는 모든 고난이 죄에 대한 하나님의 심판은 아닙니다. 내가 죄를 범하지 않았어도 불의한 통치자를 만나게 되면 고난받을 수 있습니다. 유대인들의 학살이 그러하지 않습니까? 히틀러에 의해 600만 명의 유대인이 죽은 것이 유대인들의 죄 때문입니까? 그렇지 않습니다. 히틀러라고 하는 폭군의 등장으로 인해 유대인들이 희생당한 것입니다. 어떤 사람이 교통 법규를 안 지키고 난폭 운전을 하게 되면 억울한 피해자가 탄생할 수 있는 것입니다. 우리의 현대사에서도 불의한 군사 정권 하에서 얼마나 많은 민주인사들이 억울한 누명을 쓰고 죽임을 당했습니까? 그들이 자기의 죄 때문에 그런 고난을 당한 것이 아닙니다. 인과응보라는 논리 하나를 가지고 모든 현실을 판단했던 것이 원래 이스라엘 공동체였습니다. 그러다 5대 제국의 식민 지배를 받으면서부터는 의인의 고난과 불의한 자들의 승승장구에 대해 눈을 뜨게 됩니다. 그러한 시각을 가질 수 있도록 큰 도움을 준 본문이 바로 욥기입니다.

신명기 신학이나 인과응보는 강자들이 가장 좋아하는 논리입니다. 왜 강자들이 좋아할 수밖에 없냐면 자기들의 현실을 하나님의 축복으로 정당화할 수 있기 때문입니다. 신명기 신학은 논리적으로는 과거에서 현재로 진행되지만 현실에서 적용될 때는 항상 현재에서 과거로 역 추론됩니다. 이것을 잘 보셔야 합니다. 신명기 신학이 이론적으로는 뿌린 대로 거두는 것입니다. 과거에 순종의 씨앗을 뿌렸으면 하나님으로부터 복이라는 열매를 거두고 불순종의 씨앗을 뿌렸으면 하나님으로부터 심판이라는 열매를 거두는 것입니다. 과거에 뿌린 씨앗의 열매를 현재에 그대로 거둡니다. 이론적으로는 과거에서 현재로 나아갑니다.

그런데 우리 현실에서 신명기 신학이 적용될 때는 현재에서부터 출발합니다. 현재라는 것은 무엇입니까? 한 사람이 지금 잘 나가고 있다, 성공했다, 부유하다 아니면 한 사람이 병들었다, 가산을 탕진했다, 집이 몰락했다 등의 현실을 말합니다. 사람들은 한 존재가 처해 있는 현실을 먼저 봅니다. 그리고 이 사람이 왜 이렇게 되었을까에 대해 과거를 역 추론하면서 인과응보에 근거하여 그의 현실을 판단합니다. 이렇게 현재에서 과거로 적용되는 것이 신명기 신학입니다. 신명기 신학은 강자와 부자와 성공한 자들이 자기를 옹호하기에 가장 좋은 종교적 논리입니다. 그러나 욥기가 분명히 말하는 것처럼 신명기 신학만을 가지고 우리의 삶을 판단할 수는 없습니다. 신명기 신학으로 설명할 수 없는 삶의 신비가 있는 것입니다.

신명기 1장 8절을 보겠습니다.

"내가 너희의 조상 아브라함과 이삭과 야곱에게 맹세하여 그들과 그들의 후손에게 주리라 한 땅이 너희 앞에 있으니 들어가서 그 땅을 차지할지니라."

가나안 땅이라고 하는 것은 하나님의 선물임과 동시에 이스라엘이 능동적 순종을 통해서 차지해야 될 땅입니다. 가나안 땅은 하나님의 선물이 맞습니다. 그러나 또한 이스라엘이 능동적 순종을 통해 차지해야 될 땅입니다. 여기서 중요한 것이 비대칭적인 신인 협력입니다. 신인 협력이지만 비대칭적입니다. 하나님과 그의 백성이 힘을 모아야 합니다. 그런데 하나님과 그의 백성의 협력은 대칭적인 것이 아닙니다. 비대칭적인 신인 협력입니다. 하나님 50, 우리 50의 힘을 합쳐서 가나안 정복이 완성되는 것이 아닙니다. 하나님 99, 우리의 힘은 1입니다. 하나님 90, 우리의 힘은 10입니다. 비대칭적인 신인 협력으로 가나안 땅 정복은 완성됩니다.

우리가 하나님의 말씀에 순종하고자 할 때 하나님은 우리에게 순종할 수 있는 힘을 주십니다. 이는 성령론으로 연결됩니다. 하나님의 백성이 하나님의 뜻을 알고자 할 때, 하나님께 온전히 순종하고자 할 때, 성부 하나님과 성자 하나님께서는 우리에게 성령을 보내셔서 우리를 도우십니다. 우리가 하나님의 뜻을 깨닫는 것도, 우리가 하나님께 온전히 순종하는 것도 하나님의 도우심이 있을 때에 가능합니다. 그런 의미에서는 하나님의 전적인 도움과 은혜라고 말할 수 있습니다. 그러나 하나님은 당신의 백성 된 우리들이 당신의 말씀에 순종하기를 원하십니다. 우리의 순종을 통해 하나님의 역사를 함께 이루어가기를 원하십니다. 우리 하나님은 전능하시지만 그의 백성들이 감당해야 될 몫을 항상 남겨두십니다.

춘원 이광수 아시죠? 춘원 이광수가 원래는 기독교에 대해 극찬을 많이 했습니다. 그러다 1917년 11월에 청춘이라고 하는 잡지에서 기독교를 비판합니다. 4가지를 비판하는데 그 중에 하나가 당시 기독교인들이 갖고 있던 기도 만능주의에 대한 비판입니다. 기도 만능주의라는 것은 모든 것을 기도로 해결하고자 하는 모습입니다. 당시의 신앙인들 중에 그런 사람들이 있었던 것 같습니다. 신앙을 가진 사람이 병에 걸렸다고 하면 기도를 통해 병이 치유될 생각을 해야지, 약을 먹는다거나 의사의 도움을 받는 것은 마치 신앙이 부족한 인본 주의적인 행동으로 생각을 한 것 같습니다.

이러한 모습에 대해서 기도 만능주의라고 이광수가 비판을 합니다. 사람이 병에 걸렸는데 약을 먹거나 의사의 도움을 받는 것은 믿음이 없는 인본주의적 행동입니까? 그렇지 않습니다. 하나님이 주신 이성을 통해서 의학이 발달하고 신약이 개발되고 그것을 먹어서 병이 낫는 것도 하나님의 일반 은총입니다. 그런데 신앙인들 중에는 우리 인간이 무엇인가를 하게 되면 그것을 싸잡아 공로주의라고 비판하는 분들이 계십니다. 그것은 하나님의 역사가 그의 백성들과의 신인 협력을 통해 이루어지는 것을 전혀 모르는 무지한 주장일 뿐입니다.

이스라엘이 여리고 성을 정복할 때 어떻게 했습니까? 하나님이 여리고 성을 주실 것이라고 믿기만 했습니까? 그렇지 않습니다. 여리고성을 주실 것이라는 하나님의 약속을 진짜 믿는 사람들은 하나님의 지시와 명령에 순종했습니다. 하나님이 여리고 성을 주시고자 하는 방식이 어떠했습니까? 이스라엘이 매일 여리고 성을 한 바퀴씩 돌고 7일째 되는 날에는 일곱 바퀴를 돌고 하나님의 사인이 주어지기 전까지는 침묵하고 있다가 사인이 주어지면 큰 함성을 지르는 것입니다. 여리고 성을 주실 것이라는 하나님의 약속을 믿는 자들은 하나님의 방식에 순종합니다. 하나님은 그의 백성들을 통해서 당신의 역사를 이뤄가신다는 것을 기억해야 합니다. 우리가 팔짱 끼고 가만히 있어도 하나님이 다 알아서 하시는 것이 아닙니다. 비대칭적인 신인 협력이 필요합니다.

저는 부모님이 다 경상도 분이십니다. 저도 고향이 부산인데 초등학교 입학할 때에 서울로 올라와서 신촌에서 이십년 이상 살았습니다. 경상도가 고향인 부모님은 저에게 1980년의 광주 민주화 운동을 폭도들의 행위라고 하셨습니다. 제가 살았던 곳이 신촌이다 보니 1980년대 중반에 매일 최루탄 터지는 모습을 목격했습니다. 제가 다닌 고등학교가 서강대 바로 앞에 있는 광성고등학교입니다. 매일 12시만 되면 최루탄이 터집니다. 그러면 선생님들이 "저 빨갱이놈들" 하면서 시위하던 대학생들을 비판하십니다.

저는 그 당시 공부 열심히 하는 학생이다 보니 선생님의 말씀을 진리처럼 받아들였습니다. 그러다 제가 대학에 입학한 후에 5월 축제를 할 때 광주 사진전을 보고 충격을 받았습니다. 축제를 즐기다 말고 총학생회에 찾아가서 사진 몇 장을 달라고 했습니다. 그리고 바로 집으로 달려와서 어머니와 담판을 지었습니다. "광주의 진실은 이것이다."라고 하면서 "나는 오늘부터 학생 운동을 하겠다."라고 선포를 했습니다. 어머니와 3~4시간 정도 이야기를 나눈 끝에 어머니가 마지막에 "그럼 뒤에서 해라."고 하시면서 제가 학생 운동을 하는 것을 허락해 주셨습니다.

그래서 대학교 1학년 때부터 민주화 시위에 참여하게 되었습니다.

당시 신학교 교수님들이 저를 참 많이 사랑해주셨는데 1학년 2학기 구약 개론 수업 시간에 교수님이 들어오시더니 제 이름을 부르시면서 이렇게 말씀을 하셨습니다. "진일아, 너는 신학생이 되어 가지고 맨날 화염병 던지고 돌 던지고 도대체 뭐 하는 거냐? 노태우가 그렇게 싫으면 노태우가 정치를 잘 할 수 있도록 기도를 해야지 맨날 데모를 하면 어떡하냐?"라며 저를 공개적으로 비판을 하셨습니다. 그때만 하더라도 제가 인격이 성숙하지를 못해서 바로 그 자리에서 교수님께 이렇게 반박을 했습니다. "그렇게 기도의 능력을 믿으시는 교수님께서 뭐 하러 강의실에 들어오세요? 그냥 교수실에서 하나님께 기도를 하세요. 오늘 3시간 동안 학생들에게 입 아프게 떠들지 않아도 학생들이 내가 말하고자 하는 모든 것을 알 수 있게 해달라고 기도를 하시면 되지 뭐 하러 강의실에 들어오셔서 입 아프시게 떠드십니까?"라고 주장을 했습니다.

많은 신앙인들이 오늘날에도 기도 만능주의적 사고에 빠집니다. 그런데 이것을 아셔야 됩니다. 진짜 기도하는 사람은 자기가 기도한 대로 행동하게 되어 있습니다. 그것이 진짜 기도하는 사람의 모습입니다. 절대로 믿음과 행위가 대립하는 것이 아닙니다. 신앙인들이 많은 경우에 믿음이냐 행위냐를 질문하는데 믿음과 행위는 절대로 대립하는 관계가 아닙니다. 믿음의 사람들이 보이는 순종의 행위가 있고 믿지 않는 자들이 보이는 불순종의 행위가 있을 뿐입니다. 하나님이 가나안 땅을 주실 것을 진짜 믿는 사람들은 무엇을 하겠습니까? 하나님의 방식에 순종합니다. 그것이 진짜 하나님을 믿는 모습입니다. '나는 하나님이 가나안 땅을 주실 것을 믿어'라고 하면서 하나님의 방식에 순종하지 않는 자들은 실제로는 하나님의 약속을 믿지 않는 자들입니다.

가나안 땅은 하나님의 선물임과 동시에 능동적 순종을 통해 차지해야 될 땅입니다. 정말 하나님이 원하시는 건강한 교회를 세운다고 할 때 우리가 기도만 한다고 해서 그러한 교회를 세울 수 있습니까? 성도들이 주체적으로 말씀도 열심히 공부하고 성도간의 아름다운 교제도 나눠야 합니다. 이런 것들이 누적된 결과 하나님이 원하시는 멋진 교회가 탄생하는 것이지 '하나님 우리 교회를 건강한 교회로 만들어 주세요'라고 기도만 하고 구체적인 실천은 하나도 하지 않는다면 절대로 건강한 교회는 탄생하지 않습니다. 기도만 하고 아무것도 하지 않는 자들은 사실은 하나님께 모든 책임을 떠넘기는 믿음 없는 자들입니다.

내가 마땅히 감당해야 하는 몫을 하나님께 떠넘기는 수단으로 기도를 악용하는 경우들이 많습니다. 제가 부끄러운 이야기를 하나 드리면, 저는 1989년부터 과외를 많이 했습니다. 당시에 신학교 등록금이 60만원이었는데 제가 한창 잘 나갈 때는 한 달에 과외로 120만원을 벌었습니다. 1990년 1월의 일로 기억을 하는데 그날도 과외를 마치고 나서 버스를 타려고 기다리고 있었습니다. 그때 제가 과외하던 집에서 저에게 오리털 잠바를 선물로 주셔서 추운 겨울날 저는 그 옷을 입고 있었습니다. 버스 정류장에서 버스를 기다리고 있는데 노숙자 한 분이 정류장 쪽으로 걸어오고 있었습니다. 그분은 하얀 고무신을 신고 단추가 풀린 와이셔츠를 입고 계셨는데 보는 것만으로도 너무나 추워 보였습니다. 제가 신학생이다 보니 그분을 보자마자 이 말씀이 떠올랐습니다. "겉옷을 달라는 자에게 속옷까지 주라." 이 말씀이 떠오르면서 마음속으로 걱정이 되었습니다. "이분이 저에게 다가와서 '제가 너무 추운데 겉옷 좀 벗어주세요'라고 하면 어떡하지?"라는 걱정에 그분이 가까이 오는 것을 보고 눈을 감고 기도를 시작했습니다. 제가 뭐라고 기도했겠습니까? 명색이 신학생이라고 판에 박힌 정답형 기도를 드렸습니다. "하나님. 저는 이렇게 따뜻하게 있고 있는데 저분은 지금 너무 헐벗고 춥게 지내십니다. 저분에게도 저와 같은 따뜻함을 허락해 주십시오."라고 기도했습니다. 제가 기도를 끝내고 속으로 아멘하고 눈을 떴는데 그분이 제 앞에 서 있는 거예요. 그래서 기도가 좀 부족했나라고 생각을 하고 다시 눈을 감았습니다. 그리고 한참 후에 눈을 떠 보니까 그분이 안보였습니다. 마음속으로 안도의 한숨을 내쉬고 제가 기다리던 버스가 와서 승차를 하고 자리에 앉았습니다.

그때부터 온갖 질문들이 속에서 분출하기 시작했습니다. '네가 무슨 신학생이냐, 네가 무슨 하나님의 사람이냐'부터 시작해서 '내가 만약 그 사람에게 옷을 벗어 줬다면 내게 선물로 주신 분, 우리 부모님은 나의 행동에 대해서 뭐라고 하셨을까?'등 온갖 생각을 하게 되었습니다. 그 사건을 경험하고 나서 제가 너무 부끄러워서 큰 결심을 했습니다. 다음날부터 제게 도움을 요청하는 모든 분에게 천 원씩 주기로 마음을 먹었습니다. 저는 당시의 집이 신촌이었고 제가 다닌 총신대학교는 이수에 있습니다. 집에서 학교에 가려면 지하철 2호선, 1호선, 4호선을 갈아타고 이수역에서 버스를 타야 합니다. 당시에는 지하철 계단에서 구걸하시는 분들이 참 많았습니다. 도움을 요청하는 분에게 무조건 천 원씩을 드렸습니다. 당시 총신대 교문 앞에 학생들의 돈을 막 달라고 하는 막달라 할머니가 계셨는데 그 할머니까지 천원을 주고 나면 등교할 때만 총 7천원이 지출되었습니다. 제가 몇 달을 그렇게 살았습니다. 도움을 요청하는 사람에게 무조건 천원을 드렸는데 이것이 너무 밑 빠진 독에 물 붓는 거라는 생각이 들었습니다. 그러면서 개인의 자선보다 한 사회의 복지 시스템이 잘 구축되면 얼마나 좋을까라는 생각을 했습니다.

저의 부끄러운 경험을 말씀드렸는데, 이처럼 우리는 기도를 악용할 때가 많습니다. 내가 도와도 되는 일인데 손해를 안 보고 싶어서 기도하는 경우들이 있습니다. 기도가 끝나고 나면 나는 하나님께 기도를 드렸으니 이제는 하나님께서 당신의 역사를 행하셔야 한다고 하나님께 주사위를 떠넘깁니다. 사실은 하나님께서 우리에게 그 일을 행하라고 그 일을 우리에게 맡기신 것인데 우리가 마땅히 감당해야 될 몫을 다시 기도라는 방식을 통해서 하나님께 떠넘기는 경우들이 너무나 많습니다. 춘원 이광수가 이런 모습에 대해 이미 백 년 전에 기도 만능주의에 대한 비판을 하였는데 아직까지도 한국 교회 안에 그런 정서가 남아 있습니다. 우리가 정말 하나님의 말씀을 믿는다면 하나님께 순종할 수밖에 없습니다. 하나님의 약속을 믿는 자들의 능동적인 순종이 필요합니다. 그러한 비대칭적인 신인 협력을 통해서 이스라엘은 가나안 땅을 정복했습니다.

이스라엘이 가나안 땅에 계속 거주하기 위해서는 부단한 순종이 필요합니다. 이것이 땅 신학의 내용입니다. 사람들이 발 딛고 살아가는 모든 땅의 주인은 하나님이시다, 하나님이 특정 민족과 공동체에게 그 땅에 거주할 수 있는 기회를 주신다, 그 땅에 살게 된 특정 민족과 공동체는 땅의 주인으로서가 아니라 임차인으로 그 땅에 거주한다, 그들이 계속해서 그 땅에 거주하기 위해서는 땅의 주인이신 하나님께 성실하게 임대료를 납부해야 된다, 그 임대료는 사법적 정의를 구현하는 미쉬파트와 서로를 형제답게 대하는 체데크이다, 만약 미쉬파트와 체데크라는 임대료를 납부하지 않게 되면 하나님께서는 예언자들을 파송하셔서 임대료가 체납되어 있다고 경고하신다, 이 경고를 듣고도 돌이키지 아니하고 하나님께 임대료를 납부할 마음이 제로 상태가 되었을 때 하나님은 땅의 임차인을 교체하신다는 것입니다.

이것이 바로 땅 신학의 내용입니다. 가나안 정복 전쟁은 땅의 임차인을 교체하신 전쟁입니다. 중요한 것은 이스라엘도 가나안 땅의 주인으로서가 아니라 임차인으로 들어간 것입니다. 이스라엘이 가나안 땅에 계속 거주하기 위해서는 이스라엘도 임대료를 성실하게 납부해야 합니다. 그런데 구약의 이스라엘 역사가 보여주는 것처럼 이스라엘은 성실하게 임대료를 납부하지 않았습니다. 그래서 예언자들의 경고가 매 시대마다 울려 퍼졌습니다. 그러나 이스라엘은 그 경고를 듣고서도 돌이키지 않았습니다. 그 결과 북이스라엘과 남유다가 그 땅으로부터 내어 쫓김을 당한 것이 구약의 이야기입니다. 우리가 구약을 제대로 이해하기 위해서 정말 꼭 기억해야 하는 것이 바로 땅 신학에 대한 이해입니다.

말씀과 함께 모세오경 6-2

신명기 3장 25~26절에서 모세는 자신도 가나안 땅에 들어가게 해 달라고 하나님께 간구하는데 하나님께서는 그만해도 족하다고 말씀 하십니다. 26절입니다.

> "여호와께서 너희 때문에 내게 진노하사 내 말을 듣지 아니하시고 내게 이르시기를 그만해도 족하니 이 일로 다시 내게 말하지 말라."

모세 입장에서는 자신의 간절한 기도가 하나님께 좌절되는 순간 입니다. 하나님으로부터 기도 응답을 거부당하는 이야기입니다. 왜 모세는 가나안 땅에 들어가지 못했을까요? 므리바 물가에서의 사건 을 주요 원인으로 말할 수 있지만, 핵심은 모세는 출애굽 1세대의 지 도자로서 출애굽 1세대와 운명을 같이 했다는 점입니다. 모세는 광 야에서 심판 당한 출애굽 1세대와 운명을 같이 한 것입니다. 눈앞의 요단강만 건너면 가나안 땅인데 모세가 가나안 땅을 얼마나 들어가 고 싶었겠습니까? 그래서 하나님께 간절히 기도했는데 하나님은 그 만해도 족하다고 응답하십니다.

모세는 하나님의 응답을 듣고 자기 고집을 피우지 않았습니다. 하나님의 말씀을 듣고 하나님의 뜻 앞에서 자신의 원함을 기꺼이 내려놓습니다. 이것이 참된 기도의 모델입니다. 기도는 내가 원하는 것을 고집스럽게 하나님께 밀어 붙이는 것이 아닙니다. 한국교회의 신앙인들은 기도를 많이 하라는 교육은 받았지만 기도를 어떻게 해야하는지를 제대로 배우지 못했습니다. 옛날에 조상들이 달을 쳐다보며 드렸던 기도, 맑은 물 떠놓고 드렸던 기도의 내용과 별로 달라진것이 없습니다. 자식을 위해서, 건강을 위해서, 사업을 위해서 기도를 하는데, 하나님의 나라와 의를 구하는 기도는 잘 보이지 않습니다. 무엇보다도 고집스럽게 괴성을 질러 대면서 데시벨을 높여 하는기도가 마치 약발이 있는 것처럼 생각을 많이 합니다.

기독교 역사를 보면, 한국 교회가 기도와 관련하여 가지고 있는 특허권이 많습니다. 기도와 관련하여 1900년 기독교 역사에 존재하지않다가 한국 교회가 만든 것이 무엇이 있습니까? 새벽 기도, 통성 기도, 릴레이 기도 등이 한국 교회가 만든 것입니다. '주여' 삼창도 한국 교회가 특허권을 가지고 있습니다. 요즘은 '주여' 삼창을 능가하는 '주여' 오창, 칠창도 하는 교회들이 있습니다. 무엇보다 기도할 때감정을 고취시키기 위해 피아노를 치거나 드럼을 치고 앞에서 기도를 인도하는 목사들은 마이크에 대고 소리를 지르는 것이 일반적인교회의 모습입니다. 종교적 열광주의를 성령의 역사와 동일시하는경우가 많이 있습니다.

일반적으로 교회에서 기도에 대해서 가르칠 때 '기도는 하나님과의 대화이다'라고 강조합니다. 기도가 하나님과의 대화라고 배웠지만 사실 대부분의 신앙인들은 기도를 통해서 하나님과 대화를 해 본 경험이 별로 없습니다. 우리가 원하는 것을 일방적으로 하나님께 쏟아 낸 후에 하나님께서 우리에게 무엇인가를 말씀하시고자 하면 '아멘' 하고 대화의 문을 닫아 버리는 것이 일반적인 모습입니다. 하나님과의 소통이 제대로 이루어지지 않습니다.

왜 기도를 하나님과의 대화라고 하는 것일까요? 내가 원하는 것을 A라고 생각해 보십시오. 대부분은 나의 간절한 소원을 가지고 기도를 시작합니다. 나는 지금 내 인생에서 A가 이루어지기를 간절히 원하고 이것이 실현되는 것이 하나님이 보시기에도 좋다고 생각합니다. 그렇게 하나님과의 대화인 기도를 시작하는데 하나님과의 대화 속에서 나는 A가 좋다고 생각하지만 하나님의 뜻은 B일 수 있음을 깨닫게 됩니다. 그러면 진짜 좋은 기도는 어떤 기도일까요? 내가 원하는 것을 끝까지 하나님께 밀어 붙이는 것이 좋은 기도입니까? 그렇지 않습니다. 나의 원함과 하나님의 원하심이 일치하는지를 돌아보고 나의 원함과 하나님의 원하심이 다를 경우에 하나님의 원하심을 받아들이기 위해서 기꺼이 나의 원함을 내려놓는 것이 진짜 기도입니다.

이 기도의 모델이 겟세마네 기도입니다. '이 잔을 내게서 지나가게 해달라'고 기도했지만 그것이 성부 하나님의 뜻과 맞지 않는다는 것을 알고 주님은 마지막에 뭐라고 기도하십니까? "그러나 나의 원대로 마옵시고 아버지의 뜻대로 하옵소서."라고 기도하십니다. 우리가 기도할 때 마지막에 '예수님의 이름으로 기도한다'는 말이 이런 의미입니다. 내가 기도를 통해 많은 것들을 쏟아 냈지만 예수님의 뜻에 일치하는 것만이 이루어지기를 원한다는 것입니다. 좋은 기도는 내가 원하는 것을 고집스럽게 밀어 붙이는 것이 아닙니다. 궁극적으로 하나님의 뜻을 받아들이는 것이 좋은 기도입니다.

그렇다면 우리가 하나님께 기도를 드리면 우리의 모든 기도는 하나님으로부터 응답을 받을 수 있을까요? 신앙인들이 하나님께 기도를 드릴 때 나의 욕심만을 위한 기도가 아니라면 우리의 모든 기도는 응답이 될까요? 맞습니다. 응답이 됩니다. 야고보서에 보면 자기 욕심만을 구하는 기도는 응답되지 않습니다. 그렇지 않은 기도는 응답된다고 봐야 합니다. 그런데 응답의 모습이 조금씩 다릅니다. 기도 응답과 관련하여 1, 2, 3이 있습니다.

첫째는 아브라함의 경우입니다. 아브라함 당시에 남성들은 보통 40세에 결혼을 했습니다. 아브라함이 자녀를 위해서 얼마나 열심히 기도를 했겠습니까? 그런데 하나님이 75세에 응답을 하십니다. 그것도 구두 약속입니다. 아브라함이 간절히 원했던 자녀를 준 것이 아니고 하늘의 별처럼 바닷가의 모래알처럼 많은 자녀를 줄 것을 구두 약속을 하십니다. 그런데 10년을 기다려도 응답이 이루어질 기미가 안 보입니다. 그래서 아브라함이 자기 힘으로 하나님의 응답을 성취해 낸 것이 바로 이스마엘입니다. 그런데 참된 하나님의 응답은 아브라함 몇 살에 주어집니까? 100살입니다. 이런 기도의 응답은 우리로 하여금 오랜 세월 인내하도록 만드는 것입니다. 기도의 열매가 익어가는 그 시간을 우리는 기다려야 합니다. 이처럼 40세 때부터 구했지만 100세가 되어서야 응답되는 기도가 있습니다.

두 번째 기도 응답의 경우는 여호수아 10장에 나옵니다. 이스라엘이 아모리 사람들과 전쟁을 할 때 시간만 좀 더 허락된다면 완전히 이길 수 있을 것 같은데 해가 점점 지고 있었습니다. 이때 여호수아가 해를 멈추게 해달라고 기도합니다. 여호수아가 구했던 해를 멈추게 해달라는 기도가 아브라함처럼 60년 후에 성취가 되면 어떻게 되겠습니까? 그러면 아무런 의미가 없습니다. 아브라함과 달리 여호수아의 기도는 즉각적으로 응답 됩니다. 사실 이런 기도의 응답은 우리 인생에 한 번 있을까 말까 한 기적 같은 사건입니다. 그런데 아브라함의 경우나 여호수아의 경우에는 내가 구했던 A를 시간적인 차이를 두고 응답받은 경우입니다.

이것과 다른, 기도 응답의 제 삼의 경우가 있습니다. 바로 사도 바울의 기도입니다. 고린도후서 12장에 보면 바울은 육체의 가시, 사탄의 사자를 없애달라고 하나님께 세 번 기도를 합니다. 여기서 3이라고 하는 것은 완전수입니다. 끊임없이 하나님께 기도했다는 것입니다. 바울의 기도에 대한 하나님의 응답이 고린도후서 12장 7~9절에 나옵니다. 바울에게 육체의 가시가 있는 것이 더 낫다는 것입니다. 왜 그렇습니까? 바울이 하나님으로부터 받은 은혜가 너무 많아서 바울이 너무 교만해 질까봐, 하나님 없이도 살 수 있을 것처럼 자고해질까봐, 바울이 얼마나 연약한 존재인가를 매 순간마다 기억나도록 하기 위해서 육체의 가시를 주셨습니다. 바울에게 육체의 가시가 있는 것이 더 낫다는 것입니다.

바울은 육체의 가시를 없애달라고 하나님께 간절히 기도했는데 하나님은 육체의 가시가 너에게 있는 것이 더 낫다고 응답을 하십니다. 이것도 응답입니다. 나는 A가 옳다고 생각하며 A를 달라고 하나님께 간절히 구했지만 나보다 나를 더 잘 아시는 하나님께서는 A가 아니라 B가 나에게 있는 것이 더 유익하다고 하시면서 우리에게 B를 허락하실 수 있습니다. 이때 우리는 나의 뜻을 기꺼이 내려놓고 하나님의 뜻을 받아들여야 합니다. 이것이 진정 하나님과의 대화로서의 기도의 모습입니다.

모세는 자신의 뜻과 하나님의 뜻이 달랐을 때 기꺼이 자신의 뜻을 내려놓고 하나님의 뜻을 받아들입니다. 욕심 부리지 아니하고 사라져야 할 때 사라지는 퇴장의 미학을 보여줍니다. 요단강을 건너기 전에 자신의 사역을 마무리하며 출애굽 1세대들과 운명을 함께 합니다. 요단강을 건넌 이후부터는 출애굽 2세대의 역사입니다. 그때부터는 여호수아가 이스라엘 백성을 잘 통솔할 수 있도록 모세는 리더십을 여호수아에게 완전히 이양하고 산에 올라가 셀프 고려장을 당합니다. 기력도 쇠하지 않았고 눈도 흐리지 않았지만 역사의 무대에서 스스로 사라져 준 것입니다.

신명기는 모세가 죽기 전에 출애굽 2세대들을 대상으로 선포했던 유언적 메시지입니다. 모세는 신명기 5장 3절에서 이렇게 말합니다.

"이 언약은 여호와께서 우리 조상들과 세우신 것이 아니요 오늘 여기 살아 있는 우리 곧 우리와 세우신 것이라."

여기서의 '이 언약'은 시내산 언약을 가리킵니다. 모세는 시내산 언약이 하나님과 조상들이 체결한 언약이 아니라 지금 여기에 있는 출애굽 2세대들과 하나님이 체결한 언약이라고 말합니다. 이것을 언약의 동시대화, 언약의 현재화라고 합니다. 이스라엘 백성이 된다는 것은 시내산 언약에 참여하는 것을 의미합니다. 시내산 언약의 핵심이 무엇입니까? '하나님만을 섬기겠습니다', '하나님만을 내 인생의 주인 삼겠습니다', '하나님의 말씀에 순종하겠습니다' 이것이 바로 시내산 언약의 핵심입니다.

하나님의 백성이 된다는 것은 이와 같이 시내산 언약의 멍에를 내가 메겠다는 다짐입니다. 내가 시내산 언약이 체결되던 그 현장에 있지는 않았지만 내가 '하나님만을 내 인생의 주인으로 삼고 하나님 말씀에 온전히 순종하겠습니다'라고 다짐하는 순간 우리도 시내산 언약에 참여하는 자가 된다는 것입니다. 시내산 언약 사건이 나의 삶을 통해서 지금 현재화되는 것입니다. 시내산 언약의 참여자들과 내가 동시대에 함께 하고 있는 것입니다. 이것이 언약의 현재화, 언약의 동시대화입니다. 모세는 출애굽 2세대들에게 시내산 언약은 과거의 사건이 아니라 지금 여기에서 하나님의 백성이 되고자 하는 자들과 하나님 사이에 체결하는 언약임을 강조합니다. 우리도 동일합니다. 우리가 하나님의 백성이 되겠다고 다짐하는 순간 우리도 시내산 언약에 참여하는 자가 됩니다.

신명기 6장 4~9절은 현재에도 경건한 유대인들이 아침과 저녁에 드리는 기도문입니다.

"이스라엘아 들으라 우리 하나님 여호와는 오직 유일한 여호와이시니 너는 마음을 다하고 뜻을 다하고 힘을 다하여 네 하나님 여호와를 사랑하라 오늘 내가 네게 명하는 이 말씀을 너는 마음에 새기고 네 자녀에게 부지런히 가르치며 집에 앉았을 때에든지 길을 갈 때에든지 누워 있을 때에든지 일어날 때에든지 이 말씀을 강론할 것이며 너는 또 그것을 네 손목에 매어 기호를 삼으며 네 미간에 붙여 표로 삼고 또 네 집 문설주와 바깥 문에 기록할지니라"

이것을 '쉐마'라고 합니다. 한글 성경에는 '이스라엘아 들으라'라고 되어 있지만 히브리어 원문은 '들으라'는 말이 먼저 나옵니다. 이 '듣는다'는 말이 '쉐마'입니다. 그래서 이 기도문을 '쉐마'라고 합니다. 5절이 매우 중요합니다. '너는 마음을 다하고 뜻을 다하고 힘을 다하여 네 하나님 여호와를 사랑하라.' 여기에 나오는 '마음, 뜻, 힘'은 한 존재를 이루고 있는 부분을 말합니다. 마음, 뜻, 힘을 다하라는 것은 전심으로 하나님을 사랑하라는 것입니다. 한 존재가 드러낼 수 있는 모든 힘과 능력과 역량을 다하여 하나님을 사랑하라는 것입니다.

하나님께서 왜 이런 말씀을 하실까요? 내가 드러낼 수 있는 총 역량을 100이라고 해 보십시오. 하나님은 우리가 100 전부를 가지고 하나님을 사랑하길 원하십니다. 그런데 많은 경우에 내가 드러낼 수 있는 역량이 100이라고 할 때 어떤 사람들은 전심이 아니라 반심인 50 정도만 하나님을 사랑하기도 합니다. 어떤 사람은 반의 반인 25%만을 가지고 하나님을 사랑하기도 합니다. 그러면 어떤 일이 벌어지겠습니까? 50%는 하나님, 50%는 바알에게 마음이 분산되는 것입니다. 이런 것을 성경은 우상 숭배라고 합니다. 우상 숭배의 핵심은 겸하여 섬김입니다. 하나님은 우리가 '하나님을' 믿기를 원하시는 것이 아니라 '하나님만을' 믿길 원하십니다. '하나님을' 사랑하길 원하시는 것이 아니라 '하나님만을' 사랑하길 원하십니다. 그것을 잘 설명하는 것이 신명기 6장 5절의 말씀입니다. 여기에 한 인간을 구성하고 있는 모든 부분의 단어를 다 집어 넣어도 상관없습니다. 마음과 뜻과 힘과 지성과 감정과 의지 등 모든 것을 총동원하여 우리는 하나님을 전심으로 사랑해야 합니다.

이스라엘이 가나안 땅에 들어가게 되었을 때 하나님만을 믿고 섬겨야 될 이스라엘이 하나님을 점점 떠나는 일이 벌어질 수 있습니다. 우상 숭배의 유혹에 넘어지게 되는 것입니다. 신명기 12장 29절부터 13장에 이스라엘 신앙의 순수성을 방해하는 네 가지 유혹자가 나옵니다. 여기에 나오는 유혹자들을 이스라엘은 조심해야 합니다.

첫 번째 유혹자는 가나안 토착 종교입니다. 12장 30절을 보겠습니다.

"너는 스스로 삼가 네 앞에서 멸망한 그들의 자취를 밟아 올무에 걸리지 말라 또 그들의 신을 탐구하여 이르기를 이 민족들은 그 신들을 어떻게 섬겼는고 나도 그와 같이 하겠다 하지 말라"

이스라엘이 가나안 땅에 들어간 후에 우리는 하나님을 이렇게 예배하고 있는데 가나안 사람들은 자기들의 신을 어떻게 예배하는지 괜한 호기심이 발동할 수 있습니다. 그 결과 그들의 예배 문화를 보게 되면서 그 예배 문화에 영향을 받는 것을 경계하는 말씀입니다. 이스라엘 예배 문화와 이방 예배 문화의 뚜렷한 차이가 있습니다. 이스라엘 예배 문화에는 감정이 거의 개입되지 않습니다. 레위기에 나오는 5대 제사의 중요한 특징이 무엇입니까? 예배드리는 사람들의 적극적 주체성과 제사장의 소극적 수동성입니다. 그리고 제사의 처음부터 끝까지가 침묵입니다.

열왕기상 18장의 갈멜산 사건이 이스라엘 예배 문화와 이방 예배 문화의 차이를 잘 보여줍니다. 열왕기상 18장에 보면 야훼와 바알 가운데 누가 진짜 참 신인가를 놓고 갈멜산에서 엘리야와 바알 사제들이 경쟁을 합니다. 엘리야는 침묵 가운데 제단을 쌓고 조용히 기도합니다. 그런데 바알 사제는 어떻게 합니까? 오전 내내 제단을 쌓아 놓고 뛰놉니다. 그래도 응답이 없으니까 오후에는 무엇을 합니까? 자기의 몸을 자해합니다. 이러한 모습을 현상적으로만 놓고 보면 가나안 사람들의 예배 문화는 매우 뜨거워 보입니다. 그래서 이스라엘이 '우리는 하나님을 너무 냉랭하게 섬기는 것 아닌가? 우리도 뭔가 하나님을 뜨겁게 섬겨야 되는 것이 아닌가?'라는 생각을 할 수 있습니다.

신앙인들이 이단에 빠지게 되는 이유 중 하나가 그들의 예배 문화가 매우 뜨겁다는 것입니다. 이단에 빠진 사람들은 하나님이 주신 일반 은총인 이성을 집에 놔두고 감정만 가지고 예배당에 갑니다. 사람들이 대부분 이단들의 뜨거운 예배 문화에 속습니다. 1970년대 통일교, 80년대 중반에 JMS, 오늘날의 신천지 등 온갖 이단들이 등장할 때 일부러 이단 예배에 침투해 들어가 본 사람들이 있습니다. 이단들이 어떻게 예배를 드리는지를 정탐하기 위해 들어간 것입니다. 안타까운 것은 그런 목적으로 들어갔다가 이단에 속하게 된 사람들이 있다는 것입니다. 그들이 이단 예배에서 제일 먼저 느끼는 것이 뜨겁다는 것입니다. 그러면서 자기 교회와 비교를 합니다. '우리 교회는 이렇게까지 기도하지 않는데, 이렇게까지 뜨겁게 찬양하지 않는데, 이 사람들이 진짜가 아닐까? 우리의 신앙이 너무 냉랭한 것 아닌가?'라고 생각을 하는 것입니다.

이처럼 사람들은 종교적인 감성, 뜨거움, 열광적인 분위기에 속습니다. 하나님은 감정 충만한 예배가 아니라 하나님이 어떤 분이신가에 대한 온전한 이해를 가지고 존재를 다해서 하나님을 만나기를 원하십니다. 하나님에 대한 온전한 이해가 없이 자기 필요를 채우고자 감정으로 무장하여 하나님을 만나는 것을 원하지 않으십니다. 우리가 하나님께 예배드리기 전에 갖추어야 할 가장 중요한 것이 하나님이 어떤 분이신가에 대한 올바른 이해입니다. 하나님께서는 모세를 통해 종교적 열광주의로 대표되는 이방 예배에 영향을 받지 말 것을 경고하십니다. 그들의 예배 문화에 영향을 받게 되는 순간 이스라엘의 야훼 신앙은 가나안화 되어 버립니다. 이스라엘의 순수 신앙을 훼

방하는 첫 번째 유혹자가 바로 이방 종교입니다.

두 번째 유혹자는 13장 앞부분에 나오는 거짓 선지자입니다. 오늘날로 얘기하면 삯군 교역자들입니다. 목사나 전도사와 같은 직업적 종교인의 말을 무조건 하나님의 말씀이라고 생각하시면 안 됩니다. 그들의 말을 들을 때 분별이 필요합니다. 이것이 성령의 역사인지 악령의 역사인지, 하나님의 뜻인지 사탄의 뜻인지를 분별할 수 있어야 합니다. 무엇을 통해서 분별할 수 있습니까? 하나님의 뜻을 알아야만 분별할 수 있습니다. 신앙인에게 요청되는 가장 중요한 자질이 바로 분별력입니다.

고린도후서 11장 14절에 보면 사탄도 자기를 광명한 천사로 위장을 합니다. 외형만 가지고는 올바른 판단을 하기 어렵습니다. 사탄은 절대 포악한 모습으로 우리 앞에 나타나지 않습니다. 그렇다면 하나님의 뜻을 온전히 알기 전에 우리가 분별할 수 있는 기준은 없을까요? 사탄은 우리의 욕망을 채우는 역사를 주로 행합니다. 사탄의 역사는 하나님의 나라와 의하고는 아무 상관이 없습니다. 이것을 정확히 아셔야 합니다. 우리가 참으로 성령과 동행하고 성령에 충만하게 되면 자기를 부인하게 됩니다. 자신의 세속적 욕망을 내려놓습니다. 자기의 이기적인 욕심을 십자가에 못 박을 수밖에 없습니다. 그런 사람이 진짜 성령 충만한 사람입니다. 그러나 소위 악한 영과 사탄은 우리의 이기심과 욕망을 부추깁니다. 이기심과 욕망을 성취시켜주려고 합니다. 그것을 하나님의 응답이라고 절대 착각하시면 안 됩니다.

안타깝게도 우리가 구하는 대부분의 기도의 내용이 하나님의 나라와 의와는 별로 상관없이 기복주의에 기울어 있는 경우가 많습니다. 그리고 기도의 내용이 현실이 되면 하나님이 다 응답해주신 것처럼 생각하며 감사를 올려드립니다. 그것이 정말 하나님으로부터 주어진 응답일까요? 진짜 하나님과 소통하는 하나님의 백성이라면 세상의 가치와 세상의 문화에 휘둘리지 않습니다. 이기심과 욕망에 지배받지 않습니다. 사탄은 우리의 욕심을 부추기고 세속의 가치와 손 맞잡게 만들고 성령의 역사는 우리를 자기 부인하게 만들고 욕심을 기꺼이 내려놓게 만듭니다.

오늘날 한국 교회에서 가장 뜨거운 기도회 현장은 수능 기도회입니다. 이 모습을 통해 지금 한국 교회가 어떤 위치에 서 있는가를 알 수 있다고 봅니다. 한국 교회가 남북한의 평화를 위해서, 지역 갈등과 세대 간의 갈등 해소를 위해서, 이념적인 갈등 해소를 위해서 기도회를 하면 사람들이 별로 오지 않습니다. 그런데 수능 기도회에는 그동안 교회에 출석하지 않았던 사람들도 다 옵니다. 기도회의 방식은 또 얼마나 미신적입니까. 1교시부터 아이들 시험 시간에 기도하고 아이들 쉬는 시간엔 같이 쉽니다. 심지어 강남의 어느 교회는 1교시 국어 시험 볼 때는 국어 전공한 부목사가 기도회를 인도하고, 2교시 영어 시험 볼 때는 영어 전공한 부목사가 인도한다고 합니다. 이것이 무당의 짓거리와 무슨 차이가 있습니까? 한국 교회는 거의 미신화되어 있는 것입니다. 그리고 수능 끝나고 나서 자녀가 좋은 대학에 들어갔다고 하면 그것을 하나님의 축복이라고 생각을 합니다. 제가 볼 때 절대 그렇지 않습니다.

우리는 인생이 잘 풀리면 하나님의 은혜와 복이라고 하고 인생이 좀 힘들면 하나님이 징계하신다고 생각을 합니다. 그러나 이것을 아셔야 합니다. 사탄이 우리 인생을 순탄하게 만들 수 있습니다. 사탄은 그 정도의 능력이 있습니다. 그것을 바울이 뭐라고 얘기했습니까? 사탄이 광명한 천사의 모습으로 나타난다고 했습니다. 우리가 기독교 신앙을 제대로 배웠다면, 성령이 우리에게 역사하시고 우리가 정말 성령 충만해진다면 어떤 일이 일어날지를 제대로 분별할 수 있습니다. 사도행전 2장에서 주의 성령이 임하였을 때 어떤 일이 일어났습니까? 물질을 유무상통하는 공동체가 탄생하지 않았습니까? 자기의 것에 대한 집착과 욕심으로부터 해방이 되고, 옆에 있는 지체를 진정 나의 형제로 대하게 된 것이 아닙니까?

신앙인들은 종교 지도자들에 대한 분별력을 갖추어야 합니다. 정말 하나님을 제대로 믿는 목사들이 어떻게 연봉을 1억씩이나 받습니까? 어떻게 퇴직금을 200억을 받습니까? 그런 사람들을 뭐라고 불러야 합니까? 삯꾼이요, 도둑놈이요, 하나님의 이름으로 장사를 하는 종교 사업가라고 불러야 합니다. 무슨 목사가 비서가 필요합니까? 무슨 목사가 운전기사가 필요합니까? 그런데 교인들이 분별력이 없습니다. 교회가 대형화되면 담임목사를 그룹의 회장처럼 생각하고 대접합니다. 종교 장사꾼 목사들과 분별력 없는 신앙인들이 오늘 한국 교회의 부정적인 모습들을 탄생시켰습니다. 그들이 맘몬의 지배를 받고 있는 한국 교회, 하나님과 맘몬을 겸하여 섬길 수 있는 한국 교회를 만들어내었습니다.

히틀러가 유대인을 600만 명 죽일 때 히틀러가 그렇게 할 수 있었던 가장 중요한 이유는 독일 교회가 전폭적으로 히틀러를 지지했기 때문입니다. 목사들은 히틀러를 하나님이 게르만 민족을 위해 보내신 메시아라고까지 했습니다. 루터교인인 독일 국민들은 독일 교회 목사들의 메시지에 그저 아멘으로 응답한 것입니다. 한국 교회도 마찬가지입니다. 일제가 신사 참배를 강요할 때 대다수의 목사가 신사 참배는 국민의례라며 교인들에게 신사 참배할 것을 강조했습니다. 대다수가 그렇게 행동하게 되면 주기철 목사님처럼 신사참배를 반대하는 사람들이 이상하고 잘못된 사람이 되어버립니다. 그래서 결국 주기철 목사님이 목사 면직이 되지 않았습니까? 하나님의 뜻과 아무런 상관없는 것을 외치는 거짓 선지자들을 잘 분별해야 합니다.

세 번째 유혹자는 가족과 친구입니다. 어떻게 보면 가장 강력한 유혹자라고 할 수 있습니다. 가족과 친구의 유혹을 거절하게 되면 관계가 끊어질 것에 대한 두려움 때문에 단호하게 대처하기가 참 쉽지 않습니다. 하나님 앞에서 모든 것들을 상대화시킬 때만이 이러한 유혹에서 우리 자신을 지켜낼 수가 있습니다.

네 번째 유혹자는 성읍 전체입니다. 내가 살아가고 있는 성읍의 주류 문화와 주류 가치가 잘못되어 있으면 우리가 올곧게 살아가는 것이 쉽지 않습니다. 오늘 대한민국이 죄악과 거짓이 충만하고 편법이 판치는 곳이라면 정직하게 사업하는 것이 쉽지 않습니다. 성읍 전체가 우리의 유혹자가 될 수 있는 것입니다. 이처럼 이스라엘이 가나안 땅에 들어가게 되면 하나님만을 섬겨야 될 이스라엘의 신앙을 무너뜨리는 강력한 네 가지 유혹자가 있습니다. 이방 종교의 열광주의 의식, 이스라엘 공동체 안에 나타날 거짓 선지자들, 거짓 신앙으로 미혹하는 가족과 친구, 도시의 잘못된 문화와 전통, 가치관들이 우리를 참된 신앙의 길에서 이탈시킬 수 있는 것입니다.

신명기 17장에는 이스라엘 왕에 대한 규례가 나옵니다. 구약 예언서를 보시면 예언자들이 왕들의 죄악을 강력하게 질타하는 장면들이 자주 나옵니다. 성경을 보면 고대 근동의 모든 나라들에서 이런 모습이 있었을 것이라고 생각하기 쉽지만 왕을 질타하는 예언자의 모습은 이스라엘만의 굉장히 놀라운 특징입니다. 다른 나라 기록에는 왕을 질타하는 예언자들의 이야기가 거의 나타나지 않습니다. 왜 나타나지 않을까요? 대부분의 나라에서 왕은 신적 존재입니다. 왕을 신 혹은 신의 아들로 인식했습니다. 대부분의 나라에서 왕이라고 하는 존재는 우리와 동일한 존재가 결코 아닙니다. 왕의 말에 순종하는 것은 신에게 복종하는 것이고 왕의 말에 거역하는 것은 신에게 불순종하는 것으로 이해했습니다. 왕이 무엇을 잘못했다고 하는 것도 있을 수 없는 일이고, 설령 왕이 무엇을 잘못했다고 해도 인간 예언자가 왕을 질타한다는 것은 상상도 할 수 없는 일입니다. 그래서 대부분의 나라에서 왕을 옹호하는 예언자들은 있었지만 왕을 질타하는 예언자라는 것은 존재하지 않았습니다. 그런데 이스라엘 역사에서는 왕의 죄악을 책망하는 예언자들이 많이 등장합니다. 그것이 어떻게 가능했을까요? 왕에 대한 이해가 달랐기 때문입니다. 신명기 17장 15절을 보겠습니다.

"반드시 네 하나님 여호와께서 택하신 자를 네 위에 왕으로 세울 것이며 네 위에 왕을 세우려면 네 형제 중에서 한 사람을 할 것이요."

이스라엘에서 왕은 누구입니까? 왕은 형제 중 하나입니다. 하늘에서 뚝 떨어진 사람, 신의 현현 이렇게 생각하는 것이 아니라 왕은 형제 중 하나입니다. 시편 2편 7절 말씀도 보겠습니다. 시편은 원래 찬양입니다. 구약 시대 이스라엘 백성들이 성전과 지방 성소에서 불렀던 찬양입니다. 특별히 2편은 왕이 등극할 때 부른 찬양입니다. 오늘날로 얘기하자면 대통령 취임식 때 부르는 노래인 것입니다. 2편 7절에 어떤 말씀이 있습니까?

"내가 여호와의 명령을 전하노라 여호와께서 내게 이르시되 너는 내 아들이라 오늘 내가 너를 낳았도다."

이스라엘은 왕을 하나님의 입양된 아들로 보았습니다. 여기 아들이란 말은 지상 대리자라는 뜻입니다. 하나님의 지상대리자로 부름 받은 존재입니다. 이처럼 이스라엘은 왕에 대해서 두 가지 이해를 가지고 있었습니다. 하나가 형제 중의 하나이고 또 하나는 하나님의 지상 대리자로 부름 받았다는 것입니다.

여기서 하나님의 지상 대리자로 부름 받았다는 것이 중요합니다. 왕은 하나님의 일을 대행하는 존재입니다. 그러나 지상의 왕들은 하나님의 일을 하기보다 자기의 권력을 강화하고 부귀영화를 추구하는 일들을 할 때가 있습니다. 왕은 하나님의 지상대리자로 부름받은 것이지 그가 하는 모든 통치 행위가 모두 하나님의 뜻을 대행하는 것은 아님을 기억해야 합니다. 예언자들은 무엇을 예의주시했습니까? 하나님께서 왕을 이 땅 가운데 세우신 본래의 목적을 주목했습니다. 하나님의 지상 대리자로 부름 받은 왕이 그 사명에 충실한가를 예의주시했습니다. 하나님의 뜻을 이 땅 가운데 대행하는 지상 대리자로 부름 받는데 그 사명에 충실하지 않았을 경우에 예언자들은 과감하게 왕을 책망합니다. 왕은 신성불가침의 존재라고 생각했다면 도저히 불가능한 일을 행한 것입니다. 이스라엘은 왕을 비신성화 시켰다는 것이 중요합니다.

신명기 17장 16절 이하를 보면 왕이 해서는 안 될 세 가지가 나옵니다. 첫째가 16절에 나옵니다.

"그는 병마를 많이 두지 말 것이요 병마를 많이 얻으려고 그 백성을 애굽으로 돌아가게 하지 말찌니."

병마라고 하는 것은 군사 무기를 말합니다. 말은 전쟁용 동물입니다. 왕은 평상시에는 나귀를 탑니다. 나귀는 평화를 상징합니다. 말은 전쟁을 상징합니다. 왕은 하나님의 도우심을 의지해야지 군사 무기를 의지해서는 안 됩니다. 그리고 군사 무기를 얻기 위해서 애굽과 손 맞잡아서도 안 됩니다. 여기서 애굽은 강대국을 의미합니다.

두 번째와 세 번째는 17절에 나옵니다. 두 번째 내용은 '아내를 많이 두지 말라'입니다. 하나님의 지상대리자로서의 역할에 충실해야지 왕이라는 권력을 이용하여 성적 욕망을 분출하는 일에만 몰두해서는 안 된다는 것입니다. 세 번째 내용은 '은금을 많이 쌓지 말라'입니다. 왕이라는 권력을 이용해서 사리사욕 챙기지 말라는 것입니다. 위의 세 가지 내용은 이방 왕들이 일반적으로 행하고 있는 것들입니다. 이방 왕들이 하는 그 모습을 재연하지 말고 하나님의 지상대리자로서의 역할에 충실할 것을 요청하는 것이 이 말씀의 목적입니다.

그런데 이스라엘 왕조사에서 이 세 가지를 완벽하게 위반한 사람이 등장합니다. 그가 누구죠? 솔로몬입니다. 솔로몬이 3관왕입니다. 솔로몬은 애굽과 손 맞잡지 말라는 말씀을 위반하면서 애굽의 왕 바로의 사위가 되었습니다. 그리고 애굽에서 군사 무기를 사서 헷 사람들과 아람 사람들에게 팔았습니다. 무기 중개업을 하면서 엄청난 이권을 챙겼습니다. 솔로몬의 아내의 수는 상상초월입니다. 그리고 솔로몬은 은금을 엄청나게 축적했습니다. 지금도 기억나는 것이 어린 시절에 이십 원짜리 풍선껌을 사면 거기에 조그만 만화책도 있고 그 안에 퀴즈도 있었습니다. 거기에 매번 나오는 질문이 있었습니다. 역사상 최고의 부자는 누구일까요? 정답은 솔로몬입니다. 왕이 해서는 안 될 세 가지를 완벽하게 위반한 사람이 솔로몬입니다. 이런 이야기가 왜 여기에 기록되어 있을까요? 솔로몬의 죄악을 책망하기 위한 기술이라고 보아야 합니다.

신명기 21장 23절을 보시면 유대 종교권력자들이 예수님을 십자가형으로 죽인 이유를 알 수 있습니다.

"그 시체를 나무 위에 밤새도록 두지 말고 그 날에 장사하여 네 하나님 여호와께서 네게 기업으로 주시는 땅을 더럽히지 말라 나무에 달린 자는 하나님께 저주를 받았음이니라."

이 말씀을 이용하여 유대 종교 지도자들은 예수님을 십자가형으로 죽입니다. 사도행전 7장을 보면 유대 종교 권력이 스데반을 죽일 때 어떻게 죽입니까? 투석형으로 죽입니다. 투석형으로 처형할 경우에는 로마 총독의 허가를 받을 필요가 없습니다. 이처럼 산헤드린이라는 유대 종교 권력 기구가 예수님을 죽일 수 있는 가장 손쉬운 방법은 투석형입니다. 그렇게 하면 굳이 빌라도의 손을 빌리지 않고도 자기들이 예수를 제거할 수 있습니다.

그런데 만약 투석형으로 예수를 죽이게 되면 어떤 일이 벌어지게 될까요? 예수는 죽일 수 있어도 예수를 추종했던 많은 사람들, 성전의 타락에 분노했던 많은 사람들이 들고 일어날 가능성이 높습니다. 예수는 제거하지만 예수의 추종자들이 봉기를 일으킬 가능성이 높아집니다. 그렇게 되면 로마 총독으로부터 엄청난 책망과 불이익을 당하게 될 것입니다. 그래서 유대 종교 지도자들은 예수도 제거하고 예수의 추종자들도 한 순간에 잠잠케 만들 수 있는 방법을 고민합니다. 그때 그들에게 떠오른 말씀이 신명기 21장 23절입니다. 나무에 달려 죽은 자는 하나님께 저주 받아 죽었다는 것입니다. 예수를 나무 십자가에 메달아 죽이게 되면 유대 종교 지도자들은 뭐라고 주장할 수 있습니까? 토라에 근거할 때 예수는 하나님께 저주 받아 죽었다고 할 수 있습니다.

그러면 사람들이 질문하겠죠. '예수가 무엇을 잘못했기에 하나님께 저주 받아 죽었죠?' 이 질문에 대해서 당시의 신학적 사고 속에서 답변할 수 있는 내용들이 너무나 많습니다. '예수가 하나님의 집인 성전에서 난동을 부렸다', '하나님이 지키라고 명하신 안식일법과 음식 정결법을 위반했다', '정결한 유대인이라면 만날 수 없는 사마리아 사람들과 만남을 가졌다', '불경하게도 하나님을 내 아버지라고 주장했다' 등을 내세우면서 예수가 하나님께 저주 받아 죽은 이유를 설명했을 것입니다. 이렇게 예수를 나무에 매달아 죽이게 되면 여전히 예수를 메시아라고 추종하는 사람들도 어떻게 될 가능성이 많습니까? 하나님께 저주 받아 죽은 예수를 여전히 흠모하고 예수를 따르겠다고 하면 그 사람들도 하나님께 저주 받을 가능성이 높아집니다.

이것 때문에 바울이 초대 교인들을 잡아서 다시 유대교로 돌아가도록 한 것입니다. 바울 입장에서는 초대 교인들이 정통 교회를 떠나서 이단에 빠진 사람처럼 보였을 것입니다. 하나님께 저주 받아 죽은 예수를 메시아라고 주장하면서 따르는 초대 교인들을 볼 때 바울의 마음이 얼마나 안타까웠겠습니까? 바울은 율법을 공부한 정통 바리새인입니다. 신명기 21장 23절에 '나무에 매달려 죽은 자마다 하나님께 저주 받아 죽었다'는 말씀을 잘 알고 있었을 것입니다. 바울의 입장에서는 예수는 하나님께 저주 받아 죽은 것입니다. 그런데 그 예수를 메시아로 추앙하는 사람들을 볼 때 바울의 심정이 너무나 괴로웠을 것입니다.

그러다가 다메섹 도상에서 놀라운 사건을 경험하게 된 것입니다. 지옥에서 하나님의 심판을 받고 있을 것이라고 생각했던 예수가 '사울아! 사울아, 왜 네가 나를 괴롭히느냐' 이렇게 얘기했을 때 사도 바울이 얼마나 충격을 받았겠습니까. 유대 종교 권력자들이 예수를 투석형으로 죽이지 아니하고 굳이 빌라도의 손을 빌려서 나무 십자가에 메어 달려 죽인 이유가 바로 신명기 21장 23절의 말씀 때문입니다. 예수를 하나님께 저주 받아 죽은 자인 것처럼 규정하면서 예수를 추종하는 사람들도 한 순간에 잠잠케 만들려고 했던 것이 바로 유대 종교 권력자들의 의도임을 기억하시면 좋겠습니다.

신명기 23장을 보겠습니다. 23장위에 소제목을 보시면 '총회에 들어오지 못하는 사람들' 이렇게 되어 있습니다. 1절에 '고환이 상한 자나 음경이 잘린 자는 여호와의 총회에 들어오지 못하리라'는 말씀이 나옵니다. 이때만 하더라도 인구가 많지 않은 때이기 때문에 하나님의 백성들이 순종해야 할 가장 중요한 말씀이 '생육하고 번성하라'입니다. 오늘날에는 '생육하고 번성하라'는 말씀을 문자 그대로 준수하시면 안 됩니다. 오늘날은 지구가 감당할 수 없는 너무나 많은 인구가 살아가고 있습니다. 이때만 하더라도 땅은 넓고 인구가 적은 때이기 때문에 하나님의 말씀 가운데 가장 중요하게 생각한 것이 '생육하고 번성하는 것'입니다. 고환이 상한 자나 음경이 잘린 자는 번성을 할 수 없습니다. 따라서 이런 사람들은 여호와의 총회에 못 들어옵니다. 여기에 해당되는 사람들이 누굽니까? 고자입니다. 이 말씀에 근거하여 고자들은 여호와의 총회에 회원이 될 수 없었습니다.

그런데 바벨론 포로기를 거치면서 새로운 문제가 대두됩니다. 어떤 문제냐면 본인이 원하지 않게 고자가 된 사람들이 생겨난 것입니다. 그들이 누굽니까? 다니엘과 세 친구, 술 맡은 관원장이었던 느헤미야, 왕궁에서 일을 했던 모르드개 같은 사람들이 바로 고자가 된 사람들입니다. 신명기 23장 1절의 말씀에 근거해 볼 때, 이들은 하나님의 백성이 될 수 없게 된 것입니다. 그런데 다니엘과 세 친구, 느헤미야 같은 사람이 고자가 되었다고 해서 하나님에 대한 신앙을 저버렸습니까? 결코 그렇지 않습니다. 누구보다 일편단심으로 하나님을 신앙했습니다. 그래서 바벨론 포로기가 끝난 다음에 새로운 말씀이 주어집니다. 이사야 56장 4~5절입니다.

"여호와께서 이와 같이 말씀하시기를 나의 안식일을 지키며 내가 기뻐하는 일을 선택하며 나의 언약을 굳게 잡는 고자들에게는 내가 내 집에서, 내 성 안에서 아들이나 딸보다 나은 기념물과 이름을 그들에게 주며 영원한 이름을 주어 끊어지지 아니하게 할 것이며"

이제는 고자라고 해서 무조건 여호와의 총회에 회원이 되지 못하는 것이 아닙니다. 언약을 굳게 잡는 고자들은 하나님의 백성이 될 수 있는 새로운 길이 열린 것입니다. 신명기 23장 1절의 말씀이 이사야 56장 4~5절의 말씀으로 전환하게 된 사건이 무엇입니까? 바벨론 포로기에 원하지 않게 고자가 된 사람들이 발생한 것입니다. 그들은 원하지 않게 고자가 되었지만 여호와에 대한 신앙을 저버리지 않았습니다. 끝까지 일편단심으로 하나님에 대한 충성을 유지했습니다. 그래서 변화된 상황 속에서 하나님의 말씀이 새롭게 주어집니다. 그 말씀이 바로 이사야 56장 4~5절입니다.

신명기 23장 24~25절에 토라의 중요한 원칙이 나옵니다. 개인의 사적 소유권보다 약자의 생존권이 더 중요하다는 것입니다.

"네 이웃의 포도원에 들어갈 때에는 마음대로 그 포도를 배불리 먹어도 되느니라 그러나 그릇에 담지는 말 것이요 네 이웃의 곡식밭에 들어갈 때에는 네가 손으로 그 이삭을 따도 되느니라 그러나 네 이웃의 곡식밭에 낫을 대지는 말지니라."

이 말씀을 한번 상상해 보십시오. 지금 내가 며칠을 굶어서 너무 배가 고픕니다. 저 앞에 포도밭이 보입니다. 그러면 그 포도원에 들어가서 포도를 따먹을 수 있다는 것입니다. 포도원 주인의 사적 소유권보다 배고픈 자의 생존권이 더 중요하기 때문입니다. 그런데 이 말씀을 악용하는 사람이 있을 수 있습니다. 예를 들어, 가족의 총수가 30명인 대가족이 있는데 평소에 마음에 안 드는 동네 A씨가 있다고 생각해 보십시오. 그 30명의 가족이 매일 A씨 밭에 들어가서 작물을 먹게 되면 어떻게 되겠습니까? 그래서 이후에 탈무드에는 '2~3일 굶은 사람'이라고 제한 조건을 붙이게 됩니다. 그러나 2~3일 굶은 사람도 남의 밭에 들어가서 추수를 해서는 안 됩니다. 낫을 가지고 추수를 하고 가마니에 담아서 나올 수는 없습니다. 들어가서 당장의 허기만을 해결할 수 있습니다. 허기를 해결하는 것은 가능하지만 추수는 안 됩니다.

복음서에 보면 예수님의 제자들이 밀밭에 들어가서 추수하는 이 야기가 나옵니다. 무슨 말이냐면 예수님의 제자들이 며칠을 굶은 겁 니다. 돈이 없었기 때문입니다. 누가복음 8장에 보면 예수 공동체를 후원했던 사람들의 명단이 나오는데 여성들 몇 명입니다. 요안나 수산나 여성들 몇 명만 예수 공동체를 후원합니다. 대다수의 유대 인들은 당시 예루살렘 종교 권력과 대립 관계에 있었던 예수를 후원 하기를 두려워했습니다. 여성들 몇 명만 예수 공동체를 후원하다 보 니까 예수 공동체는 늘 재정이 부족했습니다. 제대로 먹지를 못 합 니다. 그래서 한 번 먹을 기회가 생기면 과도하게 먹었을 것입니다.

당시 유대인들이 예수님에게 붙인 별명이 무엇입니까? '먹기를 탐 한다'는 것입니다. 어떤 연예인이 그런 말을 했습니다. 재벌들을 만 나 식사를 해보면 특징이 있다는 것입니다. 식사를 할 때 절대 과식 을 하지 않는다는 것입니다. 재벌들은 과식을 안 합니다. 그런데 우 리 같은 소시민들은 맛있는 음식을 먹을 일이 있으면 과도하게 먹게 됩니다. 언제 이것을 또 먹겠습니까? 그러니까 예수님이 먹기를 탐 한다는 별명을 갖게 된 것을 보면, 한 번 먹을 수 있는 기회가 있을 때 조금 과도하게 드신 것이 아닌가 생각해 볼 수 있습니다.

한 여인이 예수에게 와서 300데나리온이나 되는 향유를 발에 붓 는 것을 보면서 유다가 눈이 돌아가는 것이 충분히 이해가 됩니다. 지금 재정 후원도 별로 없는데 예수 사랑한다고 이렇게 돈을 쏟아 붓는 것을 보면서 재정을 담당하던 유다가 얼마나 분노했겠습니까? 신명기 23장 24~25절이 보여주는 것처럼, 토라의 중요한 원칙 가운데 하나는 개인의 사적인 소유권보다 약자의 생존권을 더 중시했다는 점입니다.

성경에서 강조하는 주요한 내용이 하나 있는데 지도자의 비신화화입니다. 그것을 잘 보여주는 것이 신명기 34장 6절의 말씀입니다.

"벳브올 맞은편 모압 땅에 있는 골짜기에 장사되었고 오늘까지 그의 묻힌 곳을 아는 자가 없느니라"

이스라엘은 모세의 시체를 찾지 못했습니다. 만약 이스라엘이 모세의 시체를 발견하였다면 가나안 땅 어딘가에 모세 국립묘지를 거대하게 만들었을 것입니다. 그리고 이스라엘이 힘들고 어려운 위기 상황마다 모세 무덤가에 와서 '모세여, 우리에게 뜻을 알려주소서'라며 이상한 행동들을 많이 했을 것입니다. 이것을 미리 예방하는 것이 바로 지도자의 비신화화입니다. 성경은 믿음의 사람들의 흠과 죄를 최소 하나 이상은 다 기록하고 있습니다. 이것이 성경의 중요한 특징입니다. 예를 들어, 아브라함을 믿음의 조상이라고 하면서도 아브라함이 두 번이나 자기 아내를 누이라고 거짓말 한 것을 성경은 그대로 기록합니다. 다윗이 얼마나 위대한 인물입니까? 그러나 성경은 다윗의 죄악을 숨김없이 기록합니다. 이런 기록들로 인하여 아브라함교나 다윗교가 나오지 않은 것입니다. 아브라함과 다윗도 우리와 성정이 동일한 사람임을 모두가 인식하게 만든 것입니다. 이것이 기독교 신앙의 중요한 특징입니다. 지도자는 하나님을 가리키는 손가락이지 결코 우리가 신뢰하고 믿고 의지해야 할 존재가 아님을 강조한 것입니다.

　정통과 이단을 가르는 중요한 기준 가운데 하나가 목회자 우상화입니다. 목회자라는 존재는 존경의 대상은 될지언정 결코 신적인 존재가 될 수는 없습니다. 그들도 똑같은 인간적인 한계가 있고 흠이 있고 죄가 있습니다. 성경은 신앙의 위대한 인물들의 문제들을 하나씩 드러냄으로서 그들도 우리와 성정이 동일한 사람임을 강조합니다. 그들이 흠도 없고 결도 없는 믿음이 강건한 사람이기에 하나님께 쓰임 받은 것이 아닙니다. 하나님이 그들을 사용하고자 하실 때 그들은 기꺼이 하나님께 자신을 내어 드렸습니다. 그 결과 그들은 위대한 신앙의 걸음을 내딛게 되었습니다. 이것을 보여주면서 우리 가운데 그 누구도 '저는 수준이 안 돼요', '능력이 없어요'라고 핑계 댈 수 없게 하십니다. 위대한 신앙의 인물들이 우리와 질적으로 차이가 나는 존재이기에 그들이 위대한 믿음의 행보를 보인 것이 아닙니다. 그들도 우리와 똑같은 사람들입니다. 죄의 유혹 앞에 넘어지고 인간적인 한계를 가지고 있습니다. 그러나 그들이 하나님께 온전히 순종하고자 했을 때 그들은 위대한 하나님의 도구로 쓰임 받았습니다. 이것을 보여주면서 우리도 그런 믿음의 행보를 계승할 수 있음을 알려주고 있는 것이 성경의 중요한 특징입니다.

　신명기 34장 10절을 보시면, '그 후에는 이스라엘에 모세와 같은 선지자가 일어나지 못하였나니'라는 말씀이 나옵니다. 이런 표현을 모세가 썼다고 보기는 어렵습니다. 총신, 합신, 고신과 같은 보수적인 신학교에서는 이 부분만 여호수아가 썼다고 주장합니다. 조금 더 보수적인 사람들은 이 부분도 모세가 미래를 다 내다보고 썼다고 주장합니다. 그런데 장신, 감신, 한신은 그렇게 주장하지 않습니다. 한국에 있는 신학교들도 어느 교단의 신학교인가에 따라 매우 다양한 목소리가 있다는 것을 기억하시면 좋겠습니다.

신명기 12장부터 26장을 신명기 법전이라고 합니다. 신명기 법전은 십계명에 대한 상세한 설명으로 이해하시면 됩니다. 하나님이 원하시는 바가 무엇인가를 자세하게 알려주어서 우리에게 참된 순종을 촉구하고 있는 본문입니다. 교회를 위해 충성하고 헌신하는 것이 신앙 성장이 아닙니다. 신앙이 성장한다는 것은 하나님에 대한 우리의 순종의 수위가 높아지는 것입니다. 신명기 안에서 많은 분들이 오해하는 말씀이 있습니다. 바로 15장 11절입니다.

"땅에는 언제든지 가난한 자가 그치지 아니하겠으므로 내가 네게 명령하여 이르노니 너는 반드시 네 땅 안에 네 형제 중 곤란한 자와 궁핍한 자에게 네 손을 펼지니라"

어떤 목사님은 이 말씀을 가지고 땅에 있는 가난한 사람들의 존재를 정당화하기도 합니다. 성경에도 분명히 '땅에는 가난한 사람이 그치지 않는다'고 말했다는 것입니다. 11절의 말씀을 제대로 이해하기 위해서는 4~5절의 말씀과 함께 읽어야 합니다.

"네가 만일 네 하나님 여호와의 말씀만 듣고 내가 오늘 네게 내리는 그 명령을 다 지켜 행하면 네 하나님 여호와께서 네게 기업으로 주신 땅에서 네가 반드시 복을 받으리니 너희 중에 가난한 자가 없으리라"

이것이 하나님이 꿈꾸시는 사회의 모습입니다. 우리가 하나님의 말씀에 온전히 순종하게 되면 공동체 안에 가난한 사람이 있을 수 없습니다. 우리가 서로를 형제로 대하게 되면 밥을 굶는 사람이 있을 수 있겠습니까? 빈부의 양극화라는 현실 자체가 우리가 하나님의 말씀에 대한 순종으로부터 멀리 떠나 있다는 증거입니다. 우리 안에 가난한 자가 있고 밥을 굶는 자가 있다는 것은 우리가 하나님께 온전히 순종하지 못한 부정적인 결과입니다.

신명기 15장 4~5절의 말씀을 가지고 11절을 보게 되면 11절을 이렇게 번역할 수 있습니다. 이것은 김회권 교수님이 책에서 주장하신 내용입니다. 개역 성경은 '땅에는 언제든지 가난한 자가 그치지 아니할 것이다'라고 되어 있는데 히브리어 문자대로 보면 '가난한 사람이 결코 땅으로부터 끊어져서는 안 된다'는 말입니다. 공동체가 가난한 자들을 잘 돌보아 주라는 것입니다. 11절은 가난한 자는 우리가 아무리 수고하고 애쓴다 하더라도 존재할 수밖에 없으니까 그것 때문에 너무 힘들어 하지 말라는 말이 결코 아닙니다. 4~5절이 말하는 것처럼, 이스라엘 공동체 모두가 하나님의 말씀에 순종하게 되면 가난한 자는 땅에 존재하지 않습니다. 우리가 서로를 형제답게 대하면 밥을 굶는 사람은 있을 수 없습니다. 그러나 이기적인 인간들이 땅에 출현하기 시작하고 옆에 있는 자들을 형제로 대하지 않는 사람들이 등장하기 시작하면서 한 사회 안에 빈부의 양극화가 생겨나게 되었습니다. 하나님이 11절에서 '가난한 자들이 결코 땅에서 끊어져서는 안 된다'고 말씀하십니다. 그들을 잘 돌보아 줄 것을 촉구하신 것입니다. 11절의 말씀을 가지고 '가난한 자들은 땅에 존재할 수밖에 없어'라고 하면서 그릇된 현실을 옹호하는 주장으로 이 본문을 인용하는 것은 굉장히 잘못된 것입니다.

[질문]

신명기 2장 30절에 보면 하나님께서 헤스본 왕 시온의 성품을 완강하게 하셔서 이스라엘에게 넘기시는데, 마치 출애굽 전에 바로의 마음을 완악하게 하셔서 온갖 죄악을 당하게 하신 것과 같아 보입니다. 이들이 원래 악하다면 하나님께서 일부러 완악하게 하실 필요가 있었을까요? 아니면 이들이 충분히 악하지 않아서 하나님께서 악하게 만드신 건가요?

[답]

출애굽기에 나오는 '바로의 마음을 완악하게 했다'는 표현은 많은 신앙인들에게 걸림돌이 됩니다. 바로는 착한 사람이 되고 싶었는데 하나님이 계속 바로의 마음을 완악하게 한 것으로 오해하기 쉽습니다. 우리가 기억해야 할 것은 하나님은 착하게 살고자 하는 사람을 억지로 완악하게 하시는 분이 절대 아니라는 것입니다. 성경에 '완악하게 했다', '완강하게 했다'는 표현은 하고 싶은 대로 '내버려뒀다'는 의미입니다. 착한 사람을 억지로 완악하게 만든 것이 아니라 악한 사람이 자기가 하고 싶은 대로 행동하도록 그대로 내버려 두신 것입니다. 하나님이 억지로 그들의 마음을 돌이키지 않았다는 말입니다.

[질문]

신명기 27장 12절에 백성을 축복하기 위한 6지파 중에서 왜 므낫세 대신 요셉이 나오는지요. 그리고 33장 모세가 이스라엘 자손을 축복하는 곳에서도 므낫세 대신 요셉이 나옵니다. 물론 17절에 므낫세 이름이 나오기는 하지만요.

[답]

성경에서 12지파에 대해 언급하는 본문을 보면, 본문마다 12지파가 조금씩 다르게 기술됩니다. 마치 복음서에서 예수님의 12제자 명단이 복음서마다 조금씩 다르게 기술된 것과 유사합니다. 우리가 이스라엘 12지파라고 했을 때 가장 원형적인 12지파는 야곱의 12아들입니다. 르우벤부터 베냐민까지 야곱의 12아들이 가장 원형적인 12지파입니다. 그런데 여기서 세 번째 아들인 레위와 열한 번째 아들인 요셉이 빠지고 요셉의 두 아들인 므낫세와 에브라임이 들어간 12지파가 있습니다. 그러다가 어느 순간 시므온 지파가 사라집니다. 그러면 11지파가 되겠죠. 이때 또 레위가 들어옵니다. 이렇게 이해하시면 됩니다. 성경에 나오는 이스라엘 12지파는 항상 12라는 숫자를 맞춥니다. 12가 완전수이기 때문에 그렇습니다. 가장 원형적인 12지파는 야곱의 12아들이 12지파라는 사실입니다. 이것이 가장 원형적입니다.

그리고 세 번째 아들인 레위와 열한 번째 아들인 요셉이 빠지면서 요셉의 두 아들인 므낫세와 에브라임이 들어옵니다. 그래서 12가 됩니다. 이후에 시므온 지파가 가나안 땅에 들어가서 처음에는 유다 지파가 차지한 땅에 더부살이를 하다가 독자적인 땅을 얻기 위해서 요단 동편으로 이동

합니다. 그리고 어느 순간 시므온 지파가 사라집니다. 그러면 또 11지파가 되죠. 이때 비어 있는 한 지파를 채우기 위해서 다시 레위 지파의 이름이 등장합니다. 요한계시록 7장에 이스라엘 공동체에서 구원 받는 자 14만 4천명을 얘기할 때 각 지파당 만 2천 명씩 등장합니다. 거기 12지파에서는 단 지파가 빠집니다. 단 지파가 빠지면 11지파가 되겠죠. 이때 또 어느 지파의 이름이 들어갑니까? 레위 지파의 이름이 들어갑니다. 이처럼 성경 안에 12지파에 대한 다양한 기술이 있다고 이해하시면 되겠습니다.

[질문]

여수룬은 누구인지요. 인터넷에서는 이스라엘 또는 야곱이라는 말이 있기는 한데요.

[답]

신명기에 여수룬이라는 단어가 두 번 나오고 이사야에 한 번 나옵니다. 여수룬은 '올곧은 자', '사랑 받는 자'라는 뜻입니다. 하나님께 사랑받는 자라는 의미입니다. 누가 하나님께 사랑을 받을까요? 이스라엘입니다. 그래서 여수룬은 이스라엘을 가리키는 하나의 별칭이 된 것입니다. 옛날에 할머니들이 손주들이 예쁠 때 '내 새끼'라고 하시는 것과 비슷합니다. 하나님이 이스라엘을 그렇게 사랑해 주셨다는 것입니다.

[질문]

신명기 33장 모세의 축복 기도에 시므온 지파가 빠졌는데 이것은 민수기 25장의 바알브올 사건에 연유한 것인지요.

이것에 대해 보수 신학과 진보 신학의 주장이 다릅니다. 총신 같은 보수 신학에서는 바알브올 사건 때문에 시므온 지파가 빠졌다고 봅니다. 기본적으로 총신은 창세기부터 신명기까지를 고유명사로서의 모세가 기술했다고 봅니다. 창세기부터 신명기까지의 오경을 고유명사인 모세가 썼다고 보는 것이 보수적 신학교의 특징입니다. 그런데 진보적 신학교는 보통명사화된 모세들이 기술했다고 봅니다. 모세 오경의 저자에 대한 입장이 완전히 다릅니다.

진보적인 신학교에서는 시므온 지파의 이름이 빠진 것에 대해 이렇게 설명합니다. 가나안 땅에 들어갔을 때 시므온 지파는 독자적으로 지파만의 땅을 확보하지 못하고 유다 지파가 차지한 땅에 더부살이를 하게 됩니다. 이후에는 자기들만의 땅을 확보하기 위해서 요단 동편으로 이주했다가 아예 지파가 소멸되어 버립니다. 이것은 모세 사후에 일어난 일입니다. 만약 고유명사로서의 모세가 오경 전체를 썼다고 본다면 자기 사후에 일어난 일을 모세가 알 수는 없지 않겠습니까? 그러나 오경 전체를 보통명사화된 모세들이 기술했다고 본다면 이들은 이 사건들을 다 알고 있다고 보아야 합니다. 시므온 지파가 이스라엘 12지파에서 사라지게 된 것을 알고 신명기 33장을 기술했을 것입니다. 중요한 것은 모세 오경이 최종 편집되고 정경으로 확정된 시점이 바벨론 포로기 이후입니다.

[질문]

신명기를 읽다 보니까 레위인들이 받은 땅이 없으니까 백성들이 주는 십일조가 레위인의 몫이 된다는 말씀이 있더라고요. 어떤 목사님은 설교에서 레위인이 현대에 있어서 목회자와 동일하다고 하시면서 십일조에 대해서도 정당성을 부여하시던데 구약에 있는 레위인과 현대의 목회자를 동일하게 생각하는 것이 성경적으로 맞는 것인지 궁금합니다.

[답]

성경적으로 맞지는 않습니다. 이 당시 레위인은 세습직이고 오늘날의 목사는 본인의 선택에 의한 결과입니다. 구약 시대의 레위인은 본인의 의사와 무관하게 아버지가 레위인이면 아들도 레위인이 되는 것입니다. 그런데 오늘날은 직업 선택의 자유가 있습니다. 십일조는 구약 시대의 사회 보장 기금 같은 세금입니다. 저는 개인적으로 신약 시대를 살고 있는 지금 이 때에 십일조라는 헌금이 존재하는 것에 대해 반대합니다. 십일조는 구약 시대 이스라엘 공동체 안에서 납부했던 세금입니다. 십일조라고 할 때 이 '조'자가 세금 조(組)자 아닙니까.

오늘날 우리는 국가에도 세금을 내고 교회에도 십일조를 내고 있는데 저는 십일조라는 타이틀보다는 다른 형태의 명칭이 필요하다고 봅니다. 예를 들어, 공동체에서는 나눔의 드림이라고 합니다. 원론적으로 구약 시대에는 부유한 레위인이라는 것은 존재할 수 없습니다. 사람들의 십일조에 의지해서 살아가는 레위인들이 너무 부유하게 산다면 누가 십일조를 내겠습니까? 마치 탁발하는 스님과 같은 것입니다. 그런데 오늘날에는 목회자들 사이에 빈부의 양극화가 너무나 심각합니다. 저는 구약의 레위인들과 오늘날의 목회자를 동등하게 보는 것은 가톨릭적인 사고에서는 가능하다고 봅니다. 그런데 개신교는 그럴 수 없습니다.

개신교는 만인 사제를 주장하지 않습니까? 오늘날 모든 성도들이 레위인이라고 말을 해야지 어떻게 목사들만이 레위인이라고 말할 수 있습니까? 그런 주장은 개신교의 가장 중요한 특징인 만인 사제를 부정하는 것이라고 봐야 합니다. 가톨릭과 개신교의 가장 중요한 교리적 차이가 만인 사제입니다. 가톨릭도 오직 성경, 오직 믿음을 다 인정합니다. 그런데 가톨릭이 절대 인정하지 않는 것이 만인 사제입니다. 올해가 종교 개혁 506주년입니다. 개신교가 가톨릭의 사제 중심주의를 거부하고 그리스도의 몸 된 교회를 이루는 모든 성도들이 다 사제라는 것을 주장하며 종교 개혁을 일으킨지 506년이 지났는데 시간이 지날수록 개신교가 가톨릭으로 회귀하고 있다는 느낌이 듭니다. 그래서 목사를 옛날의 사제들로 이해하는 분들이 많이 계십니다.

저는 구약의 레위인이 오늘날의 목회자라고 하더라도 오늘날의 목회자를 안수 받은 목사로만 생각하는 것은 너무 편협하다고 생각합니다. 만인 사제를 주장하는 교회라면 교회를 구성하는 모든 신앙인들이 다 레위인이라고 주장하는 것이 맞다고 봅니다. 한국 교회를 보며 안타까운 것이 평소에는 만인 사제를 주장하다가 중요한 사건 앞에서는 목사만이 사제인 것처럼 말을 하고, 평소에는 만인 사제를 말하지 않다가 종교 개혁 때만 만인 사제를 강조합니다. 뭔가 일관성이 필요하다는 생각이 듭니다. 오늘날의 목회자만이 레위인이 아니라 우리 모두가 레위인임을 기억해야 합니다.

[질문]
예배 마무리할 때 목사님의 축도가 있잖아요. 그것을 목사님만의 전유

물인 것처럼 한국 교회는 행하고 있는데, 제 기억으로는 외국의 많은 교회는 예배드린 다음에 목사님의 축도와 같은 순서가 없습니다. 한국 교회 안에서 축도가 강조된 특별한 이유가 있을까요?

[답]

질문하신 장로님이 외교관 생활을 오래 하셔서 여러 나라 경험이 많으십니다. 한국 교회는 유교적 기독교라고 이해하시면 됩니다. 유교 문화가 가부장적인 것처럼 교회의 문화도 매우 가부장적입니다. 조선 시대에 우리 민족에게 군사부일체 문화가 있지 않았습니까? 교회 안에서는 전통적인 군사부일체 문화에 담임 목사가 추가되었다고 이해하시면 됩니다. 선생님의 그림자도 밟으면 안 된다는 것이 목회자에 대한 태도로 그대로 이어졌습니다. 지금 장로님 말씀하신 것처럼 축도라는 것이 말 그대로 축복 기도 아닙니까? 그렇다면 축복 기도라는 것을 목사만이 할 수 있습니까? 부모는 자기 자녀를 위해 축복 기도를 못합니까? 구역장이 구역 식구를 위해 축복 기도 못합니까? 목사만이 축도할 수 있다고 생각하시면 목사 외에는 그 누구도 중보 기도도 해서는 안 됩니다. 여전히 많은 신앙인들이 목사가 축복과 저주를 다 주관하고 있는 것처럼 이해하기도 하는데 이것은 완전히 미신적인 사고입니다. 공동체에서 제가 축도를 독점하지 않습니다. 지체들 모두가 함께 합니다. 축도는 교회 공동체의 모든 식구들이 서로를 향해 함께하는 것이 맞다고 봅니다. 목사가 축도를 독점하는 것은 성경적으로 옳지 않다는 것이 제 생각입니다. 만약 목사만이 축도를 할 수 있다면 고린도후서 13장 13절을 성도들이 읽게 해서는 됩니다. 목사들이 가진 성경에만 그 구절이 있어야지 성도들의 성경에서는 그 구절을 지워야만 합니다. 저는 그렇지 않다고 봅니다.

[질문]

한국 교회의 많은 목사님들이 해외 경험도 있고 공부도 하셨으니 충분히 그것을 아실 것이라고 생각합니다. 그러면 '목사만이 축도하는 것은 잘못된 것이다', '부모로서 아들, 딸에게 저녁에 고린도후서 맨 끝에 나오는 축도의 기도를 할 수 있다'고 가르쳐 주시면 얼마나 좋아요. 왜 그것을 못하시는지 모르겠습니다. 저는 그런 것으로 인해서 목회자의 범접할 수 없는 권위를 유지하려고 하는 것이 참 안타깝습니다.

[답]

저는 목사님들의 생각이 그렇다 하더라도 지금의 모습이 변화되는 것을 원하지 않는 성도들이 더 많다고 봅니다. 목사들만 생각이 바뀐다고 교회 문화가 바뀌지 않습니다. 일반적으로 목회자들은 성도들이 원하는 대로 행합니다. 한국 교회 목회는 이미 서비스업이 되었습니다. 이런 이야기를 들으시면 놀라시겠지만 근원적으로 한번 고민해보시기를 바랍니다. 왜 목사가 결혼식 주례를 합니까? 왜 목사가 장례 예배를 주관하죠? 그리고 장례 예배라는 것이 맞습니까? 저는 목사이지만 한 번도 주례하지 않았습니다. 저는 장례 예배를 드리지 않습니다. 저는 장례 예식이라고 해야지 예배라고 하는 것도 틀렸다고 봅니다. 장례 예식에서도 고인과 가장 밀접한 관계를 맺었던 사람들이 고인의 삶을 추억하면서 한 마디씩 하면 되는 것이지 꼭 목사가 설교를 해야 합니까? 문제는 저와 같은 생각을 하는 목사들이 많이 있는데 교회 현장에서는 절대 자기 생각대로 하지 못한다는 것입니다. 왜 못하냐면 성도들이 원하는 것은 그것이 아니기 때문입니다. 성도들은 익숙한 것을 원합니다. 새 차를 구입하고 나면 교구 목사님을 불러서 자기 차에 태워 축복 기도를 받고 싶어 합니다. 교인들은 목회자들로부터 안수 기도, 축복 기도를 받기 원합니다. 이런 상황에서 목사가 '축복 기도는 목사인 저만 할 수 있는 것이 아닙니다, 우리 모두가 할 수 있습니다'라고 하면 교인들은 싫어합니다. 교회 문화의 변화는 목사의 의식만 바뀐다고 하여 가능한 일이 아닙니다. 좋은 목사와 좋은 교인이 만나서 좋은 교회가 세워지지 않으면 교회 문화의 변화는 결코 쉽지 않습니다.

기도하겠습니다.

하나님. 이제 곧 봄을 맞이하게 될 텐데 우리에게 새로운 구원 같은 봄을 허락하여 주시고, 이번 한 주간 세상 한 복판에서 우리가 살아갈 때 하나님의 백성됨, 그 정체성을 잃지 않고 하나님과 신실하게 동행하며 살아가길 소망하오니 우리의 모든 삶을 주관하시고 선하고 아름다운 길로 인도하여 주옵소서. 예수 그리스도의 이름으로 기도합니다. 아멘.